新世纪高职高专精品教材·旅游类

前厅客房服务与管理

廖建华　主　编

严辉华　贺湘辉　副主编

大连出版社

内容简介

《前厅客房服务与管理》主要介绍了酒店管理中的客房预订服务、总台接待服务、礼宾服务、前厅综合服务、客房卫生管理、对客服务管理、客房设备用品管理、布草房与洗衣房管理、客房安全管理等内容。本书以介绍基本理论知识为基础,突出前厅与客房实际服务操作与管理技能的训练,以便提高学生在新形势下管理酒店的实际操作能力和应变能力。

图书在版编目(CIP)数据

前厅客房服务与管理/廖建华主编. —大连:大连出版社,2012.8
新世纪高职高专精品教材.旅游类
ISBN 978-7-5505-0289-5

Ⅰ.①前… Ⅱ.①廖… Ⅲ.①饭店—商业服务—高等职业教育—教材 ②饭店—商业管理—高等职业教育—教材 Ⅳ.①F719.2

中国版本图书馆 CIP 数据核字(2012)第 039513 号

出 版 人:刘明辉
策划编辑:张晓丹
责任编辑:李玉芝
责任校对:尚 杰
封面设计:林 洋
版式设计:张晓丹
责任印制:徐丽红

出版发行者:大连出版社
地址:大连市西岗区长白街 10 号
邮编:116011
电话:(0411)83627430/83621075
传真:(0411)83610391/83620941
网址:http://www.dlmpm.com
电子信箱:zxd@dlmpm.com
印 刷 者:大连美跃彩色印刷有限公司
经 销 者:各地新华书店

幅面尺寸:170mm×240mm
印 张:14.75
字 数:324 千字

出版时间:2012 年 8 月第 1 版
印刷时间:2012 年 8 月第 1 次印刷
书 号:ISBN 978-7-5505-0289-5
定 价:28.00 元

如有印装质量问题,请与我社营销部联系
购书热线电话:(0411)83627430/83621075

出版说明

高等职业教育既是我国高等教育体系的重要组成部分，也是我国职业教育体系的重要组成部分。近年来，我国高等职业教育蓬勃发展，为现代化建设培养了大量高素质技能型专门人才，展现了其独有的优势。

高等职业教育教材建设是高等职业院校三大基本建设之一，高质量的教材是培养高质量优秀人才的基本保证。为了编写和出版具有高等职业教育特色的教材，满足教学需要，服务高等职业教育事业，我社依据《国家中长期教育改革和发展规划纲要》基本指导思想，以及教育部全国职业教育与成人教育工作会议精神，本着"将教材内容与职业相衔接，注重工学结合"的原则，投入大量资源，经过精心策划和多方联络，隆重推出"新世纪高职高专精品教材"系列。

本系列教材立足于财经类及相关专业，包括财经类专业核心课、会计类主干课、旅游类、工商管理类、财政金融类、经济贸易类、市场营销类、电子商务专业、秘书专业、人力资源管理专业、物流专业等子系列。为了使本系列教材既科学、先进，又合理、可行，我们在编写过程中充分吸收了教学改革的最新成果，突出体现了以下几个特点：

1. 在教材品种涉及、内容取舍和讲述方式方面，均注重培养学生的实践能力，突出工学结合的特点，同时注重培养学生的职业认知、职业道德。

2. "教学"、"训练"与"考核"环环相扣，"案例"与"实训"的"训练"比例适度加大，超越单纯针对"职业知识"的传统考核。

3. 为保证教材与职业内容相衔接，作者均从专家队伍中严格遴选，既具有较高的学术水平，又具有丰富的教学和教材编写经验，以及深入实践的职业经历。

4. 打造网络教学资源包——章后习题答案，每章自测题，模拟试卷及答案，教学课件，多媒体光盘等。

高等职业教育正在快速成长，教学实践日新月异，要使教材建设满足和促进职业教育的发展，需要教育主管部门、教学单位、任课教师和专业教材出版机构的共同努力。我们真诚希望，这套系列教材能满足最新教学改革的需要，为高等职业教育人才培养工作提供教学资源支持，为高等职业教育作出应有的贡献。

大连出版社

前　言

提高学生的实际操作与管理能力，增强学生酒店服务意识，培养社会急需的高素质技能型人才，已成为当前酒店管理专业高职高专教育人才培养的一大趋势。基于此，《前厅客房服务与管理》在编写过程中，以介绍基本理论知识为基础，突出前厅与客房实际服务操作与管理技能的训练，力求实现理论与操作相结合，课内与课外相结合，教学与行业相结合，旨在帮助学生尽快熟悉酒店前厅部、客房部的操作规程和业务管理，提高学生在新形势下管理酒店的实际操作能力和应变能力。

《前厅客房服务与管理》共分 11 章，具体包括：第 1 章前厅部认知、第 2 章客房预订服务、第 3 章总台接待服务、第 4 章礼宾服务、第 5 章前厅综合服务、第 6 章客房部认知、第 7 章客房卫生管理、第 8 章对客服务管理、第 9 章客房设备用品管理、第 10 章布草房与洗衣房管理、第 11 章客房安全管理。在编写体例上，正文前设有“学习目标”、“引例”栏目，正文中适当穿插“同步思考”、“同步案例”、“知识链接”栏目，正文后设有“知识题”、“实务题”、“案例题”、“实训题”等栏目，使本教材不仅具有系统性、理论性的特点，更具有启发性、引导性及方便教师教、易于学生学的特点。

《前厅客房服务与管理》融入了高职高专人才培养的新理念，内容翔实，案例丰富，图文并茂，实践性强。本书可作为高职高专院校酒店管理专业、旅游管理专业、涉外旅游专业及相关专业的教材，也可作为相关专业专升本的教材，还可作为旅游行业与酒店在职员工的职业教育与岗位培训用书，同时，对于酒店管理人员也是一本非常有益的参考用书。

本书由广州城市职业学院廖建华副教授任主编，广州城市职业学院严辉华讲师及酒店管理专家贺湘辉任副主编。具体编写分工如下：第 1 章由严辉华、贺湘辉共同编写；第 2 章、第 3 章、第 4 章由严辉华编写；第 5 章由廖建华、严辉华共同编写；第 6 章、第 7 章、第 8 章、第 9 章由廖建华编写；第 10 章由廖建华、贺湘辉共同编写；第 11 章由贺湘辉编写。廖建华负责全书编写大纲的设计与制定，并对全书进行了统稿和修改完善。

本书在编写过程中，参考和引用了许多国内外作者的优秀成果，在此深表谢意。由于时间仓促，加之编者水平有限，书中若存在疏漏和差错之处，敬请专家、同行及广大读者予以指正赐教。

编　者

2012 年 4 月

目　录

第1章 前厅部认知

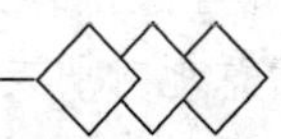

学习目标

知识目标:了解前厅部的地位、作用与任务;熟悉前厅部主要岗位职责;掌握前厅服务人员的素质要求。

能力目标:能够准确描述前厅部的组织机构及职能;能够掌握前厅部对客服务流程;能够对前厅部进行简单的布局设计。

素质目标:培养前厅部服务人员应具备的职业素质及相关的职业道德素养。

【引例】

要的就是这种感觉

王小姐和她的朋友们乘坐的出租车刚刚停在亚洲国际大酒店大堂门口,面带微笑的门童立刻迎上前去,并躬身拉门问候:"欢迎光临。"王小姐和她的朋友们谈笑风生地下了出租车。当门童正准备关车门时,忽然发现出租车前座上遗留了一部漂亮的手机,于是扭头对正准备进酒店的王小姐说:"小姐,您是否遗失了手机?"王小姐一听,停止了说笑,忙说:"哎哟,是我的手机,谢谢,谢谢。"门童将手机递还给了王小姐,同时又将一张写着这辆出租车车牌号的小条递给了她,然后迅速引领王小姐和她的朋友们进入了酒店大堂。

王小姐来到前厅接待处,接待员礼貌地问候道:"你们好,欢迎光临亚洲国际大酒店,请问有没有预订?"王小姐说:"我们十天前预订了一个三人间。"接待员随即请王小姐出示证件,并熟练地查阅预订。接待员查到预订后立即为客人填写了入住登记表上的相关内容,并请王小姐预付押金和签字,最后说:"王小姐,你们住在1501房间,这是你们的房卡与钥匙,祝你们入住愉快。"

在王小姐办理入住登记手续时,行李员恭立在她们身后,为她们看护着行李箱。

行李员带着王小姐和她的朋友们刚来到1501房间的门口,客房服务员便迅速走了过来,笑容可掬地躬身说:"你们好,欢迎光临,请出示房卡。""请这边走。"客房服务员来到1501房间的门口敲门并报:"Housekeeping。"王小姐诧异地说:"不是没有人吗?"客房服务员说:"这是我们的服务规范。"客房服务员打开房门后,开始介绍客房设施与服务。行李员将客人的行李放到了行李架上,当客房服务员发现客人将衣服脱下随手扔在了床上,便走过去将客人的衣服挂进了壁橱。客房服务员和行李员询问道:"王小姐,还有什么需要帮助您的?"王小姐高兴地说:"不用了,谢谢。""祝你们在本酒店居住愉快!"然后两个服务员告辞退出。

王小姐和她的朋友们经过了一天的旅行,已经非常疲惫了。当她们躺在柔软的床上,听着悠扬的音乐,欣赏着舒适豪华的室内装潢,回忆着入住酒店的整个过程时,王小姐满意地对朋友们说:"这真是星级酒店的服务啊!我们要的就是这种感觉。"

资料来源:职业餐饮网,http://www.canyin168.com/.

1.1 前厅部的地位、作用、任务及业务特点

前厅部(Front Office),主要负责组织客源、销售客房商品、组织接待和协调对客服务,为客人提供各种综合服务,并为酒店决策层及各相关部门提供信息。前厅部通常由预订处、礼宾处、接待处、问讯处、收银处、电话总机、商务中心、大堂副理等组成,主要分布在客人来往最为频繁的酒店大堂区域内,是形成酒店对外的"第一印象"和"最后印象"的部门。

1.1.1 前厅部的地位与作用

前厅部是酒店的"神经中枢",是酒店联系宾客的桥梁和纽带,在酒店经营管理中有着举足轻重的作用,是整个酒店服务工作的核心,其运行的好坏将直接影响到酒店的整体服务质量、管理水平、经济效益和市场形象。

1)前厅部是酒店的"窗口",代表着酒店的对外形象

前厅部是酒店服务工作的"窗口",代表着酒店的对外形象。前厅部是每一位客人抵达酒店、离开酒店的必经之地,是酒店对客服务开始和最终完成的场所。客人一走进酒店,大堂的环境布置、设施设备及前厅部员工的仪容仪表、服务质量、工作效率等直接形成客人对酒店的"第一印象",而"第一印象"在客人对酒店的认知过程中将产生持久而深远的影响;客人在整个居住期间,前厅部要提供各种有关服务,客人遇到任何困难都要找前厅部寻求帮助,不满时还要找前厅部投诉;客人住店期满离店时,结账处为客人办理退房结账手续,大堂副理向客人征询意见;礼宾处员工在送别客人时的工作状态及精神状态又将形成客人对酒店的"最后印象"。在客人心目中,前厅部便是酒店。除了住店客人之外,大堂也常常成为客人前来就餐、开会、购物、会客停留和来往之地,这些客人也会根据前厅部的情况对酒店的环境、设施及服务进行评价。因此,可以说,前厅部的管理水平和服务水准直接反映着整个酒店的服务质量和管理水平,直接影响到客人对酒店的评价及对酒店的忠诚度。

2)前厅部是酒店的信息中枢

前厅部是一个综合性服务部门,服务项目多,服务时间长,酒店的任何一位客人从抵店前的预订到入住,直至离店结账,都需要前厅部提供服务。由于前厅部与客人有着最广泛的接触,从而可以及时、全面地收集、加工并传递客人的信息及客人对酒店管理和服务的意见,为改进管理和提高服务提供第一手资料。前厅部每天都要接触大量有关客源市场、产品销售、营业收入、客人意见等信息,通过统计分析,及时将整理后的信息向酒店

决策管理机构汇报,并与有关部门协调沟通,采取对策。前厅部管理人员还经常参与客房营销分析和预测活动,进行月度、季度和年度的销售统计分析,提出改进工作和提高服务水平的有关建议。例如,在国外的一些酒店里,管理者就是根据前厅部所提供的客人的预订信息来决定未来一个时期内房间的定价。因此,前厅部的工作可以为酒店管理层提供科学的决策依据。

前厅部犹如酒店的"神经中枢",在很大程度上控制和协调着整个酒店的经营活动。从这里发出的每一项指令、每一条信息,都将直接影响酒店其他部门对客人的服务质量。例如,当客人来到总台办理入住登记手续时,接待员应在为客人安排好房间后立刻将客人入住信息传达到客房服务中心,使其可以做好接待的准备工作。因此,前厅部的工作在服务接待过程中起着联系内外、沟通上下的作用,发挥着承上启下、信息集散和总体协调的职能。

3)前厅部是酒店与客人之间的纽带

前厅部通过自身提供的服务,在客人抵店、住店和离店的全过程中始终与客人保持密切联系。客人遇到疑难问题时,通常都会找前厅部服务人员解决。如果客人对酒店服务不满意,也会到前厅部投诉。另外,前厅部掌握全部住宿客人的相关资料和信息,并将这些信息反馈到酒店管理机构和相关部门。前厅部的工作效率和服务质量直接代表酒店的管理水平,像一条无形的情感纽带,维系并加深酒店与客人之间互相依赖和信任之情。在市场经济条件下,客人就是"上帝",酒店是为客人提供食、宿、娱乐等综合服务的行业,酒店服务质量的好坏最终是由客人来评价的,评价的标准就是客人的满意度,建立良好的宾客关系有利于提高客人的满意度,争取更多的回头客,从而提高酒店的经济效益。因此,酒店都非常重视改善宾客关系。前厅部是接触客人最多的部门,也是建立良好宾客关系的重要部门。

4)前厅部是酒店的主要创收部门

前厅部的主要任务之一就是销售酒店客房,客房收入通常在酒店营业收入中占有很大比重。前厅部还可以通过提供邮政、电讯、票务以及出租车服务等,直接取得经济收入,而且其销售工作的好坏还直接影响到酒店接待客人的数量。因此,前厅部应积极主动地推销酒店客房及其他酒店产品,绝不能被动地等客上门,尤其在目前酒店供过于求、市场竞争激烈的情况下,更是如此。例如,当客人到店时,接待员可以抓住时机向客人推销酒店客房及其他酒店产品,使客人尽量在本酒店内消费,增加酒店收入。

综上所述,前厅部工作效率、服务质量和管理水平的高低,会直接影响酒店的整体形象和市场竞争力,进而影响酒店的经济效益。因此,前厅部是酒店组织机构中的关键部门,其地位和作用是显而易见的。

1.1.2 前厅部的任务

前厅部的基本任务就是最大限度地推销酒店客房及其他酒店产品,并协调酒店各部门向客人提供满意的服务,使酒店获得理想的经济效益和社会效益。具体来说,前厅部的任务包括以下内容:

1)销售酒店客房

销售酒店客房是前厅部的首要任务。客房是酒店的主要产品,其销售收入在整个酒店收入结构中占主要部分。同时,客房商品具有不可储存的特点,因此,能否有效地推销客房将直接影响酒店的经济效益。预订销售是酒店客房销售的重要组成部分,积极开展预订业务是酒店销售客房商品的重要手段,也是前厅部的中心任务。另外,前厅部还要对那些未经预订而直接抵店的客人销售客房,通过强烈的服务意识和良好的推销能力,适时向客人推销客房或其他服务产品。在办理入住登记手续过程中,对于预订了客房的客人来说,主动介绍店内其他服务项目等,都会对客人的消费产生刺激和导向作用,这就是二次推销。也就是说,前厅部服务员在销售客房的同时,也要不失时机地进行酒店其他服务产品的推销。实践证明,这种推销会明显提高酒店的综合效益。

2)提供综合服务

作为直接向客人提供各类相关服务的前台部门,前厅部服务范围涉及机场和车站接送服务、行李服务、留言问讯服务、票务代办服务、邮件服务、电话总机服务、商务中心服务、贵重物品保管服务、结账收银服务等。在完成前厅部各项服务的过程中,促使前厅部服务与酒店其他服务(如客房服务、餐饮服务、安全服务等)形成"服务链条",紧密衔接,避免推诿、扯皮等现象,强调"服务到位",使客人对酒店留下满意和深刻的印象。

3)提供信息服务

前厅是客人汇集活动的场所,前厅部服务人员与客人保持着最多的接触。因此,前厅部服务人员应随时准备向客人提供其所需要和感兴趣的信息资料。例如,酒店近期推出的美食周、艺术品展览等活动,可以使住店客人的生活更加丰富多彩。前厅部服务人员还应充分掌握并及时更新有关商务、交通、购物、游览等详细和准确的信息,使客人"身在酒店内便知天下事",处处让客人感到温馨、方便。同时,前厅部作为酒店的信息传递中心,还要及时、准确地将各种经营信息加以处理,传递给酒店管理机构,以便为酒店经营决策提供参考依据。

4)协调对客服务

客人的满意度是对酒店每一次具体服务所形成的一系列感受和印象的总和,在对客服务的全过程中,任何一个环节出现差错都会影响到服务质量,影响到酒店的整体声誉。因此,现代酒店强调统一协调的对客服务,使分工的各个方面都能有效地运转,都能充分地发挥作用。前厅部作为酒店的"神经中枢",承担着对酒店业务安排的调度工作和对客服务的协调工作,主要表现在:第一,将通过销售客房商品所掌握的客源市场、客房预订及到客情况及时通报其他有关部门,使各有关部门有计划地安排好各自的工作,互相配合,保证各部门的业务有序衔接;第二,将客人的需求及接待要求等信息传递给各有关部门,并检查、监督各部门的工作落实情况;第三,将客人的投诉意见及处理意见及时反馈给有关部门,以保证酒店的服务质量。

前厅部根据客人需求和酒店营销部门的销售计划,衔接前后台业务以及与客人之间的联络与沟通工作,以达到使客人满意以及内部业务运作顺畅的目的。例如,客人向前厅部服务人员反映房间设施问题,前厅部服务人员就应立即通过管理渠道向工程部反映客人的意见，并检查、监督工作的落实情况，给予客人满意的答复。

5）控制客房状况

前厅部一方面要协调客房销售与客房管理工作，另一方面还要在任何时候都能够正确地反映客房状况。在协调客房销售与客房管理方面，前厅部应向销售部提供准确的客房信息，防止过度超额预订从而造成工作被动。另外，前厅部应及时向客房部通报实时预订及未来预订的情况，便于其安排卫生计划或调整员工工作。正确反映并掌握客房状况是做好客房销售工作的先决条件，也是前厅部管理的重要目标之一。要做好这项工作，除了实现控制系统计算机化和配置先进的通信联络设备设施外，还必须建立健全完善的和行之有效的管理规章制度，以保障前厅部与相关部门之间的有效沟通及合作。

6）负责管理客账

前厅部向客人承诺并提供最终一次性结账服务。客人经过必要的信用证明，即可在酒店内各营业点签单。建立客账是为了实时记录并监督客人与酒店之间的财务关系，达到方便客人、保障酒店声誉并获取经济效益的目的。总台可以在客人预订客房时商定并建立客账（收取订金或预付款），也可以在客人办理入住登记手续时建立客账。在提供了客人累计消费额和信用资料的基础上，总台收银处按服务程序和酒店财务政策规定，与相关部门或各营业点协调沟通，及时登账，迅速、快捷地为客人办理离店结账手续，主动征求客人意见，使客人满意离店。

7）建立客史档案

前厅部为更好地发挥信息集散和协调服务的作用，一般都要为住店客人建立客史档案，记录客人在酒店住宿期间的主要情况和相关信息，掌握客人动态，取得第一手资料。无论采用计算机自动记载、统计的方法，还是采用手工整理的方法，建立客史档案时，一般都要将客人的姓名、身份证、工作单位、抵离店日期、消费记录及特殊要求作为主要内容予以记载，并定期进行统计分析，作为酒店提供周到、细致、有针对性服务的依据，以不断改进酒店的服务工作，提高酒店的科学管理水平。客史档案也是寻求和分析客源市场、研究市场走势、调整营销策略及产品策略的重要信息来源。

1.1.3 前厅部的业务特点

1）接触面广，24小时运转，全面直接对客服务

前厅部是一个提供综合性服务的经营部门，它在为酒店开辟市场、保证客源、推销酒店其他产品的过程中，承担着主要的服务与经营责任。其服务质量的好坏不仅对客人整个住店过程中起着至关重要的作用，还关系到其他部门的服务效果。前厅部是一个为客人提供综合性服务的部门，必须24小时正常运转，保证不间断地为客人提供优质服务。由于参与全过程的对客服务，而且要求24小时运转，从时间上看，管理存在一定的难度，这就要求前厅部具有完善的管理体系和制度以及训练有素的员工队伍。

2）业务复杂，专业技术性强，人员素质要求高

前厅部的业务包括预订、接待、问讯、行李寄存、迎宾、接机、总机话务、票务、传真、复印、打字、收银结账、客史管理、贵重物品保管和委托代办等。业务复杂，专业技术性强，涉及范围广，与客人接触多，需求随机性大，信息量大而且变化快，因而要求管理人员必

须有较全面的业务知识,较强的沟通协调能力、应变能力和服务的技能技巧。同时,由于前厅部的管理效果直接关系到酒店的声誉,甚至关系到酒店的经营成败,所以又要求前厅部在管理上要注重员工的服务态度、文化素养和业务技能的培训,以求能提供高质量的服务。

3)信息量大,需求变化快,要求高效运转

前厅部是酒店信息集散的枢纽及对客服务的协调中心,因此,其收集、整理、传递信息的效率决定了对客服务的效果。由于前厅部属于一线服务部门,与客人的接触较多,因而其收集的信息量也相对较大。客人的要求每时每刻都会发生变化,这要求前厅部在信息处理上效率要高。另外,前厅部所掌握的一些重要信息,如当日抵离的 VIP(Very Important Person,贵宾)、营业日报、客情预测等都必须及时传递给总经理室及其他有关部门。前厅部的这一特点决定了前厅部的员工必须具备信息观念、时间观念和价值观念,重视信息的收集、整理和传递工作,以提高工作效率和服务质量。

4)针对性强,服务方式灵活多样,注重关系处理

酒店服务的对象来自不同国家、不同地区,具有不同职业、不同年龄、不同教育程度、不同身份地位、不同宗教信仰、不同需求心理、不同价值观念,这些差别必然会造成客人对服务的要求与评价产生较大差异。这就要求前厅服务人员能够因人、因地、因时制宜,以恰当的方式灵活地为客人提供有针对性的个性化服务,最大限度地满足客人的需要。

规范化是优质服务的基础,但现在客源市场表现出向定制化方向发展的趋势,因此要特别注意随时处理好客人的特殊需求与酒店固定产品服务的关系、工作制度原则性与服务灵活性的关系、客人的心理变化与相应的服务调整的关系等。

5)展示酒店形象,具有较强的政策性

前厅是酒店的"门面"和"橱窗",同时又是一个具有特殊意义的舞台。前厅服务人员的仪表仪容、言谈举止、待客接物等行为,时时处处都在展示着酒店文化特点和员工礼貌修养的文明程度、服务技能技巧的熟练程度等,实际上是在向客人展示酒店的服务和管理水平。涉外酒店除了本身经营、管理上需要有许多规章制度外,还必须执行国家有关政策法令及涉外条例,是典型的窗口型行业。前厅部则是具体执行这些政策的部门,其工作有着较强的政策性。

1.2 前厅部的组织机构

前厅部的组织机构要根据酒店自身的类型、性质、规模、等级、管理方式和客源特点等因素进行设置。总体而言,前厅部组织机构的设置,应既能保证前厅运转的效率和质量,同时又能满足客人的需求。

1.2.1 前厅部组织机构设置原则

1)结合自身实际,适合酒店经营发展需要

前厅部组织机构的设置应结合酒店的性质、规模、地理位置、管理方式和经营特色等实际情况,不宜生搬硬套。例如,规模小的酒店或以接待内宾为主的酒店,可以考虑将前厅部并入房务部管辖,不必单独设置机构。

2）精简高效，分工合理

遵循“因事设岗、因岗定人、因人定责”的劳动组织编制原则，在防止机构重叠臃肿、人浮于事的同时，要处理好分工与合作、方便客人与便于管理等方面的关系，做到机构设置科学、合理。

前厅部的机构设置还应考虑管理的幅度问题，注意管理人员的合理分工。管理的幅度是指一个管理者能够直接、有效地指挥和控制的下属的人数。影响管理幅度的因素有很多，如知识结构、能力水平、服务形式等。如果管理幅度过小，就会导致人力资源浪费；如果管理幅度过大，则必然影响工作效率和服务质量。

3）任务明确，统一指挥

前厅部的机构设置，应使每个岗位的员工都有明确的职责、权利和具体的工作内容。在明确各岗位人员的职责和工作任务的同时，还应明确上下级隶属关系以及相关信息传递、反馈的渠道、途径和方法，防止出现职能空缺和业务衔接环节脱节等现象。

前厅部组织机构的设置应建立明确的垂直层级指挥体系，这样可以有效地督导日常工作，使内部沟通渠道畅通，层层负责，权责分明，既能做到统一指挥、步调一致，又能充分发挥各级员工的工作积极性和创造性，从而提高工作效率。

4）便于协作

前厅部组织机构的设置不仅要便于本部门各岗位之间的协作，还要利于前厅部与其他相关部门在业务经营和管理方面的合作。因此，需要制定科学有效的工作流程，使之在满足不同客人需要的同时，又能保证前厅部各项服务工作的质量和效率，真正发挥前厅部“神经中枢”的作用。

1.2.2 前厅部组织机构

因酒店规模大小等因素的影响，各酒店前厅部组织机构的具体设置有较大的差异。大体上有以下几种情况：

（1）前厅部、客房部合二为一。酒店设房务部，下设前厅部、客房部、洗衣部和公共卫生部四个部门，统一管理预订、接待、住店过程中的一切业务，实行系统管理。在前厅部内部通常设有部门经理、主管、领班和服务员四个层次。这种设置可以降低管理费用，加强两个部门之间的联系与合作，这种模式一般为大型酒店所采用。

（2）前厅部与客房部分别为独立部门，直接受酒店总经理领导。在前厅部内设部门经理、领班、服务员三个层次。中型酒店和一些小型酒店一般采用这种模式。

（3）前厅部不单独设立，其功能由总服务台来承担。总服务台作为一个班组，隶属于客房部，只设主管（领班）和总台服务员两个层次。过去，小型酒店一般采用这种模式，现在部分经济型酒店也采用这种模式。

总体而言，大型酒店的管理层次和内容较多，而小型酒店的管理层次和内容较少。大、中、小型三种不同规模酒店的前厅部组织机构如图1－1、图1－2和图1－3所示。

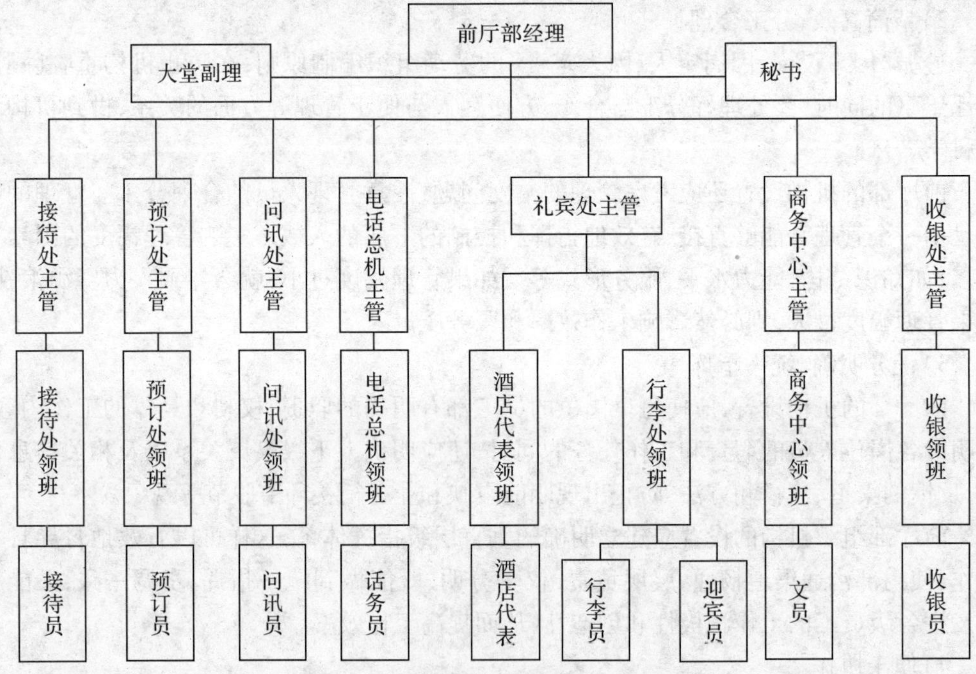

图 1－1　大型酒店前厅部组织机构图

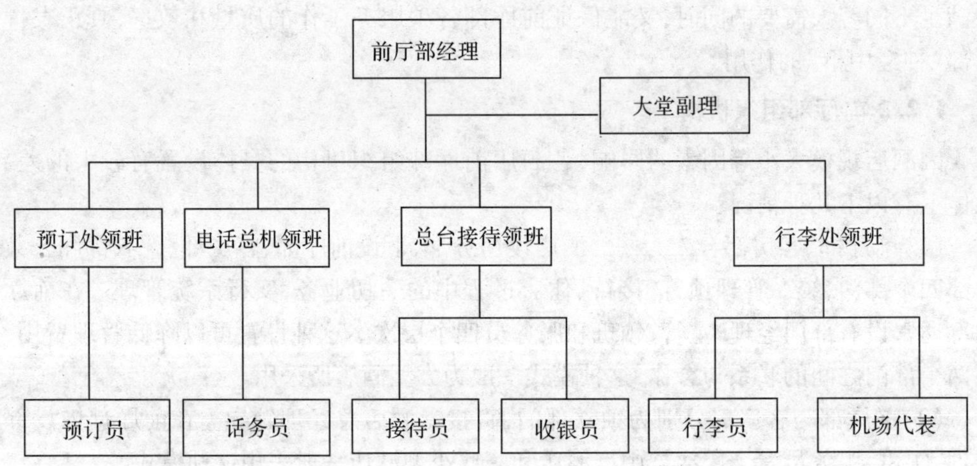

图 1－2　中型酒店前厅部组织机构图

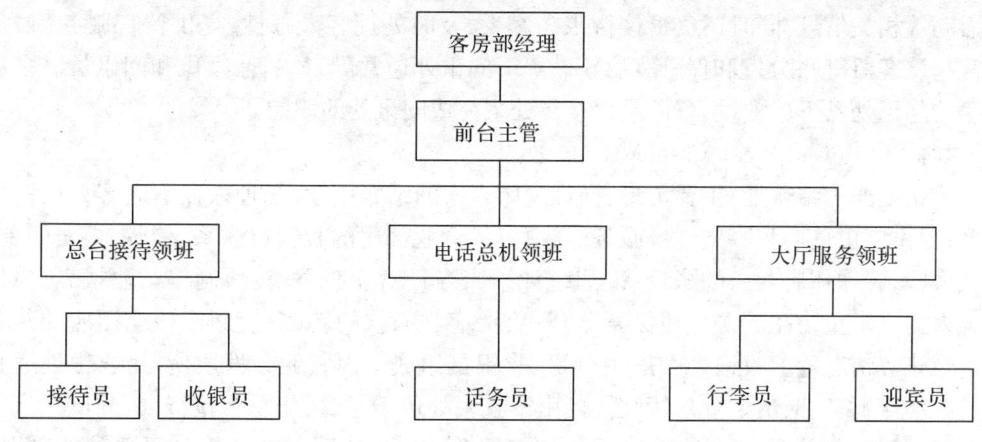

图1-3　小型酒店前厅部组织机构图

1.2.3 前厅部组织机构的组成及主要职能

前厅部组织机构一般由以下部分组成:预订处、接待处、问讯处、收银处、礼宾处、电话总机、商务中心、大堂副理、车队等。另外,通常在前厅部还设有其他非酒店所属的服务部门,如银行驻店机构、邮政部门驻店机构、旅行社驻店机构、民航及其他交通部门驻店机构等,以作为完善酒店不同服务功能需求的必要补充。前厅部的工作任务是由内部各机构分工协作共同完成的,因酒店规模的不同,前厅部的业务分工也有所不同,但一般都设有以下主要机构:

1)预订处(Room Reservation)

预订处是专门负责酒店订房业务的部门,可以说是前厅部的"心脏",其人员配备由预订主管、领班和预订员组成。随着酒店业竞争的日趋激烈以及市场空间的不断拓展,客房预订的职能逐渐从前厅部脱离出来而隶属于公关销售部。目前,预订处的主要职能包括:掌握酒店的房价政策和预订业务;受理客房预订业务,接受客人电话、信函、传真、互联网及口头等形式的预订;负责与有关公司、旅行社等客源单位建立良好的业务关系,销售客房商品,并了解委托单位接待要求;加强与总台接待处的联系,及时向前厅部经理及总台相关岗位和部门提供有关客房预订资料和数据;参与客情预测工作,向上级提供VIP抵店信息;参与前厅部对外订房业务的谈判及合同的签订;制定各种预订报表(包括每月、半月、每周和翌日客人抵达预报);参与制订全年客房预订计划;整理和完善订房记录及客史档案等。

2)接待处(Check-in/Reception)

接待处又称开房处,主要负责:销售客房;接待住店客人(包括团体客人、散客、常住客人、预订客人和未预订客人等),为客人办理入住登记手续,分配房间;掌握住客动态及信息资料,控制房间状态;制定客房营业日报等表格;与预订处、客房部等保持密切联系,及时掌握客房销售情况;协调对客服务工作等。接待处通常配备有主管、领班和接待员。

3)问讯处(Information)

问讯处主要负责回答客人问讯,包括介绍酒店内服务项目、市内观光与交通情况、社团活动等相关信息,同时还负责接待来访客人,及时处理客人邮件,提供留言服务(住客留言与访客留言),分发和保管客房钥匙等。问讯处通常配有主管、领班和问讯员。多数酒店的问讯处已不单独设立,而是由接待处来完成问讯处的职能。

4)收银处(Check-out/Cashier)

收银处亦称结账处,主要负责:办理离店客人的结账手续;受理入住酒店客人住房预付金;提供外币兑换和零钱兑换服务;与酒店各营业部门的收银员联系,催收、核实账单;建立客账,管理住店客人的账目;夜间统计酒店当日营业收益情况,制作营业报表;为住店客人提供贵重物品的寄存和保管服务;负责应收账款的转账;夜间审核全酒店的营业收入及账务情况等。收银处一般由领班、收银员组成。因其业务性质所定,收银处通常隶属于酒店财务部,由财务部管辖。但由于收银处位于总台,与总台接待处、问讯处等岗位有着不可分割的联系,直接面对面地为客人提供服务,所以是总台的重要组成部分。根据各酒店的特点,部分酒店的收银处职能由接待处来完成。

5)礼宾处(Bell Service/Concierge)

礼宾处主要负责:在门厅或机场、车站迎送宾客;客人的行李运送、寄存,确保其安全;雨伞的寄存和出租;在公共区域找人;引领客人进客房,并向客人介绍服务项目、服务特色等,适机进行宣传;分送客用报纸、客人信件和传递客人留言;协助管理和指挥门厅入口处的车辆,确保交通畅通和安全;回答客人问讯,为客人指引方向;传递有关通知单;为客人提供召唤出租车和泊车服务;负责客人委托的其他代办事项。礼宾服务人员一般由礼宾处主管、领班、迎宾员、行李员等组成。

6)电话总机(Switch Board/Operator)

电话总机一般设在僻静处,主要负责:转接电话;为客人提供叫醒服务(wake-up call);提供“请勿打扰”(DND)电话服务;回答客人电话问讯;提供电话找人服务;受理电话投诉;接受电话留言服务;办理国际、国内长途电话事项;播放或消除紧急通知、说明;播放背景音乐。电话总机服务人员一般由电话总机主管、领班和话务员组成。

7)商务中心(Business Center)

商务中心主要负责:为客人提供打字、翻译、复印、传真、长途电话以及互联网服务等商务服务;提供文件加工、整理和装订服务;提供计算机、幻灯机等的租赁服务;提供代办邮件和特快专递服务;根据客人需要提供秘书服务;提供客人委托的其他代办事项等。商务中心服务人员通常由主管、领班和文员组成。

8)大堂副理(Assistant Manager)

大堂副理是酒店管理机构的代表人之一,对外代表总经理处理日常的客人投诉和意见,处理各种意外和突发事件,负责 VIP 的接待,协调酒店各部门与客人的关系;对内负责维护酒店正常的秩序及安全,巡视和检查酒店公共区域,负责大堂环境和秩序的维护工作,检查员工纪律、着装、仪表仪容及工作状况,对各部门的工作起监督和配合作用。在部分酒店的组织机构设置中,大堂副理直接向总经理负责,大大提高了大堂副理的权限,能更好地处理对客关系。

9)车队(Taxi Service)

大型酒店在其前厅部设有车队,接受前厅部的调派。车队主要负责接送重要宾客或有预订的客人以及有特殊需要的客人并为客人提供出租车服务等。

1.3　前厅部对客服务流程

前厅部组织机构的设置及服务程序的设计,很大程度上取决于客人在酒店的活动周期。客人在酒店的活动是一个完整而循环的过程,大致可以分为抵店前、抵店时、住店期间和离店时四个阶段。前厅部的对客服务就是围绕这四个阶段进行的,各分部在其中各司其职,又相互联系。

1)宾客抵店前

在宾客抵店前,主要通过销售部或前厅部的预订处承接各种渠道的客人订房要求,并保存好订房资料,同时将客人的相关信息传递给各部门,督促各部门做好宾客抵店前的准备工作。若客人是通过电话联系酒店进行预订的,客人首先接触到的将是前厅部的总机。

2)宾客抵店时

宾客抵店时是酒店产品消费的开始阶段,这一阶段前厅部的主要任务有:

(1)礼宾处负责派酒店代表到机场、车站或码头接客人至酒店;

(2)门童或行李员做好车门、店门前的迎接,并为客人提供行李入店服务;

(3)接待处负责为客人办理入住登记,推销客房,分配房间,确定房价,分发房卡等;

(4)前台收银处负责收取客人住店押金,并为客人提供贵重物品保管服务;

(5)礼宾处行李员带客人进房,介绍房间设备;

(6)接待处将客人到达的信息通知各相关部门,并变更房态记录。

3)宾客住店期间

宾客住店期间是客人真正消费酒店产品的阶段,在这一阶段,前厅部的主要工作有:

(1)总机负责为客人提供电话转接服务;

(2)总机、接待处或问讯处为客人提供问讯、留言服务;

(3)接待处为客人处理换房等要求;

(4)前台收银处负责各项账目入账、查询及外币兑换服务,必要时完成应收款等工作;

(5)礼宾处提供委托代办服务;

(6)商务中心为客人提供各项商务服务;

(7)接待处、大堂副理或前厅部经理负责处理客人的各种投诉。

4)宾客离店时

宾客离店是酒店产品的消费结束阶段,这一阶段前厅部的主要工作有:

(1)前台收银处为客人办理退房结账手续,处理客人提前或延期离店的要求,把客人离店的信息通知相关部门,并完成对营业收入的夜间审核;

(2)礼宾处负责送客人行李出店及店门、车站前的送别,需要时到机场、车站或码头

送别;

(3)接待处做好房态的更改、资料的存档和客史档案的建立工作;

(4)大堂副理收回宾客意见表,汇总投诉及其他意见,分析整理后反映到相关部门。

1.4 总服务台的设计

为减少客人来回走动的距离和次数,提高对客服务的效率,一般来说,前厅部的职能部门都设在总服务台内。具体来说:

(1)接待处。接待处应设在总服务台最显眼的位置。

(2)前台收银处。由于在客人入住和退房时都与接待处有密切的合作,前台收银处应与接待处相邻,柜台后设有贵重物品保险箱。

(3)问讯处。问讯处也应与接待处相邻,但占用的柜台较少。

(4)礼宾处。礼宾处应与总台分开,在酒店正门口另设柜台,并在后台设有行李房,与大堂连通,可上锁。

(5)预订处。预订处一般设在前厅部后台办公区域,不占总服务台柜台。

(6)总机。总机一般设在僻静处,要求环境安静,无需与客人面对面服务。

(7)团体接待处。一些大型酒店设有团体接待处,通常设在酒店边门的入口处。

(8)大堂副理处。大堂副理处一般设在大堂最显眼的位置。

事实上,不同等级、不同规模、不同类型的酒店,前厅部具体的组织结构不同,总服务台的具体设置也有所区别。比如一些小型酒店,在总服务台就只设接待处和收银处,订房和问讯等功能都由接待处实现。

总服务台一般采用传统的立式柜台,其形状根据大堂的空间,可设计为直线形、折线形、圆形、方形、半圆形及椭圆形。立式柜台一般高度为 120 ~ 130cm,台面宽度为 45cm 左右。总服务台内侧设有工作台,高度为 85cm,台面宽度为 60cm。电脑一般采用嵌入式安装于柜台内。

【知识链接 1-1】

酒店前台的坐式服务

这两年有些国内星级酒店在设计时为突出酒店的经营特色,提高档次,模仿一些国外著名酒店的"座位式前台"理念,一改常见的站立式前台服务模式,让客人坐下来,同时前台接待人员也采用坐式服务,显得颇有新意,也有亲切感。但是应该注意:

1."座位式前台"设计与大堂整体规划密切相关,对前台办、财务室、结算台、客人休息区、贵重物品保险室等的布局都会产生影响,需统一布置。

2."座位式前台"一般适用于大型休闲度假酒店、城市度假酒店或高级公寓式酒店,尤其是有信用卡自动结算功能的先进酒店。

3."座位式前台"对前台接待人员的职业技能、素质、办理入住和结算速度的要求很高,对计算机系统的配置要求也很高,一般适用于由专业酒店管理公司管理的酒店。

4."座位式前台"是一个完整的工作单元,由接待、服务、客位、等候休息、资料等部分组成,不是简单的桌椅组合。

5.“座位式前台”的数量、大小、位置、角度都与酒店的性质、规模、风格有关,应仔细论证。

座位式前台如图1-4所示。

图1-4 座位式前台

【同步思考1-1】

前厅部柜台有哪有设备?

答:(1)电脑;(2)打印机;(3)扫描仪;(4)POS机;(5)钥匙及信件架;(6)验钞机;(7)客房钥匙刷卡机;(8)打时器;(9)保险箱;(10)账单架;(11)档案车。

1.5 前厅部主要岗位职责

在酒店组织机构确定后,前厅部还应根据本部门所承担的职能和工作任务,进行工作设计和岗位设置,依照责任明确化、任务具体化的原则,明确每一个工作岗位的基本职责、任务、性质、条件和能力要求的标准。

1)前厅部经理

(1)管理层级关系:

①直接上级:总经理或主管副总经理、客务总监。

②直接下级:前厅部副经理、文员、预订处主管、接待处主管、礼宾处主管、总机主管、大堂副理。

(2)岗位职责:

贯彻酒店经营方针、各项规章制度及领导决策,完成酒店的经营指标;负责前厅部的日常管理工作,保证前厅部各班组提供高效、优质的服务,确保各项工作的衔接与协调,对经营计划、服务质量、卫生、安全、费用及成本控制等方面工作承担责任。

(3)工作任务:

①制订本部门年度工作计划、年度预算和各项业务指标,并组织实施,确保各项计划任务的完成。

②检查本部门各岗位工作运行状况,督导员工礼貌待客和高效服务,保证各项规章制度和服务标准得到执行,确保前厅服务秩序正常。

③审阅各种报告,准确掌握客房预订、出租率、平均房价、房态控制等情况,并提供给酒店领导和销售等有关部门作为决策依据。

④协调前厅部与其他部门的业务关系,保证前厅部各项工作顺利进行。

⑤会同销售部定期进行市场分析,制订客房销售和促销计划,力争最大限度地合理使用客房,获得最佳的客房出租率及目标平均房价。

⑥与客房部及工程部协调,保证大堂和公共区域的卫生状况良好,设备、设施正常运转。

⑦与保卫部协调配合,做好查控和安全工作。

⑧与财务部密切配合,严格执行计算机操作程序和有关客人入住、换房、调价、结账等的财务规范及制度。

⑨组织和督导大堂副理及各岗位主管,加强和发展与客人的和谐关系,经常征求客人的意见和建议。

⑩负责员工的招聘、培训和激励等工作,使其保持熟练的操作技能和稳定的工作积极性。

⑪对下属的工作进行定期考核、评估,并按制度规定进行奖惩。

⑫监督、检查本部门的卫生、消防和安全工作。

⑬组织、主持前厅部例会,布置工作,听取汇报。

⑭定期批阅大堂副理处理投诉的记录,亲自处理重要客人的投诉和疑难问题。

⑮掌握每天客人到达和离开的数量,检查重要客人的接待工作,包括安排住宿、查房及迎送等。

2)前厅部副经理

(1)管理层级关系:

①直接上级:前厅部经理。

②直接下级:文员、预订处主管、接待处主管、礼宾处主管、大堂副理、总机主管。

(2)岗位职责:

协助前厅部经理做好本部门日常工作,若前厅部经理不在岗,则代行其职,保持前厅部各工作环节的畅通与正常运转。

(3)工作任务:

①协助前厅部经理贯彻酒店及本部门工作计划,掌握经营情况,具体落实各项销售

工作。

②巡视本部门各岗位，检查运行情况和服务质量，督导、协调各项工作，保持大堂良好的秩序。

③掌握客房情况，妥善处理超额预订。

④安排当日重要宾客、大型团队的房务安排及迎送接待工作。

⑤掌握员工工作和思想状况，及时给予指导和激励。

⑥检查本部门工作，掌握客源信息，进行市场调查，向前厅部经理报告，并提出建议。

⑦前厅部经理不在岗时代行其职责。

⑧执行前厅部经理或上级领导交办的其他工作。

3）前厅部文员

（1）管理层级关系：

①直接上级：前厅部经理和副经理。

②直接下级：无。

（2）岗位职责：

负责前厅部文书和内务工作，处理部门日常行政事务。

（3）工作任务：

①草拟本部门各类公文，并做好登记、存档、收发和呈报工作。

②负责部门会议的安排、通知和会议记录。

③负责酒店及本部门各类文件、报告、报表等的分类保管和存档。

④负责本部门财产物品的购置、领取、发放和保管工作。

⑤负责办理本部门员工调出、调入手续以及考勤统计等工作。

⑥按标准接听电话，做好记录，及时妥善处理一般性行政事务，及时传达上级的指示。

⑦协助前厅部经理，做好日常来访接待工作。

⑧负责信息收集工作，定期收集、整理、统计员工的合理化建议，经部门经理审阅后送交工会。

⑨对本部门工作提出改进建议。

⑩完成上级交办的其他工作。

4）大堂副理

（1）管理层级关系：

①直接上级：前厅部经理和副经理。

②直接下级：各部门有关人员。

（2）岗位职责：

受总经理委托，协助前厅部经理指导和检查总台、预订、总机、礼宾等岗位的工作，受理客人投诉,接待 VIP,妥善处理客务关系,并承担责任。

(3)工作任务:

①代表总经理做好 VIP 接待和送行工作。

②完整、详细地记录值班期间接待 VIP、处理投诉等过程及结果。

③回答客人问讯,提供必要的协助。处理客人提出的超出酒店服务范围的特殊事项。

④受理客人投诉,与相关部门沟通合作,积极予以解决,并做详细记录。对于重大投诉,要立即报告前厅部经理。

⑤负责协调、处理紧急或突发事件,如停电、停水、偷盗、损坏财物、客人伤病或死亡等,并立即报告有关部门。

⑥经常主动征求客人意见,建立良好的客务关系。

⑦对衣冠不整、行为不端者予以劝阻,对不听从劝阻者报保卫部处理。

⑧协助前厅部经理检查总台、礼宾、总机、商务中心等岗位的工作质量,协调与前厅有关的部门工作。

⑨向前厅部经理和质检部门报告投诉及处理结果,并定期进行统计分析。

⑩负责维护前厅秩序,确保大堂环境整洁、卫生、美观、舒适,并始终保持前厅对客服务良好的纪律和秩序。

⑪完成酒店领导临时分配的各项任务。

【同步思考 1-2】

前厅部服务人员应该具备怎样的素质和要求?

答:(1)爱岗敬业的精神;(2)优雅端庄的举止仪表;(3)健康的身体条件;(4)过硬的心理素质;(5)良好的礼貌修养;(6)良好的语言沟通能力;(7)丰富的知识储备;(8)卓越的服务技能。

知识题

1.1 前厅部在酒店中有着怎样的地位和作用?

1.2 前厅部的具体任务是什么?

1.3 前厅部组织机构设置的原则是什么?

1.4 请绘出一家中型酒店前厅部的组织机构图。

实务题

酒店大堂应该如何布置?

实训题

实训项目:前厅部组织结构设置。

实训目的:通过实训,熟悉不同类型酒店前厅部的组织机构设置。

实训步骤:(1)分别参观当地四星或四星级以上酒店、三星级酒店、快捷酒店各一家;

(2)了解各家酒店的前厅部组织机构设置情况。

实训成果:分别绘出四星或四星级以上酒店、三星级酒店和快捷酒店前厅部的组织机构图。

第2章 客房预订服务

学习目标

知识目标：了解客房预订的渠道、方式和种类。

能力目标：掌握客房预订的程序；掌握预订变更与取消的程序；掌握网络订房的程序；能正确处理订房纠纷。

素质目标：培养服务人员客房预订服务的基本业务素质及相关的职业道德素养。

【引例】

迟到的客人

小周是广州某酒店的前厅接待员。2010年国庆节期间，广州几乎所有酒店都已爆满，而且价格飙升。10月1日22:30左右，小周在工作繁忙之时接到一位潘先生预订客房的电话。潘先生是该酒店某协议单位的老总，也是常住客，所以小周格外小心。当时还剩下一间标准间，刚好留给潘先生，并与他约好抵店时间是当晚23:00。在这半小时期间，有许多电话或客人亲自到酒店来问是否还有客房，小周都婉言谢绝了。但一直等到23:40，潘先生还未抵店。小周心想：也许潘先生不会来了，因为经常有客人订了房间后不来住，如果再不卖掉，24:00以后就很难卖了。为了酒店的利益，到23:45，小周将最后一间标准间卖给了一位正急需客房的熟客。24:00左右潘先生出现在总台，并说因车子抛锚、手机无电，故未事先来电说明。一听说房间已卖掉，他顿时恼羞成怒，立即要求酒店赔偿损失，并声称将与该酒店的协议取消，以后不再安排客人来住。小周该怎么办呢？

资料来源：职业餐饮网，http://www.canyin168.com/.

2.1 客房预订的渠道、方式与种类

客房预订(Room Reservation)是指客人或代理机构为住店客人在抵店前与酒店客房预订部门所达成的订约。积极有效地开展预订业务，既能更广泛、更直接地了解客人需求，吸引客源，又能根据预订情况有效地组织和安排酒店的人、财、物等资源，以便协同其他各部门为客人提供优质而全面的服务，还可以通过客房预订更好地预测未来客源情况，及时调整酒店的销售策略，从而在激烈的竞争中把握主动权。

2.1.1 客房预订的渠道

1)客房预订的直接渠道

客房预订的直接渠道是指不经过任何中间环节直接由客人本人或委托他人或接待单位直接向酒店订房,可以是散客订房,也可以是会议或团队订房。这类预订酒店所耗成本相对较低,能直接了解客人需求,可以对订房过程进行有效的控制和管理。

2)客房预订的间接渠道

酒店虽然希望用最低的成本将产品和服务直接销售给客人,但由于酒店在人力、资金及时间等方面的限制,无法进行规模化的、有效的促销活动,客人直接订房的比例相对较小,因此,酒店往往利用中间商与客源市场的联系及其影响力,利用其专业特长、经营规模等方面的优势,通过间接销售渠道,更广泛而快速地将酒店的产品和服务销售给客人。间接预订的渠道大致有以下几类:

(1)通过旅行社订房;

(2)通过航空公司及其他交通运输公司订房;

(3)通过专门的酒店订房代理商订房;

(4)通过会议及展览组织机构订房;

(5)通过连锁酒店或合作酒店订房。

2.1.2 客房预订的方式

客人预订客房的方式多种多样,一般可采取电话、信函、电报、电传、传真、当面洽谈以及计算机网络等形式与酒店联系订房事宜。酒店根据客房的使用情况,决定能否满足客人的预订要求。目前,客人预订客房的方式主要有两大类:口头订房和书面订房。

1)口头订房

(1)电话订房。电话订房是最为广泛也最为有效的订房方式。通过电话与酒店联系订房,客人既能直接、快捷、清楚地了解到酒店是否有自己满意的房间、房间是否合适,预订员也可以了解宾客的订房要求、付款方式、抵离日期、特殊服务要求,及时地回复和确认客人的订房要求。在受理此类订房时,预订员必须首先听清客人的要求,并及时记录,然后向对方完整地复述,得到客人的确认,避免出现差错。

(2)面谈订房。面谈订房是客人本人或委托当地的亲友或代理机构直接到酒店前台洽谈订房事宜,此种预订方式安全、可靠。这种订房方式能使预订员有机会详细了解客人的要求,根据客人喜好和行为特点进行有针对性的促销和推销,还可通过展示客房来帮助客人作出选择。受理此类预订,预订员要注意仪容仪表、服务态度以及与客人交谈时的语音语调,要抓住客人的心理进行推销,但要注意避免向客人作出具体房号的承诺,在用房紧张时期还应告知客人保留客房的截止时间。

2)书面订房

(1)传真订房。传真订房是一种较为常见的订房方式,具有方便、迅速、准确、正规的特点,可以使远隔千万里的客人与酒店之间完整地、毫无遗漏地交换各自的资料及要求。协议公司或旅行社采用此种订房方式较多。此种订房方式不易出现订房纠纷,同时传真还可以成为客史档案资料及合同的证明文件,但这种订房方式要求回复准确、及时。

【同步思考 2-1】

客房预订员接到 Mr. Jim Beam 的预订传真后，立即确认回复，回复文以“Dear Sir”开头。这样做对吗？

答：这样做是不对的。对订房确认书，应明确对方的名字以示确认，而且客人订房时已向酒店通报了全名，准确地用全名称呼客人是对客人的尊重，同时也表明酒店已正确地接受了他的订房信息。用“Dear Sir”这种泛泛的名称，显然是一种不确切的称呼。

(2)信函订房。这是一种古老的订房方式，是客人以明信片或信件等方式预订客房，适用于预订客房的时间距离抵店时间间隔较长的情况。由于速度较慢，这种订房方式现在已经较少使用。但信函订房较正规，内容完整、准确，如同一份合同，对宾客和酒店双方都起到一定的约束作用。通过信函，客人可以详细提出订房要求，并附有客人本人的签名和已备案的代理机构印章及负责人签字，这些可以作为预订客房和客史资料的相关文件，此类订房方式要注意及时复信，复信的内容要完整、准确、有条理，格式要正确，要能正确使用客人的姓名和称呼。

(3)互联网订房。随着计算机技术的快速发展和网络技术的广泛应用，互联网订房已日渐被越来越多的人所采用。互联网上的信息资料图文并茂，客人可以对酒店有更多的了解。这种订房方式具有方便、廉价、快捷且有个性化的特点。我国提供客房预订服务的各类旅游网站也有很多，如中国携程网，很多连锁酒店也采用先进的客房预订系统供客人选择。

2.1.3 客房预订的种类

尽管客人预订时采取不同的方式，但通常将各种预订归纳为临时性预订、确认性预订和保证性预订三种类型。

1)临时性预订(Advanced Reservation)

临时性预订是客房预订种类中最常见、最简单的一种预订方式。临时性预订是指客人的订房日期与抵店日期非常接近，甚至在抵达酒店当天才联系订房。因此，由于时间紧迫，只能进行口头确认，而无法进行书面确认，酒店无法要求客人预付定金，这种预订通常由总台接待处受理。接受此类预订时，要问清客人抵店航班、车次及时间，重复客人的订房要求，让客人核对。尤其提醒客人酒店将房间保留至当日下午 18:00，这个时限被称为“留房截止时限”(Cut-off time)，超过 18:00，酒店有权将房间销售给其他客人。

2)确认性预订(Confirmed Reservation)

确认性预订通常是指酒店承诺为客人预订并保留客房至预订日期的 18:00 或某一事先约定的时间。这是经常采用的一种比较重信誉的预订方式。若客人到了规定的时间而未到达，也没有提前与酒店联系，则在用房紧张时期，酒店有权将保留的客房销售给未经预订而直接抵店的客人。

酒店答复客人的订房已经被接受的通知叫做订房确认书。确认性预订的方式有两种：口头确认和书面确认。比较而言，书面确认具有明显的优点：

(1)能使客人了解和证实酒店是否已经正确地理解了他们的订房要求，以及是否能够得到满足。

(2)以书面的形式,使酒店和客人之间达成了协议关系,从而确立并约束了双方关系。

(3)通过书面确认可以使酒店了解更多、更准确的客人资料,如姓名、地址等,并能够得到进一步证实。由于持有订房确认书的客人比未经预订而直接到店的客人在信用上更加可靠,因此,很多酒店对持有订房确认书的客人常常给予信用限额(Housc Credit Limit)升级、一次性结账服务等优惠服务。

3)保证性预订(Guaranteed Reservation)

保证性预订是指宾客通过使用信用卡预付定金、签订合同等方法,来保证酒店应有的收入,同时酒店会保证为这类宾客提供所需的客房,使双方建立起一种更为牢靠的关系。酒店在任何情况下都必须保证为客人提供其所需要的房间,并保留房间至到店日期的次日中午12:00的退房结账时间。同时客人也要保证按时入住,否则要承担经济责任。一般情况下,保证性预订可以通过预付定金、使用信用卡和签订合同等形式进行担保,以保护双方的利益。

(1)预付定金担保。预付定金担保是指客人在抵店前,通过先行交纳预付款的方式获得酒店的订房保证。酒店的责任是预先向客人说明取消预订、退还预付款的政策及规定,并保证按客人要求预留符合客人要求的房间。从酒店角度来说,收取预付定金是最理想的保证性预订方式。如果客人未能按时抵店,同时也未取消预订,则酒店可以收取一天的房费,另将余款退还客人。酒店关于预付定金政策一般都包括以下内容:收取预付定金的期限、支付定金最后截止日期、规定预付定金数额的最低标准、退还预付定金的具体规定。

酒店为加强预付定金的管理,要提前向客人发出支付预付定金的确认书,说明酒店收取预付定金及取消预订等的相关政策。

(2)信用卡担保。信用卡担保是指客人将所持信用卡的种类、号码及持卡人姓名、失效期等以书面形式通知酒店,酒店要验证其信用卡的有效性。即使因各种原因客人不能按时抵店,酒店仍可通过银行或信用卡公司收取客人的房费。例如,美国运通信用卡公司组织的“信用卡订房担保计划”,对持“运通卡”的客人,在订房后未按时到店,酒店可以根据订房客人的信用卡号码、姓名及“No show”(预订未到)记录等相关文件,向美国运通信用卡公司或授权的机构收取相关房费,以弥补酒店的经济损失。

(3)合同担保。合同担保是指酒店与有关公司、旅行社等单位就客房预订事宜签署合同,以此确定双方的利益和责任。合同的主要内容包括签约单位的地址、账号以及同意为未按预订日期抵店入住的客人承担付款责任的声明等。同时,合同还规定了通知取消预订的最后期限,如果签约单位未能在规定的期限内通知取消,酒店将按照合同规定收取房费。

保证性预订既保证了满足宾客对住房的需求,维护了客人的利益,同时也维护了酒店的经济利益,因此,它对酒店和客人双方都是有利的。但要注意的是,对于客人来说,由于酒店为他们保留的房间无法再销售给其他客人,所以即使未使用客房也应付全天的房费。

【同步思考2-2】

预订处工作人员在接受预订时应做好哪些准备?

答:(1)了解前一天晚上到目前为止的客房周转情况、当日宾客离店后腾出的房间情况、预订情况等,据此掌握能否接受当日以后的预订;

(2)清楚地了解各类房间的优缺点、位置及价格,做好推销的准备;

(3)熟悉有关客房种类的英文名称及特点,以便能向外国客人准确介绍;

(4)打开计算机,进入酒店客房状况桌面,以备查询;

(5)准备好笔、电话记录本及预订单。

2.2 客房预订的程序

客房预订是一项专业技术性较强的工作,为了确保客房预订工作高效、有序地进行,必须建立完整而详细的客房预订程序。客房预订服务流程图如图2-1所示。

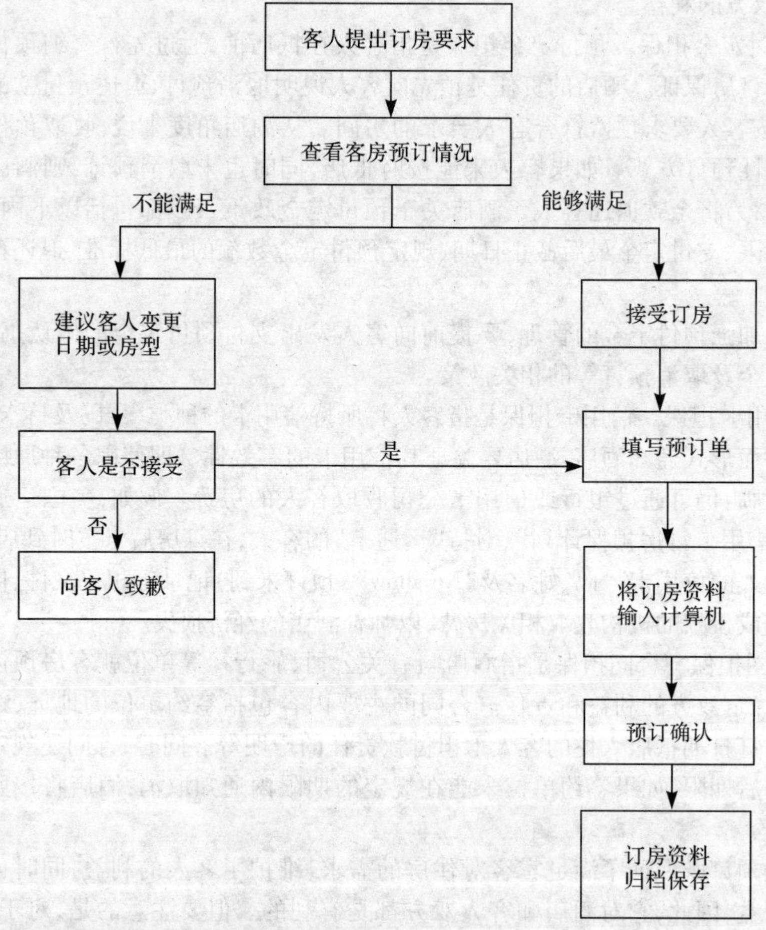

图2-1 客房预订服务流程图

2.2.1 受理预订

预订服务过程是酒店与未来客人或潜在客人接触和交易的过程。因此,预订员要循序渐进,把握机会,尽量销售客房商品。当客人提出订房要求时,预订员要立即查看房间状况是否允许,其结果只有两种:接受预订或婉拒预订。受理预订的结果如图2-2所示。

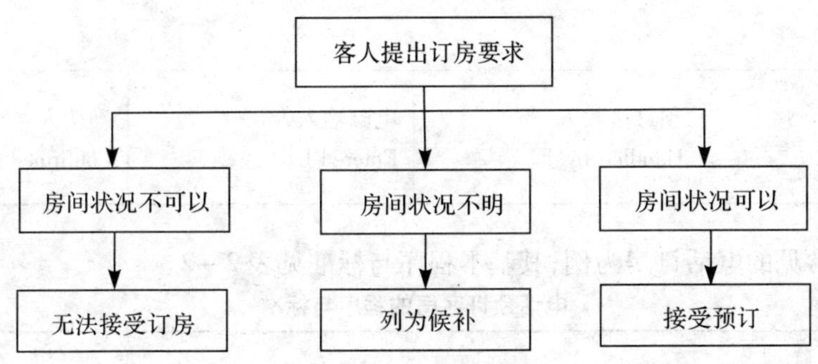

图2-2 受理预订的结果

1)接受预订

在受理预订前,应充分做好各项准备工作,这样才能为客人提供满意的服务,提高预订工作的效率和质量。预订员首先要准确掌握本酒店客房产品特点、价格、当前预订状况和相关促销政策,在接到客人的订房申请后,要明确客源类型(即是散客还是团队),听取客人预订要求,迅速查看有无符合客人要求的房间,从而决定是否接受客人的申请。如果能够接受客人的订房,就要填写客房预订单。客房预订单一般包括客人姓名、到达时间、离店时间、房间种类、付款方式及特殊要求等内容。客房预订单如表2-1所示。

表2-1 客房预订单

Room Reservation Form

<table>
<tr><td colspan="2">客人姓名 Guest Name
先生/女士
Sir/Madam ________</td><td colspan="3">确认号码
CFM. No. ________
新订□ 修改□ 取消□
New booking Amendment Cancellation</td></tr>
<tr><td colspan="2">到达时间 Arrival Date
MM 月 DD 日 YY 年</td><td colspan="3">离店时间 Departure Date
MM 月 DD 日 YY 年</td></tr>
<tr><td>房间种类
Room Type</td><td>房间数量
No. of Room</td><td>价目
Tariff</td><td>折扣
Discount</td><td>房价
Rate</td></tr>
<tr><td></td><td></td><td></td><td></td><td></td></tr>
</table>

续表

<table>
<tr><td>订房者
Booked by</td><td>电话 Tel
传真 Fax</td><td colspan="2">公司名称
Company name</td></tr>
<tr><td colspan="4">备注
Remarks</td></tr>
<tr><td>预订日期
Date booked</td><td>预订接收人
Handled by</td><td>电脑输入人
Entered by</td><td>确认人
Confirmed by</td></tr>
</table>

以较为常见的电话订房为例,其基本程序与标准见表 2 - 2。

表 2 - 2　电话预订客房的程序与标准

程序	标准
1. 接听电话	电话铃响 3 声之内接听。
2. 问候客人	问候语:您好,预订部。Good morning(afternoon, evening), reservation Dept. May I help you?
3. 询问姓名	询问客人姓名,中文名要注意辨别同音字,若是外国客人,则按姓在前、名在后的次序进行记录,要注意拼写正确;得知客人姓名后,在接下来的交谈过程中要注意用客人的姓氏称呼客人。
4. 询问公司	询问客人的公司名称,注意协议公司按合同价。
5. 询问期限	确认客人预订期限,查看预订当日客房状态,迅速判断能否受理。
6. 询问时间	询问客人抵达时间或航班(车次),向客人说明如无明确抵达时间,酒店只能保留房间到入住当天的 18:00。
7. 推销房间	根据客人要求推销房间,介绍房间的种类及房价。
8. 询问付款方式	确认客人付款方式并在客房预订单上注明;如是公司或者旅行社结账,要求公司或者旅行社在客人抵达前以支票或其他方式做预订担保。
9. 询问其他要求	询问客人特殊要求,如接机等,做好详细记录并予以落实。
10. 询问电话	询问预订人姓名、单位及联系电话,并在客房预订单上做好记录。

续表

程序	标准
11. 确认预订	确认客人姓名、入住期限、抵达时间或航班(车次)、订房种类、房价及房数、付款方式、特殊要求及预订联络人情况。
12. 完成预订	感谢客人打来电话订房,并告之如有变更请及时与酒店联络。

2)婉拒预订

如果在客人预计抵达的日期内,酒店因客满等原因而无法满足客人的订房要求时,不能就此终止服务,而应主动提出可供客人参考或选择的建议,如建议客人改变抵达日期、房间类型等。也可以征得客人同意,将其列入"等候名单"(Waiting list)中,一旦有了空房,立即通知客人,最后要向客人表示感谢。这样做不但可以促进客房销售,同时还可以在客人心目中树立酒店良好的形象和信誉。婉拒预订时,要为客人签发一封致歉信。

【同步思考2-3】

在受理客人电话预订时,预订员应注意哪些事项?

答:(1)接听电话时,必须使用礼貌用语,口齿清晰,应酬得体。

(2)接到预订函电后,应立即处理,不能让客人久等。

(3)填写客房预订单时,必须认真、仔细,逐栏、逐项填写清楚。否则,稍有差错,将会给接待工作带来困难,影响服务质量和酒店的经济效益。

(4)遇有大团或特别订房时,订房确认书要经前厅部经理或总经理签署后发出。这时如确实无法满足其预订要求,要另发函电,表示歉意,并同样经前厅部经理或总经理签署后发出。

2.2.2 确认预订

在接受客人的订房要求之后,只要有足够的时间,预订处都应对客人的预订进行确认。预订确认主要有两种形式,即口头确认(Verbal Form)和书面确认(Written Form)。口头确认一般通过电话确认,即将上一个工作流程所接受的预订,在与客人联系时予以认可和承诺。如果条件允许,酒店一般要向客人寄发订房确认书(如表2-3所示),以书面形式与客人确认预订的各项内容。书面确认不仅仅是复述客人的预订要求,同时也向客人陈述了价格、定金、日期、取消预订及付款方式等相关规定和政策。书面确认比较正式,实际上是酒店与客人之间达成协议的书面凭证。确认的内容包括:

(1)复述客人的订房要求,包括客人姓名、人数、抵离店时间、房间类型和房间数量等;

(2)与客人就房价和付款方式达成一致意见;

(3)说明酒店有关取消预订的政策和规定;

(4)欢迎客人下榻并表示感谢。

表 2-3　　订房确认书

Reservation Confirmation

公司　　致

Company:　　Attn:

地址　　电话

Address:　　Tel:

客人姓名 Guest Name	抵店日期 C/I	离店日期 C/O	房间种类 Room Type	房间数量 No. of Room	价目 Tariff	折扣 Discount	房价 Rate
备注: Remark							

注:预订客房将保留至下午六时,迟于六时到达的宾客,请预先告知。若有任何变动,请直接与酒店联系。我们期待您的光临!

Note: Your room will be held until 6:00 p. m., unless arrival time is specified. Should there be any changes, please contact the hotel directly for adjustment. We are looking forward to welcoming you.

确认人　　确认日期

Confirmed By:________　　Confirmed Date:________

2.2.3 预订记录存档

在办理完客人的订房工作后,预订员要把原始客房预订单的内容输入计算机,以便对订房情况进行统计、存档和制作报表。预订资料是客史档案的依据,通常包括客房预订单、订房确认书、交付定金收据、预订变更单及客人的各种原始订房资料等。预订资料的存放可以按日期法进行存档,即按客人抵店日期的顺序排列存档,这样便于掌握某一个时间段的预订房间数量和客人数量。如果订房资料已经输入计算机,计算机会根据客人的抵店日期自动编号,如“20041012001”是指2004年10月12日预计到店的第一批客人。也可以按英文A~Z字母顺序存放,根据客人姓名的第一个字母按顺序存放,这样可以很方便地查找客人的订房资料。预订员要把全部订房资料装订、归类、存档,注意每次将最新的资料放在最前面,以便查阅。

2.2.4 预订变更与取消

从客人的订房要求被酒店确认到客人抵店前这段时间,仍有可能出现预订变更甚至取消订房的情况。预订变更指的是客人在抵店之前由于某种原因临时改变预订的日期、房间数量和类型以及其他要求等,甚至取消原来的预订。取消预订是酒店不愿意看到的事情,在处理时要特别注意态度问题。因此,预订员应同样地礼貌待客,提供快捷的服务。更改预订与取消预订的程序与标准分别见表2-4和表2-5。

表2-4　　更改预订的程序与标准

程序	标准
1. 接收信息	(1)当客人需要更改预订时,找出原客房预订单后,应先核查如下内容:客人姓名、原预订期限、原预订房类型、房价及房数、预订人情况; (2)询问客人现在要更改的日期、房数及其他要求。
2. 确认更改	(1)在确认客人新的订房要求之前,要先查询客房预订状态; (2)在有房可订的情况下,为客人确认更改预订,并重新填写客房预订单; (3)记录预订更改人的姓名、联系电话及以何方式更改; (4)将更改信息输入电脑。
3. 注明存档	在原客房预订单上注明"更改"字样,并按日期存档。
4. 更改处理	(1)如果客人需要更改的日期,酒店已无客房可订,应及时向客人做好解释,并告知客人预订暂时放在候补名单上; (2)当酒店有空房时,及时与客人联系。
5. 善后处理	(1)感谢客人及时通知; (2)未确认时,要感谢客人的理解与支持; (3)若更改涉及其他部门,应及时知会。

表2-5　　取消预订的程序与标准

程序	标准
1. 接收信息	(1)询问要求取消预订的客人姓名、预订期限、房类,并与档案柜中原预订单进行核对; (2)询问并记录取消预订人的姓名、联系电话、取消日期、取消方式及原因。
2. 确认取消	复述以上两项内容以得到取消人的认可。
3. 处理取消	(1)感谢订房人将取消预订要求及时通知酒店; (2)询问客人是否需要做下一阶段的预订; (3)在原预订单上写明"取消"字样,并在上面记录取消预订人的姓名、联系电话、取消日期、取消方式及原因; (4)将预订取消的信息输入电脑。
4. 善后处理	按入住日期,将取消单进行存档。若涉及其他部门,应及时知会。

【知识链接2-1】

VIP等级划分及其预订程序与标准

VIP等级划分及其预订程序与标准分别见表2-6、表2-7,VIP接待规格呈报表见表2-8。

表2-6 VIP等级的划分

等级	资格	申请人	批准人
VA	国家元首、国家部委领导、省级主要负责人	酒店总经理、副总经理、公关营销部经理	集团董事长、酒店总经理
VB	政府部门领导,市级主要领导,企业高层管理者,同星级酒店董事长、总经理,中国国旅、国际旅、青旅总经理,对酒店有过重大贡献的人士,酒店邀请的宾客	副总经理、公关营销部经理	酒店总经理
VC	社会名流(演艺界、体育界、文化界)、酒店邀请的宾客(业务客户)	各部门经理以上管理人员	副总经理
VD	个人全价入住酒店豪华客房3次以上的客人、个人全价入住酒店客房10次以上的客人、酒店邀请的宾客	前台主管以上管理人员	公关营销部经理
CIP	受客户的委托接待的VIP	前台主管以上管理人员	公关营销部经理

表2-7 VIP预订的程序与标准

程序	标准
1.预订申请	(1)预订员若接到政府高级官员、大公司总裁、名人等符合VIP接待条件的预订,应及时告知预订部主管; (2)经预订部主管认可,轮值AM(大堂副理)填写VIP申请单(一式五份)。
2.填写订单	填写客人姓名、职位、公司名称、抵离店时间、航班(车次)、房间类型、房价及其他特殊要求。
3.选择礼品	(1)在VIP申请单上将已选择的礼品做好标记; (2)礼品种类主要有:欢迎信、水果盘、水果篮(小)、水果篮(大)、鲜花(小)、鲜花(大)、小点心、酒水; (3)附上总经理名片。
4.审批预订	(1)预订部主管审批、签字; (2)送交前厅部经理审批、签字; (3)送交总经理审批、签字; (4)将审批后的VIP申请单分送前厅部、礼宾处、大堂副理、总机及客房部。

表 2－8　　VIP 接待规格呈报表

<table>
<tr><td>团队名称 VIP 情况</td><td colspan="6"></td></tr>
<tr><td>情况简介</td><td colspan="6"></td></tr>
<tr><td>审批内容</td><td colspan="6">1. 房费:A. 全免　B. 赠送会客室一间　C. 房费按______折收取　D. 按______元收费
2. 用膳:在______餐厅用餐,标准______元/人(含/不含饮料)
3. 房内要求:A. 鲜花　B. 小盆景　C. 水果　D. 果盘　E. 葡萄酒及酒杯　F. 欢迎信　G. ______名片　H. 礼卡　I. 酒店宣传册
4. 迎送规格:A. 由______总经理迎送　B. 由______部总经理迎送　C. 锣鼓迎送　D. 欢迎队伍______
5. 其他</td></tr>
<tr><td>呈报部门</td><td></td><td>经办人</td><td></td><td>部门经理</td><td></td><td></td></tr>
<tr><td>总经理批署</td><td colspan="6"></td></tr>
</table>

2.2.5 抵店前的准备工作

按计划实施预订客人抵店前的准备工作,是前厅部服务过程中非常重要的前期工作,必须达到及时、有序、细致、无误的标准,有助于相关部门根据计划安排,对不同客源类型、不同身份和特点的客人提供有针对性的服务,并提前做好接待准备。因此,准备工作做得是否充分,将直接关系到前厅部服务的质量水准。客人抵店前准备工作内容主要包括:

1)核对订房

由于客人抵店前可能发生预订变更、取消等情况,为提高预订工作的准确性,预订员对每一个已确认的预订都要进行多次核对,发现问题及时更正或补救。核对订房工作一般分三次进行,具体操作安排是:

(1)客人抵店前一个月进行第一次核对。

(2)客人抵店前一周进行第二次核对。

(3)客人抵店前一天进行第三次核对。

对于大型团体客人而言,核对的次数和内容要更多、更细致,因为接待团队客人,酒店为此要提前预留相应的客房,在客人离店后,又立即会出现大量客房闲置。所以,酒店必须加强对团体预订的管理工作,尽量减少由此而带来的经济损失。

2)预报客情

预订处按规定的预报、预测周期及时段,依据预订统计资料,将酒店的主要客情,如 VIP、大型团队、会议接待、散客等各类型客人的预报表、接待计划等,按规定的时间及时予以送达或通知。

为了做好接待工作,预订处一般在客人抵店前,将有关预订信息以客情预测表的形式传送至各有关部门,以便提前做好接待准备。

(1)近期预测。一般是指半个月或一个月以上的预测。通常统计订房客人数量、每天所需房间、重要客人或会议等。

(2)每周预测。预订处提前一周将客人数量、日期、团队或重要客人等统计出来,制成每周预测表,分送到相关部门。每周预测表见表 2 -9。

表 2 -9　　每周预测表

项目/预测数/时间	特级套房		甲级客房			标准客房			用餐			备注
	团队客人	重要客人	团队	散客	重要客人	团队	散客	重要客人	早餐	午餐宴会	晚餐宴会	
一												
二												
三												
四												
五												
六												
七												
合计人数												
合计空房												

预测订房总数:　　　　预测客房收入:

制表人:

年　月　日

(3)翌日抵店客人预测。翌日抵店客人预测表比前两种预测表的内容更加详细,包括客人姓名、房号、类型、房价、优惠条件等。翌日抵店客人预测表提前一天发送给有关部门。另外,还可能需要制作 VIP 接待通知单、团队接待通知单等。

3)预先排房

预先排房即按预订要求和接待标准,提前为已办理预订的客人分配房间、确定房号,并将有关变更或补充的通知传达至相关部门。

预订客人预分房顺序:

(1)团队客人;

(2)VIP 和常客;

(3)已付定金的保证性预订;

(4)要求延期续住的预期离店客人;

(5)要求接机或有准确抵店时间的确认性预订客人;

(6)临时性预订客人;

(7)无预订的散客。

预先排房时应注意以下问题：

(1)注意对散客和团队客人住房区域的划分，减少相互干扰。

(2)掌握对维修房分期、分批、分区域地进行工程检修及维护，以免影响客人休息。

(3)由于销售高峰而出现房源紧张时，要加强与客房部的协调沟通。

(4)对于VIP的订房，预订处要提前一天或数天，用电话或书面方式通知接待处和客房部，对这些房间进行控制。

有相当数量的酒店将预先排房工作提前数日进行，尤其是大中型酒店，有些酒店则安排总台接待员在当天早些时候对预订客人住房进行预先排房。但无论采取哪一种操作方式，预订客人抵店前的预先排房工作都是非常必要和重要的环节。

4)实施计划

在客人抵店前一天，将已经批准的各项接待及安排计划，如次日抵店客人名单、VIP接待通知单、派车通知单、礼宾鲜花、贵宾水果篮等通知单送达相关部门，共同做好客人抵店前的各项准备工作。

2.3 超额预订及其处理

2.3.1 超额预订控制

客人向酒店订房，但由于种种原因，客人可能会临时取消预订，或出现“无到”(No-Shows)现象，或提前离店，或临时变更预订要求等，从而可能造成酒店部分客房的闲置，因此需要酒店进行超额预订，以减少损失。客房超额预订策略就是在尽量精确掌握当天客人退房、进房数量的情况下，适当提高预订率，使客房出租率超过100%，以弥补因种种原因取消预订造成的损失。

1)超额预订及其幅度控制

所谓超额预订是指酒店在订房已满的情况下，再适当增加订房的数量，以弥补因少数客人临时取消预订而出现的客房闲置。目的在于充分利用酒店客房，提高客房出租率。

超额预订是酒店经营管理者的胆识与能力的表现，又是一种风险行为。其关键在于如何有效地实施超额预订，避免或最大限度地降低由于决策失误而造成的经济损失。进行超额预订的决策应基于对市场的预测、客情的分析以及以往的经验。超额预订的关键在于掌握超额预订的数量和幅度。为合理掌握超额预订的数量和幅度，可运用计算公式进行核准。其公式如下：

超额预订量 = 客房预订量 × 临时取消百分比 − 预期离店后空房数 × 延期住宿率

超额预订率 = (超额预订量/可预订客房数) × 100%

【同步案例2-1】

某酒店有客房600间，其中长住房100间，根据资料统计分析，10月5日预计客人离店后空房数为180间。因进入旅游旺季，申请预订用房数550间。另外，据总台预订历史资料分析，酒店旺季延期住宿率为5%，临时取消百分比为6.5%，10月5日可超额预订多少间客房？超额预订率是多少？

解：超额预订量 $=550\times6.5\%-180\times5\%=26.75$（间）

超额预订率 $=[26.75/(600-100)]\times100\%\approx5\%$

因此，当日可超额预订27间客房，超额预订率约为5%。

一般情况下，酒店将超额预订率控制在5%～15%左右为宜。另外，也可以参照酒店最近两年的同期统计资料和最近三天的统计数据，对临时取消率和延期住宿率加以确定。如果超额比例过大，很可能会出现客人到店而无房的情况，所以妥善地控制超额预订率很重要，但是也有很大难度。一般情况下，5%的超额预订率是可行的，更大的比例则需要通过长期的工作经验积累以及订房资料的分析得出。不过，客房超额预订操作得不好，也会给酒店带来较大的麻烦，甚至影响酒店的品牌，一旦预订客人全部到店，使酒店客房供不应求从而造成违约，引起客人投诉和不满也是常有的事。因此，怎样把握好超额预订率及相关的防范措施是采用客房超额预订策略的关键。

【同步思考2-4】

实施超额预订时应考虑哪些因素？

答：实施超额预订时应考虑的主要因素有：

(1)掌握好团体订房和散客订房的比例。通常情况下，在现有订房中，如果团体订房较多，超额订房比例就应小些；散客订房较多，超额订房比例就可大些，但并不是绝对的。

(2)考虑现有订房中各种订房所占的比例。如果现有订房都是保证性订房，通常不能实行超额订房。保证性订房较多，超额订房比例应小些；确认性订房比例较高，超额订房比例应大一些；临时性订房的比例较高，超额订房比例应大些。

(3)了解附近同级酒店的住房情况，若已客满或接近客满，就应该减少超额订房比例或不进行超额订房；反之则可提高超额订房比例。

(4)调查分析本酒店在市场上的信誉度。信誉度高的酒店，因为到达率高，所以超额订房比例应该小一些；反之则应多些。

(5)根据以往订房资料统计下列客人的数量和比率：①订而不到者(No-shows)；②临时取消者(Cancellations)；③提前离店者(Under-stays)；④延期住店者(Over-stays)；⑤提前抵店者(Early-arrivals)。

2)超额预订的处理

如果超额预订过度，已订房客人在规定时间到达酒店后，酒店却因客满而无法为订房客人提供所预订的房间，必然会引起客人的极大不满，酒店对此应负有全部责任。因而酒店必须积极采取各种补救措施，妥善安排好客人住宿，以消除客人的不满，挽回不良影响，维护酒店的声誉。在出现超额预订时，酒店应该做到：

(1)客人到店时，由主管人员诚恳地向其解释原因，并赔礼道歉。

(2)与本地区酒店同行加强协作，建立业务联系。一旦超订，可安排客人到有业务协作关系的同档次、同类型酒店暂住。

(3)派车免费将客人送到联系好的酒店暂住一夜。如房价超过本酒店，差额部分由本酒店承担。

(4)免费提供一次长途电话或传真,以便客人将临时改变地址的情况通知有关方面。

(5)将客人的姓名及有关情况记录在问讯卡条上,以便向客人提供邮件及查询服务。

(6)对属于连住又愿意回本酒店的客人先留下其大件行李,转天排房时,优先考虑此类客人的用房。次日一早将客人接回,大堂副理在大堂迎候并致歉意,陪同客人办理入住登记手续。

(7)以重要客人的礼遇安排接待入住,客人在店期间享受贵宾待遇。

(8)事后由前厅部的主管人员向提供援助的酒店致谢。

客房超额预订策略是可行的,关键是操作时的把握,相信适当的客房超额预订会在充分利用酒店资源的同时,给酒店带来稳定的效益。

2.3.2 订房纠纷的处理

1)预订中容易发生纠纷的主要原因:

(1)订房信息记录不准确。

(2)订房信息未及时、准确地传递。

(3)房价或房号资料未能保留或过早告诉客人。

(4)酒店在旺季突然涨价,涨价幅度太大或不能如约留房。

(5)酒店未把留房期限、违约金的收取等规定及时以书面形式告知客人。

2)预防措施

预订工作中的疏忽或失误将损害酒店的形象,使酒店蒙受经济损失,为此,必经采取一定的措施,尽量减少预订工作中的失误。

(1)建立预订员接受预订复述制度。在客人办理完预订手续后,预订员应复述一遍以供客人核对确认。

(2)管理人员需对客房预订工作的程序及预订中使用的表格等能否满足酒店经营变化的需要作审查。

(3)仔细审阅客人预订存档,以避免错误的发生。

(4)预订员应该理解客人的预订需求,并向客人解释酒店的政策与惯例。

(5)采用客房预订单记录宾客的订房要求时,务必仔细、慎重。若是电话预订,应复述宾客的预订内容,解释酒店专用术语的确切含义,避免错误或遗漏。

(6)对于订房的变更或取消应予高度重视,及时办理修改预订记录、重建客房预订单等相关手续。

(7)预订处应与酒店市场营销部、总台接待处密切联系,及时准确地掌握可订房信息。

(8)建立相应的审查制度,在预订资料输入电脑、存档以前,应交当值领班或主管审查,确认无误后方可进行下一步工作。

2.4　网络订房

利用网络预订客房,改变了传统的预订方式,逐渐成为酒店争取客源的重要渠道。

随着互联网的普及和完善,网络预订客房日益受到人们的欢迎。

2.4.1 酒店订房网络系统的分类及主要预订系统

互联网的出现将世界由工业时代推进到数字化时代,其基本特征就是信息网络化。早在1995年国际酒店协会(International Hotel Association,简称IHA)主持编撰的《关于世界酒店业的白皮书》中曾预测影响酒店业未来的“五大要素”,而全球订房网络系统就名列榜首。酒店业将不再局限于传统上的价格竞争,它将是各酒店集团连锁品牌和各酒店之间运用网络系统的整体营销竞争。

全球订房网络系统对一个国际性的酒店集团而言,毋庸置疑地扮演着“市场拓展”与“保持市场份额”的重要角色。谁拥有了全球订房网络,谁就在激烈的竞争中占据优势。其功能优势主要表现为:(1)方便客人订房;(2)赢得客人信赖;(3)实时获取信息。

一般的媒介系统,如电视、电台、报纸、户外广告,传递和反馈信息都有滞后期和局限性,并存在即时性的技术障碍。有的难以更新,有的更新周期较长,有的只能在局部范围内传播。而网络是全球性的,是一种人机交互系统,可以即时变更信息,并得到即时反馈。利用全球订房网络的统计功能,还可以随时对客人的入住进行积分奖励,进一步增加了酒店运用全球订房网络参与市场竞争的优势和魅力。

1)全球订房网络系统的分类

(1)电话传真预订系统。电话传真预订系统主要是在各地设立订房中心、销售办事处,通过免费电话(或者是拨打国际长途只收市内电话费)和传真接受客人的预订。如巴斯酒店集团1-800-TOLL FREE酒店免费电话预订系统。

(2)联号酒店预订系统。这种网络系统由集团所属酒店的计算机构成网络,客人如需要预订该集团内任何一家酒店的客房,可以通过该集团的任何一家酒店进行网上预订。国际上一些著名的酒店集团,如巴斯酒店集团的HOLIDEX预订系统、洲际酒店集团的GLOBAL II预订系统、雅高酒店集团的ACCOR订房系统、希尔顿酒店集团的HILTRON中央预订系统和HILSTAR预订系统等,都属于这类系统。

(3)网络在线预订系统。网络在线预订系统主要是在互联网(Internet)上建立网站,接受客人的直接预订。国际知名酒店管理集团如假日、雅高、希尔顿、喜来登、香格里拉、威斯汀、万豪、贵都、富豪等都建立了这样的预订系统。

(4)全球分销系统。全球分销系统(Global Distribution System,简称GDS),可以通过Interface(接口)接入。雅高、贵都等集团的订房系统由此接入到GDS中。采用计算机网络技术的旅行社团、散客直接访问该集团的中央预订系统,从中得到某酒店的详细资料,包括酒店客房的销售状况,并能立即接受预订和确认。巴斯酒店集团的HOLIDEX也接入到GDS中,代号是“HI”。其他分销系统还有尤特网(Utell International)、顺领网(Sterling Hotel & Resorts)、环球网(World Hotel & Resorts)等。

2)主要预订系统

现在全球客房预订主要有三种网络系统:

(1)专业预订组织系统。专业预订组织系统即专门从事全球客房预订的专业公司,如UTELL、SRS、SUMMIT等公司,都是国际著名的订房专业公司。这种公司具有很强的

客源市场推销和竞争优势,突出表现在:

第一,网络覆盖面广。这是国际著名订房组织的共同特点。例如,UTELL 国际预订组织在全球已拥有由50多个销售中心,15万家旅行社所组成的销售网络以及5 000多家会员酒店的支持,是目前全球最大的客房预订专业组织。

第二,借助GDS扩大市场份额。GDS是在原美国航空公司计算机预订机票中心CRS基础上建立的分销系统,建于20世纪60年代。GDS的使用者分为两类:一类是服务供应商,即公司、酒店等;另一类是客户,即租用GDS网络的专业预订组织及批发商。GDS起到了产销之间的链接作用。GDS奉行"一站服务"的理念,提供诸如汽车租赁、酒店客房预订、观光游览、娱乐健身等全方位的专业预订服务,促进了旅游和商务经济的整合。1994年,通过GDS订房的酒店达到1万多家,拥有的客房间数已达256万多间。GDS在全球客房预订网络中发挥着突出作用,但该系统初期投入费用大,专业培训成本较高,网络占用费较高。

第三,市场定位准确。首先,客源层次定位较高。例如,SUMMIT的预订客人多为高级商务客人,全部选择入住高星级酒店;其次,客源的渠道广泛。例如,SUMMIT代理全球所有主要航空公司、旅行社和跨国商务大公司的预订等。

【知识链接2-2】

GDS与普通网络订房的区别

现在,很多酒店已经开始建立自己的订房系统,但大都属于网络订房。网络订房之所以能被广泛应用,主要是因为其成本(投资成本)较低。然而,那些真正关注酒店长远发展的领导者、决策者以及国际连锁型的酒店管理集团更愿意加入到GDS中,以此来提高自己的订房效率。因为一般网络订房大多数局限于国内客人,且酒店与一般散客是通过Internet的随机接触或通过订房中心打电话预订的,客人预订客房而不入住的情况比较普遍,且这部分客人的消费能力相对较低。而GDS在一般网络订房的基础上,通过多年培育的全球50万家旅行社将酒店预订与机票、租车、游轮预订等业务联成一体。加入该系统的酒店将获得更大范围、更为紧密的客户群,特别是能够保证客人的入住,因为客人通过GDS向酒店订房,需要提供住宿信息及信用卡信息方可向酒店订房,所以酒店为客人提供的是有保证的订房。当然,透过此平台,客人可以通过全球知名网站查找到酒店的所有信息,客人也可以直接与酒店预订。其实,网络订房与GDS最主要的不同在于GDS平台具有全球性的推广作用,它能在无形中提高酒店在客人心目中的地位,同时还可以使酒店与境外旅行社建立合作关系。

(2)中央预订系统。中央预订系统(Computer Reservation System,简称CRS),原指航空公司计算机预订中心。随着网络经济的发展,CRS已成为国际上很多著名酒店集团在其成员酒店(连锁店)内运行的专业预订系统。例如,1965年,假日集团率先推出的假日电讯网;斯坦因伯格集团的SRS等。这些中央预订系统在全球客房预订销售市场中发挥着重要作用。营销系统范围限定和客源流动的分享是这一系统的突出特点。因为加入或使用这些预订系统时,经常还伴随着酒店集团与航空公司联手推出的"累计飞行里程积分"、"减免酒店房费"、"购物减免"等一系列奖励性的回报,以此来吸引旅游常客。

(3)专有预订系统。专有预订系统是指酒店企业在互联网上自设网址和主页,进行自主营销。采用"网上预订"手段,可以突出酒店自身特色,以个性化的形象和产品特色在全球范围内自行推销。这一系统初期投入费用低,操作简便。另外,根据市场变化和竞争的需要,酒店可以采用该系统,定期或不定期变换"产品包装"和"产品组合",使酒店始终保持"可供选择"的市场准入状态。但目前这一渠道仍未得到快速发展。

现在,随着互联网的飞速发展,网络经济将给酒店企业的个性化、特色化服务通过互联网的营销带来不可低估的影响,并注入更新、更大的活力。另外,除 GDS 以外,本地分配系统(Local Distribution System,简称 LDS)、个人分配系统(Personal Distribution System,简称 PDS)、目标管理系统(Destination Management System,简称 DMS)、公司内部网络(Intranet)等系统,其功能也同样强大,同样能方便地满足供应商、批发商和预订客户的需求。

2.4.2 网络订房服务程序

酒店的预订服务人员每天都要处理来自网络上的预订,具体的服务程序与标准见表 2-10。

表 2-10　　网络订房服务程序与标准

程序	标准
1. 搜寻信息	每天定时打开酒店预订网络系统,搜寻预订信息。
2. 记录信息	详细记录客人预订客房的种类,客人的姓名、人数、性别、抵店时间、离店时间、联系方式等。
3. 查询核对	按照客人的订房要求,核查预订报表或预订控制簿,确定是否有符合条件的房间,如有则做好相应记录。
4. 推销客房	如果与客人要求不符,应立即与客人取得联系,沟通协调,并积极推销其他客房。
5. 填写相关表格	如果是计算机操作预订系统,则按规定填写客房预订单,将客人的相关预订资料输入预订终端,自动做好预订资料的信息存储、分类、整理、汇总、传递和输出工作;如果是手工操作预订系统,则先填写客房预订单,制作并存放预订卡条,在预订登记本上进行标注。
6. 存档	保存客人的网络预订资料。

【情境模拟 2-1】

场景:晚上七点半,一对年轻夫妇拖着疲惫的身体从维多利亚酒店店外进来,走到前台,向前台服务员出示了酒店的客房预订单并要求住宿,可是现在维多利亚酒店除套房外,其他类型的客房已全部住满。这对夫妇说,他们这次是结婚旅行,在三个月前就已经在维多利亚酒店预订了一间标准间,连住三天,因天气不好飞机误点,刚刚赶到。面对这种情况,前台接待员只好一再向客人道歉,一边安抚客人,一边向值班经理请示。假如你是值班经理,你该如何处理此事?

要求:分小组讨论酒店为什么会出现这种情况?各小组根据以上任务编制情景剧,分角色扮演。

操作提示:这是酒店超额预订带来的后果。首先应向客人致歉,并立即查询酒店其他类型的客房状况。如有其他更高级别的房间,建议客人住下,与客人商议,视客人反应给予一定的折扣或免费升级一晚(即按标准房的价格住套房一晚,后两晚可请客人考虑按折扣价或是换回标准房)。若客人同意,立即安排客人住下,并与客房部沟通,给客人赠送水果等。若条件允许,结合客人新婚的特殊情况,可对客房进行布置,制造温馨浪漫的气氛。如果酒店已经全部住满,立即联系附近同档次的酒店,为客人订好房间,在联系的酒店住一晚,房间差价由本酒店补,与客人商议后,后两晚回本酒店入住,并派车免费接送,若客人同意,其再次入住时按 VIP 礼遇接待。

知识题

2.1 客房预订的渠道、方式及种类分别有哪些?

2.2 电话预订客房的程序是什么?

2.3 如何确定预订分房的顺序?

2.4 什么是超额预订?酒店为什么要实施超额预订策略?

实务题

2.1 如遇客人更改预订,应该如何操作?

2.2 某酒店有客房 500 间,根据资料显示,长住房为 200 间,预计客人离店房数为 100 间,申请预订用房数为 350 间。根据前台预订历史资料分析,酒店旺季延期住宿率为 5%,临时取消百分比为 10%。问预订处 10 月 8 日可超额预订房多少间?超额预订率是多少?

案例题

2.1　**巧妙推销豪华套房**

一天,南京某四星级酒店前厅部预订员小夏接到一位美国客人霍曼从上海打来的长途电话,想预订每天收费 180 美元左右的标准双人客房两间,住店时间六天,三天以后来酒店住。

小夏马上翻阅预订记录,回答客人说三天以后酒店要接待一个有几百名代表参加的大型会议,标准间已全部预订完,小夏讲到这里用商量的口吻继续说道:“霍曼先生,您是否可以推迟三天来住店?”霍曼先生回答说:“我们日程已安排好,南京是我们在中国的最后一个日程安排,还是请你给想想办法。”小夏想了想说:“霍曼先生,感谢您对我的信任,我很乐意为您效劳,我想,您可否先住三天我们酒店的豪华套房,套房是外景房,在房间可眺望紫金山的优美景色,紫金山是南京名胜古迹集中之地,室内有我们中国传统雕刻的红木家具和古玩瓷器摆饰;套房每天收费也不过280美元,我想您和您的朋友住了一定会满意。"小夏讲到这里,等待霍曼先生回答,对方似乎犹豫不决。小夏又说:"霍曼先生,我想您不会单纯计较房价的高低,而是在考虑豪华套房是否物有所值吧。请告诉我您和您的朋友乘哪次航班来南京,我们将派车去机场接您和您的朋友,到店后,我一定先陪你们参观套房,到时您再作决定好吗? 我们还可以免费为你们提供美式早餐,我们的服务也是上乘的。"霍曼先生听小夏这样讲,倒觉得还不错,想了想欣然同意先预订三天豪华套房。

问题:请问小夏的做法好在哪里?

2.2　　**客人范中是一位女士**

在一家海滨城市里,有一家四星级酒店,客人的入住率每天都达百分之八十左右。

一位名叫范中的女士,是一家民营企业的董事长,由于工作压力大,想到这座海滨城市里度假三天,在安排秘书预订好房间之后,她就在第二天飞到了这座城市。当她到酒店的前台办理入住登记手续时,刚上班一个月的实习生马铃查看了她的预订资料,发现性别是"男",于是就告诉客人:"对不起,没有您的预订,昨天预订2098房间的是一位男士。"范女士一听就火了:"不可能,是不是你们写错了,昨天是我的男秘书预订的房间,让我问问他。"

于是范中女士就和她的男秘书进行了联系,得知在预订过程中,预订员并没有问他"范中"的性别,他也没有告诉预订员。马铃仔细查看了值班名单,发现正是自己值班的时候,因为当时另一部电话也响了,她一时手忙脚乱,忘了问对方入住客人的性别,就根据"范中"的姓名,误认为是男性,在预订单性别一栏里填上了"男"。

问题:接下来马铃应该怎么做? 这一案例告诉了我们什么?

资料来源:牛志文.2008.前厅服务职业技能培训[M].北京:电子工业出版社.

实训题

实训项目:电话预订实训。

实训目的:通过电话预订实训,掌握通过电话接受宾客订房所需要的工作技能和操作步骤。

实训步骤:(1)电话铃响三声之内接听,自报家门;

(2)询问客人姓名及要求,如预计抵离日期、所需房间类型及数量等,如客人不熟悉酒店客房状况,应根据客人人数等情况为客人推荐房间种类;

(3)请客人稍等,立即查询计算机,看是否有满足客人需求的房间,如没有满足客人需求的房间,及时与客人沟通,并尝试为客人推销其他种类的房间;

(4)在宾客满意的情况下,询问客人是否有其他要求,如是否要求接机等;

(5)与客人确认订房信息及联系方式,并提醒客人酒店的保留时间到预抵日期的下

午 18 点,如有特殊情况,请客人及时与酒店联系;

(6)如客人需要确保预订,为客人介绍酒店保证预订的制度;

(7)感谢客人致电,并表示恭候他的光临;

(8)结束电话交谈后,填写客房预订单,并做好资料的保存工作。

实训成果:按照两人一组进行现场演练,并形成书面实训报告。

第3章 总台接待服务

学习目标

知识目标:了解客人抵店前接待准备工作;掌握房态控制方法。

能力目标:掌握散客入住接待程序;掌握团队入住接待程序;能够正确处理接待工作中的常见问题。

素质目标:培养服务人员总台接待服务的业务素质及相关的职业道德素养。

【引例】

"It will do"与"It won't do"的错位

一天,内地某宾馆一位美国客人到总台登记住宿,顺便用英语询问接待服务员小杨:"贵店的房费是否包括早餐(指欧式计价方式)?"小杨英语才达到C级水平,没有听明白客人的意思,便随口回答了个"It will do"(行得通)。次日早晨,客人去西式餐厅用自助餐,出于细心,又向服务员小贾提出了同样的问题。不料小贾的英语亦欠佳,只得穷于应付,慌忙中又回答了"It will do"。

几天以后,这位美国客人离店前到账台结账。服务员把账单递给客人,客人一看吃了一惊,账单上对他每顿早餐一笔不漏。客人越想越糊涂:明明总台和餐厅服务员两次答"It will do",怎么结果变成了"It won't do"(行不通)了呢?他百思不得其解。经再三追问,总台才告诉他:"我们早餐历来不包括在房费内。"客人将初来时两次获得"It will do"答复的原委告诉总台服务员,希望早餐能得到兑现,但遭到拒绝。客人出于无奈只得付了早餐费,然后怒气冲冲地向宾馆投诉。

最后,宾馆重申了总台的意见,又以早餐收款已做了电脑账户不便更改为由,仍没有同意退款。美国客人心里不服,怀着一肚子怒气离开了宾馆。

如何才能做好总台接待服务工作呢?

资料来源:最佳东方网,http://www.veryeast.cn/.

3.1 总台接待服务准备

客房预订为提高客房出租率增加了可能性,但它只是一种预约推销方式。客房销售的实际完成,是通过总台员工接待客人,为客人办理入住登记手续、分配房间来实现的。对于前厅部而言,入住登记是对客服务全过程的一个关键阶段,总台接待工作的好坏直接影响客房的出租率和营业收入,也会影响客人对酒店服务与管理的评价。做好接待的准备工作,熟悉客房状况,了解对客服务程序,对于做好客房销售工作以及提供优质接待服务有着非常重要的意义。

3.1.1 接待准备工作

在帮助客人办理入住登记手续或分配客房之前,接待员必须掌握接待工作所需的信息。这些信息主要包括:

1)房态报告(Room Status Report)

在客人到店前,接待员必须获得最新的房态报告,根据房态报告,掌握当天可供销售的客房情况,并根据此报告排房,以避免将脏房、维修房排给客人,给客人造成不便。

2)预抵店客人名单(Expected Arrivals List)

预抵店客人名单为接待员提供即将到店客人的一些基本信息,如客人姓名、客房需求、房租、离店日期、特殊要求等。对于有特殊要求的客人,应预先排房并事先通知相关部门做好准备。例如,客人要求为婴儿配备婴儿床,接待员应该为客人预先安排房间,通知客房部准备好婴儿床并放到指定的房间,并准备一些婴儿用品。特别要注意预抵店客人名单中是否有VIP,若有,要特别引起重视,严格按照VIP的等级和接待规格做好相应的准备工作并通知各相关部门。

在核对房态报告和预抵店客人名单时,作为接待处的管理人员,应该清楚以下两件事情并采取相应的措施:酒店是否有足够的房间去接待预抵店客人,酒店还剩余多少可销售的房间去接待无订房而直接抵店的散客(Walk-in Guests)。

3)宾客历史档案(Guest History Record)

宾客历史档案简称"客史档案"。高星级酒店均有宾客历史档案,在计算机的帮助下,接待员很容易查到客人在酒店的消费记录,只要客人曾经在该酒店住宿过,根据宾客历史档案,酒店即可采取适当措施,确保客人住得开心。

4)黑名单

黑名单,即不受酒店欢迎的人员名单。主要来自以下几个方面:公安部门的通缉犯,当地酒店协会会员的通报名单,大堂副理的有关记录,财务部门通报的走单(逃账)客人,信用卡黑名单。

5)其他准备工作

在客人到店前,接待员除应获得以上信息资料外,还应做好以下工作:准备好入住登记所需的表格、用具,准备好钥匙,查看客人是否有提前到达的邮件等。

3.1.2 房态的控制

客房产品是酒店向客人提供的核心产品之一,了解酒店的房态是做好客房销售的前提,做好房态的控制是酒店管理的关键。在现代酒店中,一般使用计算机控制系统来显示客房状况,预订处、接待处及客房服务中心等部门常常借助于客房状况显示系统准确地掌握和控制酒店每一间客房所处的状态、类型、住客状态等,建立合适的客房状况显示系统,保持准确的房态,是做好客房销售工作以及提高接待服务水平的前提。

1)房态的种类

(1)住客房(Occupied,简称 OCC)。住店客人正在使用的房间。

(2)空净房(Vacant Clean,简称 VC)。也称 OK 房,已完成卫生清扫工作,可随时销售的房间。

(3)空脏房(Vacant Dirty,简称 VD)。表示该客房为没有经过打扫的空房。

(4)走客房(Check-out,简称 C/O)。客人已结账离店,待清扫或正在清扫的房间。

(5)维修房(Out of Order,简称 OOO)。因房间设施设备故障,待修或正在修理而不能销售的房间。

(6)预退房(Expected Departure,简称 E/D)。表示该客房住客应在当天中午 12 点以前退房,但现在还未退房。

(7)预抵房(Expected Arrival,简称 E/A)。表示为准备抵店的客人预先留好的房间。

(8)外宿房(Sleep out,简称 S/O)。客人在外留宿未归,总台做好记录并通知大堂副理和客房部,由大堂副理双锁客人房间,客人返回时,大堂副理为客人开启房门。

(9)携带少量行李住客房(Light Baggage,简称 L/B)。住店时只携带少量行李的客人居住的房间。为了防止逃账等意外情况,客房部应将此情况通知总台。

(10)无行李房(No Baggage,简称 N/B)。该房间的客人没有行李,为防止跑单,客房部应及时将此种客房状态通知总台。

(11)长住房(Long Stay,简称 L/S)。表示客人长期入住,又叫长包房。

(12)请勿打扰房(Do Not Disturb,简称 DND)。该客房门口"请勿打扰"灯亮,或门把手上挂有"请勿打扰"牌,服务员则不能进房间提供服务。超过酒店规定时间,则由总台或客房部打电话与客人联系,以防发生客人患急病等意外事件。

(13)双锁房(Double Locked,简称 D/L)。为免受打扰,客人从房内双锁客房,服务员使用普通钥匙无法打开门,对这种客人要加强观察和定时进行检查。另外,酒店发现客人外宿未归或客房内有特殊情况时,也会采取双锁客房的措施。

(14)加床房(Extra Bed,简称 E)。表示该房间有加床。

(15)贵宾房(Very Important Person,简称 VIP)。表示该房间的住客在酒店中有着重要地位。

2)房态控制

现代酒店一般都使用计算机控制系统显示和控制房态,控制房态相对较容易,房态变更和转换过程是实时和自动的,其屏幕显示直观,分别由客房服务中心和总台对房态进行变更和转换,如客房服务员清扫完走客房,经领班检查确认可以重新销售后报客房服务中心,客房服务中心利用客房部终端设备输入计算机,使客房由"走客房"改为"空净房",供前厅部销售给客人;当客房销售时,总台接待员将客人资料及客房销售等信息输入计算机,使"空净房"转换为"住客房";当客人退房结账后,前台收银员将客人已结账的信息输入计算机,客房又从"住客房"变为"走客房"。前厅部在预订及售房前及时刷新界面,了解最新的房态。为了避免因工作中可能出现的差错及计算机系统的故障而造成前台接待处的房态与楼层的实际房态不符,出现“重房”或“漏房”等现象,前厅部与客房部在及时更新计算机控制系统的同时,还要制作客房状况报表,及时沟通关于房态的信息,检查和核对房态。制作的客房状况报表通常包括:

(1)客房状况报表。客房状况报表是接待处根据计算机所显示的客房状况及订房资料,每天定时制作的报表。

(2)客房状况调整表。客房状况调整表是将未经预订直接抵店、延期离店和换房等情况汇集起来形成的报表。

(3)接待情况汇总表。接待情况汇总表是接待处根据计算机所显示的客房状况记录下来而形成的报告。

(4)住店VIP或团队名单。由夜班接待员根据客房状况显示系统提供的资料制作而成,使酒店能及时掌握在店的和即将抵店VIP、团队客人的信息,以便做好各种准备工作。

(5)住店客人名单。住店客人名单是将所有住店客人的姓名按房号或者按客人姓氏中的首字母顺序排列制作的表格,它可以方便前台各部门的对客服务。

(6)预期离店客人名单。预期离店客人名单是根据客人在入住登记时填写的离店日期汇总而成预期离店客人名单,它能为前台各部门和客房部提前做好客人离店准备工作及客房的重新预订销售提供依据。

(7)维修房报告。由前台接待处制作,是工程部进行维修房整修而做的记录和依据。

(8)客房状况差异表。客房状况差异表是指由客房部每天定时检查各楼层客房的使用情况形成报告并送接待处,接待处根据客房实际使用状况与计算机内的客房状况相对照,将不一致记录下来所形成的表格。这一表格在房态控制过程中特别重要。

3)客房状况的转换与核对

现时的客房状况总是在不断变化的,这就要求接待处要随时掌握客房动态,及时传递房态变化的信息。

(1)入住。客人在办理完入住登记手续后,接待员应立即制作客房状况条,将“空净房”改为“住客房”,或将资料输入计算机,完成计算机系统的房态变更。因此,这项操作不能粗心大意,否则就会影响客房状况控制的准确性。

(2)换房。换房有两种可能:一种是由住客提出,另一种是酒店自身要求。例如,住客未按时离店,也可能由于需集中排房而向客人提出换房。换房必须慎重处理,并按换房服务操作手续进行换房。换房程序如下:①在搬运客人物品时,应安排两人以上的服务人员在场,注意要事先征得客人同意。②问清(或解释)换房原因。③填写客房、房租变更单,送达相关部门或岗位。④更改住房卡或客房状况卡条的相关内容。⑤填写客房状况调整表。⑥将换房原因记入客史档案。

(3)退房。为客人办理完结账和退房手续后,应立即通知客房服务中心,同时改变客房状态。采用计算机管理系统的酒店,此项工作可实现将房态由“走客房”到“空脏房”的自动转换。

(4)关闭楼层。酒店根据淡季时接待客流量下降、降低能耗和物耗、计划维护设备、组织人员培训等经营需要,关闭部分客房和楼层。接待员应在接到准确的指令后,在计算机或客房状况夹中及时进行调整。

(5)核对房态。由于总台的工作量较大,而且客房状态经常处于变化之中,虽然酒店可以通过计算机进行查询,掌握客房的现时状态,但是由于工作可能出现差错,造成总台接待处的房态与客房实际状态不符。因此,必须进行房态的核对,以防止出现重复售房等现象的发生。

总之,正确控制客房状况,主要是为了有效地销售客房。无论采用何种客房状况控制系统,都要加强总台接待、收银、预订与客房部之间的房态变更、转换控制,保持信息沟通及协作,最终提高对客服务的效率和质量。

3.2 入住接待

入住接待服务将直接影响前厅部的客房销售及客人的满意度。客人抵店时,可能经过长时间的旅行,希望接待员能够提供热情周到、高效率的入住接待服务。因此,接待处的主要工作就是根据客人的不同要求,合理地分配房间,有条不紊地为客人办理入住登记手续,尽量缩短办理入住登记的时间,力争使每一位客人满意,使客人对酒店形成良好的第一印象。入住接待的工作流程如图 3-1 所示。

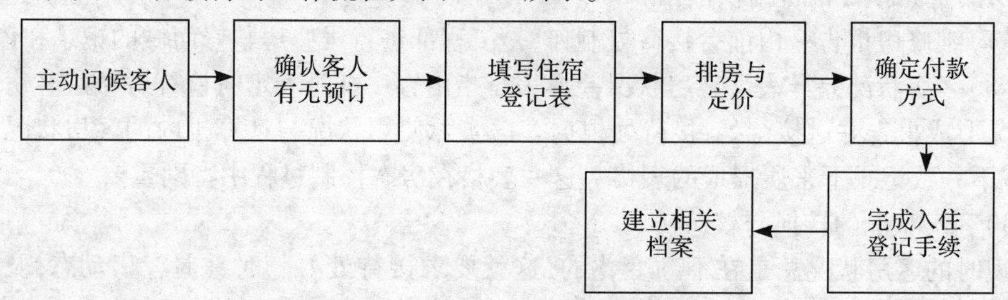

图 3-1 入住接待工作流程

3.2.1 散客入住接待

1)主动问候,表示欢迎

客人到达总台时,接待员应面带微笑向客人问好致意,以示真诚,并表示乐意为客人提供服务。如果已经知道客人的姓名,应用姓名称呼客人。

2)确认客人有无预订

为客人办理住宿登记时,接待员应首先弄清客人是否有预订。

(1)对于已经订房的客人,接待员应核对当日抵店客人名单,从计算机中迅速查到客人姓名,调出订房资料,复述订房要求。

(2)若客人持有订房凭证(Voucher),接待员应将副本留下,作为向代理机构结算的凭据,向客人复述凭证所列各项内容,如订房凭证发放单位的印章、客人姓名、酒店名称、居住天数、房间类型、抵离店日期等,并回答客人询问。

(3)对于已付定金的客人,应向客人确认已收到的定金数额。

(4)对于未预订而直接抵店的客人,问清其用房要求,确定有无满足客人要求的房间可供销售。并根据酒店客房使用情况,用建议的方式向客人推销客房。如果不能满足客人的要求,也应设法为客人联系其他酒店,主动帮助客人,以塑造酒店在客人心目中的美好形象。

【同步思考3-1】

若有客人在凌晨5点40分来开房怎么办?

答:酒店规定,凡6点前进店、18点后退房收取一天的房费,因此应该预先将规定告诉客人,让客人有个准备,可建议客人在大堂稍做休息,在6点以后再开房。

3)填写住宿登记表并查验证件

在办理入住登记的过程中,花费时间最多的步骤是请客人填写登记表,接待员应在保证质量的前提下,尽量为长途旅行的客人减少办理入住登记的时间。对于已办理预订手续的贵宾或常客,由于酒店已掌握较完整的资料,因此,准备工作可以做得更充分、更具体,提前准备登记表、欢迎卡、钥匙卡,并装入信封,经查验身份证件后,只需在登记表上签字确认即可。通常酒店接待贵宾时均提供专人引领,先进房间,享受在房内办理登记手续的特殊礼遇。而对未办理预订而直接抵店的客人,接待员要热情、耐心地提供帮助,尽可能缩短办理入住登记手续的时间。

(1)住宿登记表填写的主要内容及要求。客人到达酒店住宿需要做的第一件事,就是要在总台办理接待入住登记手续,填写住宿登记表。各酒店设计的住宿登记表的格式和项目不尽相同,但内容一般包括两类:一类是国家法律对户口管理所规定的登记项目,如宾客的姓名、国籍、出生年月、地址、有效证件(护照、身份证)、职业等;另一类是酒店在运行和管理中需要了解的登记信息。我国酒店一般使用两种住宿登记表,即"国内旅客住宿登记表"(见表3-1)、"境外旅客临时住宿登记表"(见表3-2)。填表总的要求是不缺项、不漏项,字迹清晰,外文缩写规范。

表3-1　　国内旅客住宿登记表

编号:　　房号:　　房租:

<table>
<tr><td>姓名</td><td>性别</td><td>年龄</td><td>籍贯</td><td>工作单位</td><td colspan="2">职业</td></tr>
<tr><td></td><td></td><td></td><td>省　市　县</td><td></td><td colspan="2"></td></tr>
<tr><td>户口地址</td><td colspan="4"></td><td>从何处来</td><td></td></tr>
<tr><td colspan="2">身份证或其他有效证件</td><td colspan="2"></td><td>证件号码</td><td colspan="2"></td></tr>
<tr><td>抵店日期</td><td colspan="2"></td><td>离店日期</td><td colspan="3"></td></tr>
<tr><td rowspan="3">同宿人</td><td>姓名</td><td>性别</td><td>年龄</td><td>关系</td><td rowspan="3">备注</td><td rowspan="3"></td></tr>
<tr><td></td><td></td><td></td><td></td></tr>
<tr><td></td><td></td><td></td><td></td></tr>
</table>

续表

请注意： 1. 退房时间是中午12:00前； 2. 贵重物品请存放在前台保险箱内，阁下一切物品之遗失酒店概不负责； 3. 来访客人请在23:00前离开房间； 4. 退房请交回钥匙； 5. 房租不包括房间里的饮料。	结账方式： 现金： 信用卡： 支票： 客人签字： 接待员：

填表人：________

表3-2 **境外旅客临时住宿登记表**

Registration form of temporary residence for visitors

IN BLOCK LETTERS: DAILY RATE: ROOM NO.:

<table>
<tr><td colspan="2">SURNAME:</td><td colspan="2">DATE OF BIRTH:</td><td>SEX:</td><td colspan="2">NATIONALITY OR AREA:</td></tr>
<tr><td colspan="2">OBJECT OF STAY:</td><td colspan="2">DATE OF ARRIVAL:</td><td>DATE OF DEPARTURE:</td><td colspan="2">COMPANY OR OCCUPATION:</td></tr>
<tr><td colspan="7">HOME ADDRESS:</td></tr>
<tr><td colspan="5">PLEASE NOTE:
1. Check out time is 12:00 noon.
2. Safe deposit boxes are available at cashier counter at no charge, Hotel will not be responsible for any loss of your property.
3. Visitors are requested to leave guest rooms by 11:00 p. m..
4. Room rate not including beverage in your room.
5. Please return your room key to cashier counter after check-out.</td><td colspan="2">On checking out my account will be settled by:
CASH:
T/A VOUCHER:
CREDIT CARD:
GUEST SIGNATURE:</td></tr>
<tr><td colspan="7">For clerk use</td></tr>
<tr><td>护照或证件名称：</td><td>号码：</td><td colspan="2">签证种类：</td><td colspan="2">签证号码：</td><td>签证有效期：</td></tr>
<tr><td>签证签发机关：</td><td>入境日期：</td><td colspan="2">口岸：</td><td colspan="3">接待单位：</td></tr>
<tr><td colspan="3">REMARKS:</td><td colspan="4">CLERK SIGNATURE:</td></tr>
</table>

(2)验证。证件种类主要有护照、签证、身份证、军官证、士兵证等。在查验证件时，要注意证件有无涂改、伪造；核对照片是否与持证人相符；证件的有效期、入境日期和入境口岸等。另外应注意的是，在递接证件时，应用双手，查验完毕归还证件时，应礼貌称呼客人的姓氏，并向客人表示感谢。

【知识链接3-1】

境外旅客持用的证件

(1)港澳同胞回乡证。它是港澳居民来往内地时使用的一种旅行证件,由公安部授权广东省公安厅签发。

(2)中华人民共和国旅行证。它是护照的代用证件,是我国驻外使、领馆颁发给不便于发给护照的境外中国公民回国使用的一种证件。它包括一年一次出入境有效和两年多次出入境有效两种。

(3)中国台湾居民来往大陆通行证。它是我国台湾居民来往大陆的旅行证件,由公安部出入境管理局授权的公安机关签发或委托在香港和澳门特别行政区的有关机构代为办理。该证有两种:一种为5年有效,另一种为一次出入境有效。它实行逐次签证,签证分一次往返有效和多次往返有效。

(4)中华人民共和国出入境通行证。它分为两种:一是为未持有我国有效护照、证件的华侨、港澳居民出入我国国境或内地而颁发;二是为回国探亲旅游的华侨、港澳居民因证照过期或遗失而补发,分一次有效和多次有效两种。该证件由我国公安机关出入境管理部门签发。

(5)外国人持有的证件,即护照。

【知识链接3-2】

护照的识别

(1)国籍的识别。目前世界上大多数国家的护照或其他代用护照上都有发照国本国文字和国际上通用的文字(英文)标明国籍。但也有一些国家只用本国文字标明国籍,遇到这种情况,可以按照护照封皮上的国徽图案或国家标志来识别。

(2)护照有效期的识别。护照有时效限制,并在有效期内发生效力。护照期满前持照人应根据本国有关的法律规定到政府授权机关更换新护照或申办护照延期,否则护照会自然失效,不再具有原效力。护照有效期的表述方法一般有以下几种:在护照有效期一栏写明有效期,这是最常见的;在护照有效期一栏注明自签发之日起若干年有效;在护照的使用说明中规定自签发之日起若干年有效;规定在一些特定的条件下有效;护照内未注明有效期限的,视为永久有效。

(3)护照真伪的识别。注意识别护照样式、图案、颜色;注意护照内各项内容和发照机关签署印章的情况,查看是否有伪造和涂改痕迹;查看护照上的照片及对自然特征的记载是否与持照人相符,照片上加盖的骑缝印章有无可疑之处。

(4)签证种类的识别。中国签证分为外交签证、礼遇签证、公务签证和普通签证。而普通签证又分为9种:定居签证、职业签证、学习签证、访问签证、旅游签证、过境签证、乘务签证和记者签证,分别用汉语拼音的第一个字母和数字D、Z、X、F、L、G、C、J-1、J-2来标示。根据外国人申请来中国的事由,中国政府的主管部门分别签发相应的签证。普通签证签发的对象为:

①D字签证发给来中国定居的人员;

②Z字签证发给来中国任职或者就业的人员及其随行家属;

③X 字签证发给来中国留学、进修、实习 6 个月以上的人员；

④F 字签证发给应邀来中国访问、考察、讲学、经商、进行科技文化交流及短期进修、实习等活动不超过6个月的人员；

⑤L 字签证发给来中国旅游、探亲或者因其他私人事务入境的人员，其中 9 人以上组团来中国旅游的，可以发给团体签证；

⑥G 字签证发给经中国过境的人员；

⑦C 字签证发给执行乘务、航空、航运任务的国际列车乘务员、国际航空器机组人员及国际航行船舶的海员及其随行家属；

⑧J-1 字签证发给来中国常驻的外国记者，J-2 字签证发给临时来中国采访的外国记者。

4）排房与定价

（1）排房。客人日趋个性化的消费需求以及酒店主题客房的增多，使接待员的排房工作更加复杂。接待员应根据不同客人的喜好与习惯推荐相应的客房。

情况一：针对未预订的客人。

接待员为没有预订的客人安排房间时，要主动、耐心地询问客人的具体住房要求，在充分了解客人用房需求的基础上，根据酒店的现时房态向客人推荐两种以上不同类型、价格的房间供其选择，并对不同类型房间的状况、特点加以详细介绍，尽量满足客人的各种要求。

情况二：针对已预订散客。

针对已预订散客，为了减少客人等候时间，同时方便客房的分配与管理，接待员应在客人抵店之前，根据其订房要求，提前预留适当的房间。但酒店内同类型客房也存在差异，如位置、景观、内部装饰等方面，因此，具体的房号一般应在征得客人意见之后再确定下来。同时，接待员在为客人办理入住登记手续时，应进一步核实客人的订房要求有无变化，并了解客人对客房的具体要求，根据现时客房状况及其他相关因素来为客人安排房间。

情况三：针对已预订 VIP 和常客。

对于已预订 VIP 和常客，由于酒店掌握的信息资料较多，所以在客人抵店前的准备工作可以做得更为仔细和充分。接待员可以根据客人的客房预订单以及客史档案中的信息，提前填写好登记单及房卡等。当客人抵店时，只要核对证件，即可进入房间。VIP 还可以享受先进入客房，然后在客房中登记的礼遇规格。

为客人迅速、准确地排房是体现前厅服务水平的一个重要方面，客房分配应根据酒店的客房使用情况和客人的具体要求等进行。对于团队客人和有预订的客人，一般可以预先分房；而对于没有预订的客人，分房与办理入住登记手续则要同时进行。不管是哪种情况，都应有一定的要求和技巧，以提高客人的满意度。

【同步思考 3-2】

排房时有什么技巧？

答：排房时应以提高宾客满意度和酒店住宿率为出发点，注重下列技巧：

（1）尽量将团队客人安排在同一楼层或相近楼层，采取相对集中的排房原则；

(2)内外宾有着不同的语言和生活习惯,应将内宾和外宾分别安排在不同的楼层;

(3)将残疾人、老年人和带小孩的宾客尽量安排在离电梯较近的房间;

(4)对于常客和有特殊要求的宾客应予以照顾,满足其要求;

(5)尽量不要将敌对国家的宾客安排在同一楼层或相近的房间;

(6)应注意房号的忌讳。

(2)定价。客房确定后,接待员就可以在价格折扣范围内或根据酒店的信用政策规定进行定价。对已办理预订并提前由接待处预留房间的客人,在征求客人意见后确定房号及价格。注意必须遵守订房确认书中已标明的价格,不能随意变更。对事先没有预订而直接抵店的客人,尤其是初次到店的客人,根据当时的可租房状况和酒店未来用房需要,热情地向客人推荐、介绍客房并报价和定价。房价确定后,注意向客人重复,得到客人的确认。

5)确定付款方式

接待员在为客人办理入住登记手续时,应了解客人的付款方式。确定付款方式主要是为了确定客人住店期间的信用限额,加快退房结账时的速度,并确保酒店的利益不受损害。另外,不同的付款方式所享受的信用限额也是不同的。客人常用的付款方式一般有现金支付、信用卡支付、转账支付、支票支付、有价订房凭证、他人代付等。

6)完成入住登记手续

(1)填写房卡。接待员在完成以上工作后,一般还要填写房卡,请客人签字并交给客人。房卡(Hotel Passport),也称欢迎卡、钥匙卡或酒店护照,它起着证实客人身份的作用,同时也有促销、向导和说明的作用。一般在客人抵店前填写,或在客人入住填写登记表时由接待员填写欢迎卡。房卡的设计也因酒店不同而有所不同。例如,折页式的房卡除了有总经理欢迎辞、客人姓名、房号、有效期等内容外,通常还印制有酒店服务设施、位置、服务时间、会客须知等相关内容,起到了服务指南和推销的作用。

(2)将客房钥匙交给客人,介绍客房楼层位置、房号、电梯、餐厅等。

(3)检查钥匙架是否有客人邮件和留言。

(4)安排行李员引领客人到房间及运送行李。

(5)向客人道别,并致祝愿语。

7)传递、储存信息,建立相关档案

(1)客人办理完入住登记手续离开总台后,接待员要把客人的入住信息及时通知客房部,以便客房部服务员做好接待准备工作。

(2)将住宿登记表中的有关内容输入计算机,并将填写好的表格、资料分类存档,以便建立客史档案。

(3)对于未使用计算机的酒店,要制作客房状况卡条,插入客房状况显示架,并填写多联客房状况卡条,送交相关部门和岗位。

(4)在"预期抵店客人名单"(Expected Arrive List,简称EA list)中注明该客房预订单的客人已经入住。

(5)制作客人账单。①在印制好的账单(Folio)上打印客人姓名、抵店日期、结账(离店）日期、房号、房间类型及价格等，然后将账单（一式两联）与住宿登记表（账务联）及信用卡签购单一并交收银处保存。②对于转账客人，一般需制作两份账单：一份（A单）记录应由签约单位支付的款项（已在合同及客房预订单、登记表中标明范围），它是向签约单位收款的证明；另一份（B单）则记录客人自付的款项。

对于未预订宾客和长住客人，接待过程中在遵循以上基本程序的基础上有所差异（见表3－3、表3－4）。

表3－3 未预订宾客入住登记手续办理程序与标准

程序	标准
1. 接受无预订客人入住要求	(1)当客人办理入住登记手续时，首先要查清客人是否有预订；若酒店出租率高，需根据当时情况决定酒店是否可接纳无预订客人入住。 (2)确认客人未曾预订酒店仍可接纳时，表示欢迎客人的到来，并检查客人在酒店是否享有特殊价或公司价。 (3)在最短时间内为客人办理完入住登记手续。
2. 确认房费和付款方式	(1)办理入住登记手续时要和客人确认房费； (2)确认客人的付款方式，按规定收取预付款。
3. 收取预付款	(1)若客人以现金结账，应预先收取客人的定金； (2)若客人以信用卡结账，应影印客人信用卡，把卡号输入计算机，与登记卡一起放入档案中。
4. 信息储存	(1)客人接待完毕后，立即将所有相关信息输入计算机系统，包括客人姓名的正确书写、地址、付款方式、国籍、护照号码、离店日期等； (2)将正确的信息输入客史档案； (3)登记卡要存放至客史档案，以便查询。

表3－4 长住客人接待服务的程序与标准

程序	标准
1. 长住客人的界定	长住客人均要与酒店签订合同，并且至少留住一个月。
2. 长住客人抵店时的接待	(1)当长住客人抵达酒店时，按照VIP接待程序的标准进行； (2)总台接待员立刻将所有信息输入计算机，并在计算机中注明该客人为长住客——LS或小包价长住客——LP(房费包括早餐)； (3)为客人建立两份账单：一份为房费单，另外一份为杂项账目单； (4)客人信息确认无误后，为客人建立档案。
3. 付款程序	(1)长住客与酒店签有合同，且留住酒店时间至少为一个月，总台负责长住客的工作人员每月结算一次长住客的账目，汇总所有餐厅及其他消费的账单同房费账单一起转交财务部； (2)财务部检查无误后，发送给客人一张总账单，请其付清本月账目； (3)客人检查账目无误后，携带所有账单到总台付款； (4)总台将客人已付清的账单转交回财务部存档。

注：LS，一般长住客的注明；LP，小包价长住客的注明。

3.2.2 团队入住接待

1)团队抵店前的准备工作

团体客人是酒店的重要客源,接待好团体客人对建立稳定的客源市场,提高酒店的出租率,保持和增加收入有重要的意义。在团体客人抵店前,接待处应做好一切准备工作,如果是大型团体,酒店可以在指定区域或特别场所为客人办理入住登记手续。做好团体客人抵店前的准备工作可以避免在客人抵店时,酒店大厅内出现拥挤阻塞的混乱现象。

(1)根据团队接待任务通知单中用房、用餐及其他要求,在团队抵店前同计算机或客房状况显示架进行核准,进行预排房并确认。

(2)提前准备团队客房的钥匙、欢迎卡、餐券、宣传品等,并装入信封内。

(3)制作团队客房状况卡条,插入显示架,控制已预排好的客房。

(4)将旅行社等接待单位提供的客人名单按房号予以分配,并将团体客人登记表交给团队陪同。

(5)将团队用餐安排提前通知餐饮部或有关餐厅。

(6)酒店机场代表按预订处所作的计划安排,逐项落实有关车辆、行李员,与团队领队、陪同联系接洽等事宜,并与酒店随时保持联系,通报团队抵达或延迟等信息,使总台接待及相关部门随时做好各种准备。

2)团队入住接待程序与标准

团队宾客入住登记手续办理程序与标准见表3-5,团队人员住宿登记表见表3-6。

表3-5　团队宾客入住登记手续办理程序与标准

程序	标准
1. 准备工作	(1)在团队到达前,预先备好团队客房的钥匙,并与有关部门联系确保房间为可售房; (2)要按照团队要求提前分配好房间。
2. 接待团队入店	(1)总台接待员与销售部团队联络员一起礼貌地把团队客人引领至团队入店登记处; (2)团队联络员告知团队领队和客人有关事宜,其中包括早、中、晚餐地点,酒店其他设施等; (3)接待员与团队领队确认房间数、人数及早晨叫早时间、团队行李离店时间; (4)经确认后,请团队联络员在团队明细单上签字,总台接待员亦需在上面签字认可; (5)团队联络员和团队领队接洽完毕后,总台接待员需协助团队领队发放钥匙,并告知客人电梯的位置。
3. 信息储存	(1)入住登记手续办理完毕后,总台接待员将准确的房间号名单转交行李部,以便行李的发送; (2)修正完所有更改事项后,及时将所有相关信息输入计算机。

表 3 - 6 **团体人员住宿登记表**

Registration form of temporary residence for group

团队名称: 日期: 年 月 日 至 月 日

Name of group: Date: Year Mon Day Till Mon Day

房号(ROOM NO.)	姓名(NAME IN FULL)	性别(SEX)	出生年月(DATE OF BIRTH)	职业(PROFESSION OR OCCUPATION)	国籍(NATIONALITY)	护照号码(PASSPORT NO.)
签证号码:			机关:		种类:	
有效日期:			入境日期:		口岸:	

留宿单位:________ 接待单位:________

3.2.3 VIP 的接待

VIP 入住登记手续办理的程序与标准见表 3 - 7。

表 3 - 7 **VIP 入住登记手续办理的程序与标准**

程序	标准
1. 接待 VIP的准备工作	(1)填写 VIP 申请单,上报总经理审批签字认可; (2)VIP 房的分配力求选择同类客房中方位、视野、景致、环境、房间保养等方面处于最佳状态的客房; (3)VIP 到达酒店前,要将钥匙卡、钥匙、班车时刻表、欢迎信封及登记卡等放至大堂副理处; (4)大堂副理在客人到达前检查房间,确保房间状态正常,礼品发送准确无误。

续表

程序	标准
2. 办理入店手续	(1)VIP 抵店时由大堂副理亲自迎接,以客人姓氏称呼客人; (2)大堂副理要引领客人乘坐专用电梯到达客人入住的房间,请客人在房间里登记、签字,确认无误后,收回客房入住登记表; (3)大堂副理向客人介绍酒店设施及服务项目,并将事先准备好的礼物送给客人; (4)大堂副理离开后,行李员应马上将行李送入房间。
3. 信息储存	(1)复核客人有关资料的正确性,并准确输入计算机; (2)在计算机中注明哪些客人是 VIP,以提示其他部门或人员注意; (3)为 VIP 建立档案,并注明身份,以便作为预订和日后查询的参考资料。

3.2.4 总台接待中的常见问题及处理

由于总台接待工作具有多变性、复杂性和不确定性等特点,接待员在实际工作中可能遇到各种各样的问题,需要进行妥善处理。

1)宾客不愿翔实登记

有些宾客为减少麻烦,出于保密或为了显示自己特殊身份和地位等目的,住店时不愿登记或登记时有些项目不愿填写。此时,接待员应妥善处理:

(1)耐心向宾客解释填写住宿登记表的必要性。

(2)若宾客出于怕麻烦或填写有困难,则可代其填写,只要求宾客签字确认即可。

(3)若宾客出于某种顾虑,担心住店期间被打扰,则可以告诉宾客,酒店的计算机系统有"DND"(请勿打扰)功能,并通知有关接待人员,保证宾客不被打扰。

(4)若宾客为了显示其特殊身份和地位,酒店也应努力改进服务,满足宾客需求。比如充分利用已建立起的客史档案系统,提前为宾客填妥登记表中有关内容,进行预先登记,在宾客抵店时,只需签字即可入住。对于常客、商务宾客及 VIP,可先请宾客在大堂里休息,为其送上一杯茶(或咖啡),然后前去为宾客办理入住登记手续,甚至可让其在客房内办理入住登记手续,以显示对宾客的重视和体贴。

2)换房

换房一般有两种情况:一种是客人主动提出,另一种是酒店的要求。当客人提出换房时,按如下程序操作:

(1)了解换房原因,问清客人要什么类型的客房。若是酒店要求换房,应向客人做好解释工作。

(2)查看客房状态资料,与客人确定换房的具体事宜。

(3)填写"房间/房租变更单"(见表 3-8)。

(4)通知行李员为客人提供换房时的运送行李服务。

(5)发放新的房卡与钥匙,由行李员收回原房卡与钥匙。

(6)接待员更改计算机资料,更改房态,并通知客房部和总机。

表3－8　　房间/房租变更单

房间/房租变更单 ROOM/RATE CHANGE LIST		
日期(DATE)______		时间(TIME)______
宾客姓名(NAME)______		离开日期(DEPT DATE)______
房号(ROOM NO.)	由(FROM)______	转到(TO)______
房租(RATE)	由(FROM)______	转到(TO)______
理由(REASON)______		
当班接待员(CLERK)______	行李员(BELLBOY)______	
客房部(HOUSEKEEPING)______	电话总机(OPERATOR)______	
前台收银处(F/O CASHIER)______	问讯处(MAIL AND INFORMATION)______	

【同步思考3－3】

客人要求换房的原因可能有哪些?

答:客人要求换房的原因主要有:(1)对客房所处的位置、大小、朝向、房号、噪声、楼层等方面提出异议;(2)房间内的设施设备发生损坏无法正常使用;(3)客人对房间的价格不满意;(4)住店期间,因某种原因住房人数发生变化。

3)重复售房

有时由于工作疏忽,接待处已将客房销售,但未能及时更改房态,导致该房间被重复销售;或由于未能与客房部及时沟通信息,而不能掌握客房的实际状态,以致重复卖房。这样会给服务工作带来不利的影响,也会使新到的客人和原来的客人感到不悦,酒店应特别重视这类问题。

行李员引领新入住的客人进房前,应先敲门,如果发现卖重房,要向双方客人致歉,然后请新入住客人在楼层稍候,用电话报告接待处。接待处经过核实,确属卖重房后,应立即找出一间楼层相近类型相同的客房,分发新的房卡与钥匙,并更改房态,同时安排另一行李员送上楼层,收回原来的房卡与钥匙。最后要注意提醒前厅收银处做好建账工作。

4)预订失约的处理

对于未办理保证类预订的客人,如果是由于航班延误、交通堵塞、身体患病等客观因素或无法抗拒的原因而延迟入住时,接待员应根据排房、预留房及待租房的具体情况,热情地接待这类客人,并对客人入住酒店表示感谢,而不能以"预订已被取消"、"现在无房"等简单言语生硬地回绝客人。由于酒店自身原因未能满足已办理预订客人的要求时,接待员应首先向客人致歉,先安排客人在大堂或咖啡厅休息,采取积极措施,或由大堂副理亲自进行妥善处理。

5)客人要求保密

客人在入住时提出的"不接听电话"、"不接待来访客人"、"房号保密"等特殊要求,接待员应予以高度重视,问清客人要求保密的级别和时效,分清是部分保密还是绝对保密,是住店期间完全保密还是只是某一时段不接听电话,是不接听任何电话还是电话过滤,然后在计算机中做特殊标记,在值班日志上做好记录,并通知总机、客房部、保安部等部门和岗位,不应草率行事,以免引起客人投诉。

6)遇到不良记录客人

接待员在遇到不良记录的客人光顾酒店时,凭以往经验或客史档案,要认真、机智、灵活地予以处理。例如,对于信用程度低的客人,通过确立信用关系、仔细核验、压印信用卡、收取预付款等方式,确保酒店利益不受损害,并及时汇报;对于曾有劣迹、可能对酒店造成危害的客人,则应以"房间已全部预订"等委婉说法巧妙地拒绝其入住。

7)客人变更离店日期

由于种种原因,客人在住宿期间可能要求提前离店或推迟离店。若客人要求提前离店,只需按退房结账程序为客人办理退房手续即可。若客人要求推迟离店,首先判断客人是要求在当天酒店规定退房时间(通常是中午 12:00)以后离店,还是要续住。若客人要求在当天酒店规定退房时间以后离店,可征求大堂副理同意,接待员应开具"推迟离店通知单"(见表 3 – 9),一般可以免费为客人推迟到 14:00 前退房, 14:00 至 18:00 收取半天房费。若客人是要续住,先要与预订处联系,检查能否满足其要求,有些酒店可直接由接待处确认是否有可供销售的房间。若可以,接待员应开具"推迟离店通知单",通知结账处、客房部等;若用房紧张,无法满足客人要求,则应主动耐心地向客人解释并设法为其联系其他住处,取得客人的谅解。一般情况下,宁可让即将到店的客人住到别的酒店,也不能赶走已住店的客人。

表 3 – 9　**推迟离店通知单**

推迟离店通知单
姓名(NAME)________________
房间(ROOM)________________
可停留至(IT ALLOWED TO STAY UNTIL)__________ AM __________ PM
日期(DATE)________________
前厅部经理签字(FRONT OFFICE MANAGER SIGNED)________________

8)繁忙时刻,客人等候办理入住登记手续的时间过久,以致引起抱怨

事实上,客人抵店办理入住登记的程序并不像写在纸上的程序那样一成不变,在客人抵店的繁忙时刻,会有许多客人急切地等候办理入住登记手续,在办理的过程中,他们会提出很多问题与要求,大厅内有可能会出现忙乱的现象,总台服务人员必须保持镇静,不慌乱。为避免客人等候过久,在工作中要努力做到:

(1)客人抵店前,接待员应熟悉订房资料,检查各项准备工作。

(2)根据客情,合理安排人手,客流高峰到来时,保证有足够的接待人员。

(3)繁忙时刻保持镇静,不要打算在同一时间内完成好几件事。

(4)保持正确、整洁的记录,因为接待工作的有效性要依靠这些记录。

9)客人暂不能进房

在接到客房部关于客房打扫、检查完毕的通知前,接待员不能将客房安排给抵店的客人,因为客人对客房的第一印象是十分重要的。出现这种情况时,接待员可为客人提

供寄存行李服务或请客人在大堂稍候,同时与客房部联系,请他们加派人手赶快打扫。当客房打扫、检查完毕后,才可让客人进房间。

10)酒店提供的客房类型、价格与客人的要求不符

接待员在接待订房客人时,应复述其订房要求,以获得客人确认,避免客人误解。房卡上填写的房价应与订房资料一致,并向客人口头报价。如果出现无法向订房客人提供所确认的房间,则应向客人提供一间价格高于原客房的房间,按原先商定的价格出售,并向客人说明情况,请客人谅解。

【同步思考3-4】

当服务员正在接听客人电话时,有其他客人来到面前怎么办?

答:(1)服务员要向来客点头示意,以表示与客人打招呼、让客人稍等之意;

(2)要尽快结束通话,以免让客人久等,产生厌烦情绪;

(3)放下听筒后首先要向客人道歉:"对不起,让您久等了";

(4)不能因为自己正在听电话,客人已经来到面前也视而不见,毫无表示,冷落客人。

3.3 客房销售

总台接待人员的工作不仅是接受客人预订,为客人安排房间,还要善于推销客房及其他产品,最大限度地提高客房出租率,增加综合销售收入。

3.3.1 客房销售基础知识

接待人员要想适时地、有针对性地做好客房销售工作,必须掌握关于客房销售的基础知识,如客房的种类、房价的构成、定价方法及房价的种类等。

1)客房的种类

(1)按实用功能划分。按实用功能划分,客房可分为单人间、大床间、双床间、三人间、套房。①单人间(Single Room)。单人间即房间内只放置一张单人床。这类客房一般数量较少、面积较小、价格相对较低。②大床间(King-size Bed Room)。大床间指配备一张双人床的客房。这类客房比较适合夫妻旅行者居住,常用来做"蜜月房",另外很多商务客人也很喜欢这类客房,酒店常常在房间配备先进的办公通讯设备,用以接待商务客人。③双床间(Two-bed Room)。双床间是指在客房内配备两张床的客房。双床间因配备的床的大小不同而有很多不同的种类。例如,配备两张单人床,中间用床头柜隔开,供两位客人居住,这类房称为"标准间",这类客房在酒店客房中占的比例较大,常用来接待旅游团队客人。也可以是配备一张双人床、一张单人床,用于接待家庭旅行客人。④三人间(Triple Room)。这类房间配备三张单人床,一般在经济型酒店里配备这样的房间,高星级酒店这类客房数量较少,甚至不设。⑤套房(Suite)。由两间或两间以上的房间构成的"客房销售单元"称为套房。根据其使用功能和装饰标准的不同,又可分为普通套房、豪华套房、商务套房、总统套房等。套房除供客人休息用的卧室外,还设起居室、会客室、书房等,以满足不同类型客人的各种需要。

(2)按客房位置划分。按客房位置划分,客房可分为外景房、内景房、角房、连通房、相邻房。①外景房(Outside Room)。外景房是指窗户朝向大海、湖泊、公园及景区景点的

客房。②内景房(Inside Room)。内景房是指窗户朝向酒店内的房间。③角房(Corner Room)。角房是指位于走廊过道尽头的房间。④连通房(Connecting Room)。连通房是指根据经营需要专门设计的房间,两间相连而又独立的房间,各自配有卫生间,中间用隔音效果好且都安装门锁的两扇门连接,既可作为两个独立的单间出售,又可作为套间销售。⑤相邻房(Adjoining Room)。相邻房是指室外两门毗连而室内无门相连通的客房。

(3)其他特殊类型的客房。如专为从事商务、公务活动的客人而设计的商务房/商务楼层,家具设备的配备及布置都充分考虑了商务客人的需要;专门接待不吸烟客人的无烟客房/无烟楼层,房门上有禁烟标志,房内不设烟灰缸;特别为照顾女性生理和心理特点而专设的女性客房/女性楼层;专为残疾人而设计的残疾人客房等。

2)客房的价格

客房的价格是指客人住一晚所应支付的住宿费用,它是客房商品价值的货币表现,前台接待人员除了需要熟练掌握客房的类型及各自的特点之外,还必须了解房价的相关知识,这样才能更好地运作价格策略,灵活销售客房。

(1)客房价格的构成。客房价格是由客房的成本和利润构成。客房价格构成如图3-2所示。

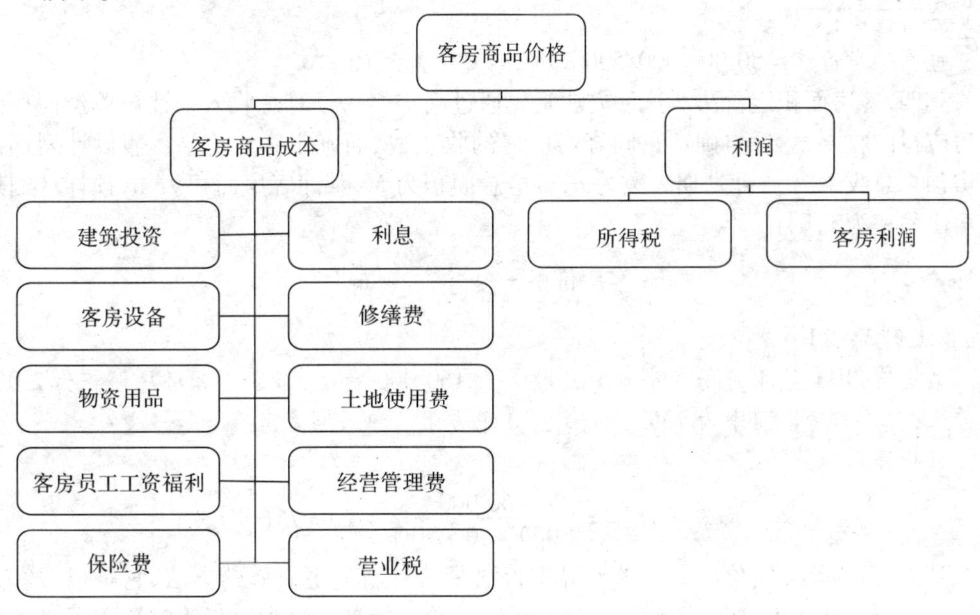

图3-2　客房价格构成

(2)定价方法。酒店业传统的定价方法有目标利润法、随行就市法、千分之一法、客房面积定价法、需求差异定价法等,这些定价方法的依据是利润、成本、收入、竞争或需求。

其一,目标利润法。目标利润法又称目标收益定价法、目标回报定价法,是酒店根据预期的总销售量与总成本,确定一个目标利润率的定价方法。这种定价方法的要点是使产品的售价能保证酒店达到预期的目标利润率。酒店根据总成本和估计的总销售量确定期望达到的目标收益率,然后推算价格。

其二,随行就市法。随行就市法就是以同一地区、同档次竞争对手的客房价格作为定价的依据,从而确定酒店客房价格。这是酒店业中一种常见的以竞争为中心的定价方法,一般有两种方法:一是以同等级别酒店的平均价格水平作为定价目标;二是追随"领导型酒店"的价格,以减少风险。

其三,千分之一法。千分之一法亦称建造成本定价法,是根据建筑总成本来制定房价的方法。建造一座酒店的总成本包括两部分:一部分是建材、设备、用具等的费用,另一部分是建造酒店所耗用的技术费用、人工费用等,这两者之和构成总成本。根据千分之一法,总成本除以客房总间数,得出平均每间客房所占的建造成本,再除以 1 000,即得出这个房间的房价。

$$\text{平均客房价格} = \frac{\text{酒店建筑总成本}}{\text{酒店客房数}} \times 1‰$$

【同步案例 3 - 1】

一座新建酒店拥有500间客房,总造价为 5 000 万美元,按照千分之一法计算客房价格。

分析提示:

每间客房价格 = 50 000 000/500 × 1‰ = 100(美元)

其四,客房面积定价法。这种方法是先通过确定客房预算总收入来计算单位面积的客房应得的收入,然后再确定每间客房应得的收入,从而确定客房价格。假设计划期内客房预算总收入为 y,计划期天数为 n,客房总面积为 M,某间客房面积为 m,预计计划期客房出租率为 r,则:

$$\text{客房价格} = \frac{y}{M \cdot n \cdot r} \cdot m$$

【同步案例 3 - 2】

某酒店 2011 年 4 月份客房预算总收入为 160 000 美元,该酒店客房总面积为 2 000 平方米,预计客房出租率为 70%,面积为 20 平方米的单人间客房价格是多少?

分析提示:

$$\text{单人间客房价格} = \frac{160\ 000}{2\ 000 \times 30 \times 70\%} \times 20 = 76(\text{美元})$$

其五,需求差异定价法。需求差异定价法是一种新的更有效的方法,它是根据客人不同的需求特征和价格弹性,对客人执行不同的价格标准。这种定价策略采用了一种客人划分标准,这些标准是一些合理的原则和限制性条件。在这种划分标准下,客人就能根据自己的需求、消费方式及愿意接受的价格水平而将自己划分到合适的房价类别中去。一方面,这些标准使那些对价格比较敏感的客人选择低价,当然他们对客房的选择余地也很小;另一方面,那些愿意付高价的客人可以随意地挑选自己所喜爱的房间。这种划分标准的重要作用在于,酒店在向一个细分市场的客人销售打折客房的同时,又能保证在另一个细分市场的收入不会减少。

(3)房价的种类。酒店常常会根据客人的不同需要、不同类别、住宿期的长短以及淡旺季等因素给予客人不同的优惠,以吸引客人。

标准价。标准价又称客房牌价、门市价,或称散客价,也就是酒店价目表上明码公布的各类客房的价格,不含任何服务费或折扣等因素。

商务合同价。酒店为稳定客源,与客源输送单位签订房价合约,一般是商务机构,各合作对象根据各自提供的客源量和在酒店的消费量来确定优惠额度。

团队价。团队价主要是针对旅行社或旅游中间商等大批量输送客源的单位制定的折扣价格,目的在于建立长期稳定的业务关系,确保酒店的客源稳定。一般来说,团队价比商务合同价的折扣要低,常常低于酒店标准价的50%,结算方式也会有所不同。

折扣价。折扣价是指酒店针对一些常客、长住客人或其他有特殊身份的客人而提供的优惠房价。

小包价。小包价是指酒店对住店客人提供的一揽子包价,除房费外,还可以包括餐费、游览费、交通费等项目。

淡季促销价。酒店在经营淡季,为了刺激消费,通常在标准价的基础上下浮一定的比例,或是制定相关的促销方案,以吸引客人而提高开房率。

旺季价。酒店在销售旺季,为最大限度地提高酒店的经济效益,而将房价在标准价的基础上上浮一定的比例。例如,广州春交会期间各酒店房价在政府政策指导下的上调,以及一些酒店节假日房价与平时房价的差别等。

免费房。在互惠互利的原则下,酒店给予与酒店有业务关系的客人免费款待待遇。例如,对于15人以上的旅游团队,酒店可为一名导游或领队提供免费客房;某些酒店实行住几晚送一晚的优惠策略等。免费的范围可以是全免,也可以只是免房费。

3.3.2 客房销售技巧

从销售全员性的角度出发,接待员不仅要熟悉客房销售的要求和服务程序,更要掌握正确的销售方式和方法,也就是要讲究销售的技巧。在熟悉酒店的各种产品的基础上,要善于分析客人的消费心理,区分不同类型客人的特点与需求,兼顾酒店和客人双方的利益,恰到好处地宣传、推销酒店的客房及其他产品。

1)推销时要突出客房产品的价值

在销售客房产品的过程中,接待人员应强调的是客房的价值(即客房的使用价值),而不单是客房的价格。因为客人购买的是客房的价值,而不是客房的价格,但客房价值的大小是通过客房价格体现的,两者只有相对平衡,客人感到物有所值时,才能说是公道合理,才可成交。

正常情况下,等级越高、质量越好的房间,其价格也越高。比如,在与具体客人洽谈价格的过程中,要根据客房的特点及客人自身的需要,在推销客房时对客房的使用价值加以描述,如使用"刚刚装修的、十分舒适、豪华";"是面对大海的,窗外的风景十分优美";"最大的";"顶层的";"带有民族特色的"等语句来形容。当然在推销突出客房价值的同时,也应注意避免过分夸张、错误的介绍。

2)推销时要给客人提供可比较的范围,请客人自己选择

如果客人没有具体说明想要哪一类型的房间,接待人员可向客人提供两种或两种以

上不同房型、价格的客房，方便客人比较、选择，增加推销成功的概率。

3）推销要采用正面介绍引导客人

这里所说的“采用正面介绍”是指在推销客房过程中，接待人员要着重介绍各类型客房的特点和优势给客人带来的方便和好处，以及与众不同之处。例如，酒店目前只剩一间客房，客人无法选择，也应对客人说：“您的运气真好，现在正好还有一间不错的房间。”而不能直说：“这是最后一间空房了。”后一种说法会让客人觉得是在用别人剩下的东西。

4）注重对特殊对象的推销

（1）向查询、问价的客人推销。许多客人初次抵店，或因为不满意其他酒店的客房及服务，而来本店查询客房类型、价格及相关服务项目等，对此类客人，接待人员一定要抓住这一良好的推销时机，付出更多的精力及努力，设法让客人对酒店的客房及服务项目产生兴趣，因而留下来。

针对此类客人，接待人员在推销过程中，首先要积极热情地接待，询问其旅行的目的，从中大致了解其住店的需求，并借机有的放矢地推销酒店的某类客房或某些服务项目；其次，要从客人提出的问题中了解哪些客房迎合其口味，让其情有独钟，并对这类客房详加介绍、说明，供其选择，同时，接待人员对客房的报价也要有层次性，从高到低，请客人挑选。在整个接待、推销的过程中，接待人员都要做到耐心、周到。

（2）对犹豫不决的客人多给予建议。有些客人尤其是初次抵店的客人，即使听了接待人员对客房及服务项目的介绍，仍不能清楚地确定自己需要什么样的房间，或者并不完全相信接待人员的介绍。在此情况下，接待人员要认真观察客人的表情变化，仔细分析客人的心理活动，设法去理解客人的真正意图，了解客人的喜好和特点，尽量消除客人的疑虑，有针对性地为其进行客房的介绍。必要时，接待人员也可带客人参观几种不同类型的客房。当然，带客人看房时，应先带客人看条件好、价格较高的客房，如果客人满意了，就不必再带客人看低价位客房了。

（3）对消费能力有限的客人推销。在接待人员的接待过程中，客人并不都是富有的高消费者，很多人的消费能力及选择范围是有限的。对于这部分客人，接待人员不能有丝毫的怠慢和歧视。在推销过程中，也不能只为其报低价位房间及片面强调折扣及优惠，也应提供各类价格、状况不同的房间供其选择。同时，即使客人此次选择有限，但了解了酒店客房及服务的更多信息后，为其下次入住参考和本店信息的外部传播都提供了依据。

（4）注重推销酒店其他服务项目。不是所有的客人都十分清楚酒店的设施及服务项目，尤其是初次抵店的客人。前台接待人员在宣传、推销客房的同时，不应忽视推销酒店的其他产品，要让客人感到酒店产品的综合性及完整性。同时，如果接待人员的推销服务内容正好迎合了客人的需求，客人不仅乐于接受，更会对酒店、对接待人员细致、周到的服务表示感激。

（5）采用适当的报价方式。为了搞好总台销售工作，总台接待员必须了解自己酒店所销售的产品和服务的特点及其销售对象。其中，掌握对客报价方法和推销技巧是做好销售工作的重要前提，所以，不断地研究总结和运用这些方法和技巧，已成为销售工作取胜的一个重要环节。对客报价是酒店为扩大自身产品的销售,运用口头描述技巧,引起客人的购买欲望,借以扩大销售的一种推销方法。其中包含着推销技巧、语言艺术、职业品德等内容,在实际推销工作中,非常讲究报价的针对性,只有适时采取恰当的报价方法,才能达到销售的最佳效果。掌握报价方法,是搞好推销工作的一项基本功,以下是酒店常见的几种报价方法:

其一,高低趋向报价。这是针对讲究身份、地位的客人设计的,以期最大限度地提高客房的利润率。这种报价法首先向客人报明酒店的最高房价,让客人了解酒店所提供房间高房价及与其相配套的环境和设施,在客人对此不感兴趣时再转向销售较低价格的客房。接待员要善于运用语言技巧说动客人,高价伴随的高级享受,促使客人作出购买决策,当然,报价应相对合理,不宜过高。

其二,低高趋向报价。这种报价法可以吸引那些对房间价格作过比较的客人,能够为酒店带来广阔的客源市场,有利于发挥酒店的竞争优势。

其三,交叉排列报价。这种报价法是将酒店所有现行价格按一定排列顺序提供给客人,即先报最低价格,再报最高价格,最后报中间价格,让客人有选择适中价格的机会。这样,酒店既坚持了明码标价,又维护了商业道德,既方便客人在整个房价体系中自由选择,又增加了酒店销售高价客房、获得更多收益的机会。

其四,选择性报价。采用此类报价法要求总台接待人员善于辨别客人的支付能力,能客观地按照客人的兴趣和需要选择提供适当的房价范围,一般报价不能超过两种以上,以体现报价的准确性,避免选择报价时犹豫不决。

其五,利益引诱报价。这是一种对已预订一般房间的客人,采取给予一定附加利益的方法,使他们放弃原预订客房,转向购买高一档次价格的客房。

其六,"冲击式"报价。先报出房间价格,再介绍客房所提供的服务设施和服务项目等。这种方式比较适合推销价格较低的房间,以低价打动客人。

其七,"鱼尾式"报价。先介绍客房所提供的服务设施和服务项目及特点,最后报出房价,突出客房物有所值,以减弱价格对客人的影响。这种方式比较适合推销中档客房。

其八,"三明治"报价。"三明治"报价又称"夹心式"报价。此类报价法是将价格置于所提供的服务项目中,以减弱直观价格的分量,增加客人购买的可能性。此类报价法一般由总台接待人员用口头语言进行描述性报价,强调提供的服务项目是适合客人的,但不能太多,要恰如其分。这种方式比较适合推销中、高档客房,推销的对象是消费水平高、有一定地位和声望的客人。

其九,灵活报价。灵活报价是根据酒店的现行价格和规定的价格浮动幅度,将价格灵活地报给客人的一种方法。此种报价法一般是由酒店的主管部门规定,根据酒店的具体实际情况,在一定价格范围内适当浮动,灵活报价,调节客人的需求,使客房出租率和经济效益达到理想水平。

综上所述,尽管接待员的报价方法很多,有些方法甚至相互对立,然而在酒店的经营实际中,由高至低报价法仍然是较科学而实用的。无论是提供选择余地先推销高价客房,还是报明所有房价推销高价客房,都应遵循由高至低报价的原则。我国大多数酒店都属于明码标价，在此基础上必须坚持由高至低推销客房的方法，才能使高价客房或较高价客房首先销售。推销客房需要大量的思考与实践，接待员应该在开房时注意观察客人的心理活动和反应，以热诚的态度，对客房艺术性的描述语言和适当的报价技巧，顺利完成推销高价客房的任务。

知识题

3.1 前台接待处如何做好接待准备工作？

3.2 简述散客入住接待程序。

3.3 简述团队入住接待程序。

3.4 酒店销售过程中常见的定价方法有哪些？

实务题

3.1 总台服务员小赵将同期抵店的几批客人作了以下的安排：

(1)商务客人(瑞士人)：大卫先生，1216(外景房)，可见花园广场；威廉先生，1213(内景房)；玛丽女士，1205(内景房)。

(2)华威先生一家三口：1212 和 1211，连通外景房，可见花园广场。

(3)台湾旅游团一行 10 人：1201、1203、1209、1214(外景房)、1208(外景房)。

问题：这样的安排合适吗？

3.2 一位客人来到总台，在办理入住登记手续时向服务员提出房价七折的要求。按照酒店规定，只向住店六次以上的常住客提供七折优惠。这位客人声称自己也曾多次住店，服务员马上在电脑上查找核对，结果没有发现这位先生的名字，当服务员把调查结果当众说出时，这位先生顿时恼怒起来。此时正值总台入住登记高峰期，由于他的恼怒、叫喊，引来了许多不明事由的好奇目光。

问题：应当怎样处理类似事件？处理类似事件时应特别注意什么？

案例题

3.1

10 月 18 日 20:00，杭州一家四星级酒店大堂内，三个旅游团同时抵店，散客在总台排队登记。前台接待员小马和小吴有条不紊、忙而不乱地分别接待散客和团队。小吴是一名老员工，接待团队特别有经验。她向团队陪同核对了团号、人数、国籍、地接社、组团社、用房数、抵离店时间。团队陪同拿走房卡后，逐一分给 20 位客人。小吴则马上通知房务中心、总机客人入住情况，以便做夜床和开通长途电话；通知行李房按团队陪同的分房名单送行李，随后迅速做电脑录入。录毕，小吴再一次核对团队接待计划，发现计划书“HNWZJ－0915A”团号与团队陪同给自己的订房单上的团号不一致，团队陪同订房单上的团号为“HNWZJ－0915B”。小吴顿时产生疑问,怎么会这么巧合,团队陪同订房单上的内容除团号有A、B之别外,其余均一样?此时小吴凭经验感觉不对劲,她怀疑是否预订部把“A”错写为“B”。但与预订部核对后,发现旅行社传真上清楚地写着“HNWZJ－0915B”。小吴马上打电话到团队陪同的房间,与团队陪同再次核对团号全称。此时团队陪同才告诉小吴刚入住的是B团,并告诉小吴是他自己搞错了,本来这个团订的是另一家市中心的四星级酒店。他在旅行社时,计调部把接这个团的计划先给他,把另一份计划给了另一个团队陪同。他当时粗心,未仔细看团号,认为自己拿的肯定是A团,就来到了本酒店。偏巧除团号外两团的其他内容一样,所以搞错了。此时小吴除了怪团队陪同搞错外,更怪自己接团时不仔细核对团号。她清楚地意识到麻烦的事马上就要降临了:A团将很快也会到达酒店,B团住了10间房后,已无法安排A团同时入住。如果让B团移团,显然不可行,因为客人玩了一天后很累,对酒店也相当满意。况且即使移团,房间要整理,也不现实。小吴想象客人一到大堂,因酒店工作失误而无房时的愤怒情形,顿时有点不知所措。她知道解决此事的唯一办法就是让已入住的B团陪同与A团陪同联络,让A团陪同立即改变方向,带团去住另一家四星级酒店,但小吴不敢擅自做主。

问题:小吴该如何解决这双方都应负有责任的问题?

3.2

某日,一位外籍客人罗伯特先生经本地公司订房入住某大酒店,要一个标准间预住两天。但在总台办理入住登记手续时,接待员告诉罗伯特先生,他的预订只有一天。现在又正值旅游旺季,第二天的标准间难以安排。罗伯特先生听后大怒,强调自己让本地接待单位在为他订房时讲明是要住两天的,订房差错的责任肯定在酒店。由此,接待员与客人在总台形成了僵持的场面。

问题:接待员该如何妥善处理此事?本案例对酒店管理有何启示?

实训题

实训项目:散客入住接待实训。

实训目的:通过实训,掌握散客入住的基本操作程序,能对无预订散客进行恰当的推销。

实训步骤:(1)主动问候,表示欢迎;

(2)确认客人有无预订;

(3)填写住宿登记表并查验证件;

(4)排房与定价;

(5)确定付款方式;

(6)完成入住登记手续;

(7)传递、储存信息,建立相关档案。

实训成果:分组模拟演练,并填写相应表格,运用酒店前台管理系统软件,进行资料的输入和管理,最终形成书面实训报告。

第4章 礼宾服务

学习目标

知识目标:了解礼宾服务的主要内容;了解金钥匙服务的内涵。

能力目标:掌握店外和店内迎送服务的程序和标准;掌握不同类型客人的行李服务程序和标准;掌握委托代办服务的程序和标准;能够进行客人的迎送服务;能够为不同类型的客人提供行李服务;能够提供委托代办服务;能够处理各类突发事件。

素质目标:培养服务人员礼宾服务方面的业务素质及相关的职业道德素养。

【引例】

礼宾处以细心提高个性化服务水平

10月6日,礼宾处员工小王在送行李的过程中与一对外地住店夫妇的交谈中得知,今天刚好是他们的结婚纪念日,希望小王能够帮他们预订一个比较合适的用餐包房。小王立刻与礼宾处领班联系协调,以期做得更为完美。首先,礼宾处员工帮客人在酒店君悦餐厅预订了一个安静、优雅的两人小包房,在客人不知情的情况下,对包房进行了一番颇有情调的布置,并从侧面委婉地给作为丈夫的住客提了些是否需要买鲜花、蛋糕等物品的意见,客人听后连连称好。然后,礼宾处的员工就开始开展具体工作,各司其职,去西餐厅借蜡烛,到西饼屋订新鲜蛋糕,去外面的花店预订有象征意义的花束,一切准备妥当。等到晚上客人用餐时,发现礼宾处的员工做了许多他们事先不知情的努力和准备时,感动得连连道谢,给予了服务人员极高的评价,并且还留下了电话号码,称如果有机会去上海,务必要联系他们,希望能用热情款待来感谢服务人员给他们带来的意外惊喜。

两位客人回去后,与余姚的一对夫妇朋友联系时,无意中聊到上次在酒店里遇到的这件给他们极大感动的事情。所谓说者无心,听者有意。在余姚的那对夫妇对那个酒店的这种个性化服务抱了极大的好奇心理,于是在这对本地夫妇的结婚纪念日时,尽管之前从没有在酒店庆祝的先例,但依然选择了在那家酒店纪念这个特殊的日子。礼宾处的小王在得知此事后,和同事们一起不仅仅认真、热情、周全地为他们安排好了他们朋友(上海夫妇)所有的一切,还悄悄地通过房务中心在他们所住的酒店房间里布置了些非常温馨的小物件，让夫妇俩感动万分，并非常诚挚地表示了他们的谢意。第二天，当小王看着那位女士手里握着鲜花提着礼物依偎在丈夫怀里时那种陶醉的样子及她的丈夫那种自豪的表情时，他也陶醉了，他为自己是一位酒店人员而感到非常的骄傲！

礼宾处（Concierge），在我国大中型酒店一般与总台接待、结账等作为前厅服务过程中的几个平行机构而单独设置。礼宾服务是酒店服务的窗口，是酒店的门面，是酒店直接给客人留下“第一印象”和“最后印象”的部门，主要为客人提供迎送服务、散客及团队行李服务、报刊/邮件服务和委托代办等服务。

4.1　迎送服务

迎送宾客服务主要由酒店代表、门童、行李员等提供，一般可分为店外迎送服务和店内迎送服务两种。迎送客人流程图如图4－1所示。

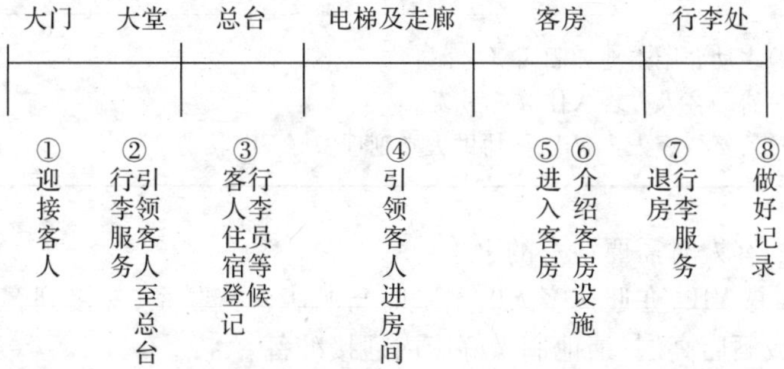

大门　大堂　总台　电梯及走廊　客房　行李处

①迎接客人
②引领客人至总台　行李服务
③行李员等候　客人住宿登记
④引领客人进房间
⑤进入客房
⑥介绍客房设施
⑦行李服务　退房
⑧做好记录

图4－1　迎送客人流程图

4.1.1 店外迎送服务

店外迎送服务主要由酒店代表负责。酒店代表，顾名思义，就是为方便客人，代表酒店在机场、车站、码头等主要出入境口岸为客人提供高效的迎接和送行服务，是酒店给予客人的“第一印象”，更是酒店对外宣传的窗口。店外迎送服务实际上是前厅礼宾服务的延伸，酒店代表是客人所见到的第一位服务人员。很多星级酒店都在火车站和机场内设有专门的接待处，迎接预订了房间的客人。同时酒店代表更承担了开展“魅力营销”的任务，以优质的服务招徕无预订客人购买酒店的客房产品。

1）迎接有预订的客人的服务程序与标准

迎接有预订的客人的服务程序与标准见表4－1。

表 4－1 迎接有预订的客人的服务程序与标准

程序	标准
1. 做好迎接准备	(1)从预订处取得需要接站的客人的名单； (2)准确掌握航班、车次及客人情况； (3)提前做好准备工作，备好接机(车)牌，安排好交通工具，根据预订的航班、车次提前半小时至 1 小时到站等候； (4)站立在显眼位置举牌等候。
2. 到达机场迎接客人	(1)代表酒店向客人表示欢迎和问候，并主动介绍自己； (2)根据预抵店客人名单确认无误； (3)搬运并确认行李件数，挂好行李牌； (4)引领客人上车； (5)始终与总台保持联系，若航班、车次到站时间有变动或取消，及时通知变化情况。
3. 带客人回酒店	(1)主动介绍本地和酒店概况； (2)协助客人办理入住登记手续； (3)若接待客人为 VIP，要协助大堂副理做好 VIP 接待。

迎接有预订的客人时需要注意的事项：

(1)如果客人是 VIP，在迎接客人时要随时与酒店保持联系，一接到客人立即电话通知酒店大堂副理或酒店高层，请他们做好店内迎接准备。

(2)如果没有接到 VIP 或指定要接的客人，应立即与酒店接待处取得联系，查找客人是否已乘车自行抵达酒店，返回酒店后，要立即与前台确认客人具体情况并弄清事实及原因，并向主管汇报，在接待登记簿和交班簿上做好记录。

2)争取无预订的客人的程序与标准

争取无预订的客人的程序与标准见表 4－2。

表 4－2 争取无预订的客人的程序与标准

程序	标准
1. 推销准备	(1)熟悉酒店周围环境，包括交通、购物、旅游及区位优势等； (2)熟悉酒店餐饮、会议等服务特色和标准； (3)准确掌握当日和近期客房销售情况。
2. 确定潜在客人	(1)使用观察法，寻找潜在客人，将其作为产品销售的重点对象，主动推销； (2)根据客人对酒店服务项目的种类、价格等信息的敏感程度灵活应对； (3)采用连锁介绍法，将酒店其他相关服务项目一并介绍，尽量吸引客人的兴趣和注意力。

续表

程序	标准
3. 推销产品	(1)热情、耐心地回答每一位客人的咨询； (2)认真倾听客人的要求，恰当地提出建议供客人参考和选择； (3)根据客人年龄、职业、身份等特点有针对性地介绍和推销酒店特色服务产品。
4. 办理手续	(1)及时、迅速地为客人办理预订手续； (2)安排车辆，引领客人上车，主动帮客人提拿行李，并通知总台做好接待准备。

3)送站服务的程序与标准

酒店根据客人要求在离店时提供送站服务。送站服务的程序与标准如下：

(1)准确掌握VIP和其他需送站客人的离店时间；

(2)确认客人所乘交通工具、航班的车次和离站时间；

(3)主动安排好车辆，提前10分钟在酒店门口恭候客人；

(4)帮助客人提拿行李，引领客人上车；

(5)在路途中主动征求客人的意见；

(6)按时将客人送到机场、车站或码头，主动热情地帮客人提拿行李，向客人道别，并祝客人一路平安。

【知识链接4-1】

机场代表的岗位职责和素质要求

(1)机场代表的岗位职责

①代表酒店到机场、车站、码头迎接客人；

②每日上班前查阅预订报告，了解每天接送客人情况预测表，掌握客人的特殊需求；

③向车队发放接送通知单，准时抵达机场、火车站、码头等地欢迎、接待客人，并在沿途适当介绍本地景观及酒店情况；

④负责处理客人行李问题；

⑤在机场宣传、介绍酒店产品及服务，争取未预订的散客入住酒店，在淡季积极争取客源；

⑥及时提供贵宾到达及交通方面的信息；

⑦回答客人的各种问讯，灵活处理客人提出的各种问讯；

⑧注意与车队司机协调配合好，顺利完成迎接任务，及时与前台和机场联系，获取航班抵离情况，避免误接或漏接现象发生；

⑨搞好与酒店其他机场代表的关系及协调酒店有关部门联系机场业务。

(2)机场代表的素质要求

为了做好机场代表工作，管理人员可选用具有下列素质的员工担任机场代表：

①较高的外语沟通水平；

②熟悉酒店客情；

③掌握主要客源国客人的生活习俗和交际礼仪；

④有较强的应变能力；

⑤有较强的人际交往能力。

4.1.2 店内迎送服务

店内迎送服务主要由门童负责。门童一般安排身材高大、英俊、目光敏锐、经验丰富的青年男性担任，但也有用气质好的女性或稳重、讲究礼节的成熟男子担任门童的情况。门童通常要穿着高级华丽、有醒目标志的制服，上岗时要着装整洁、精神饱满、动作迅速、热情礼貌、操作规范。店内迎送服务规程及要求如下：

1）迎宾

（1）客人到达酒店时，门童应主动、热情、面带微笑地向客人点头致意，并致问候语或欢迎语，同时用手势示意方向，为客人拉开大门。

若行李员距离较远，应使用手势示意，切忌大声喊叫，以免扰乱前厅安静的气氛。若客人乘车，门童应使用规范手势，示意司机停在指定地点或客人容易下车的地点。车停稳后，为客人拉开车门，主动向客人热情问候，对常客和贵宾应能礼貌、准确地称呼客人姓名。拉门时要站在前、后门中间，用左手拉开车门呈70°，右手则挡在车门框上沿，防止客人碰伤头部，此为“护顶”。但要注意对佛教徒和伊斯兰教徒不能护其头顶。若无法判断客人的身份时，可以将手抬起而不护顶，注意保护客人，防止发生磕碰现象。

注意事项：①开车门时原则上先女宾后男宾、先外宾后内宾、先老人后小孩，若无法判断，则先开靠近台阶的后门。②关车门时要小心，注意不要夹、碰客人的手或脚，客人行动不便或遇到残疾客人时，立即上前搀扶，并提示行李员为残疾客人准备轮椅。③团体客人到店时，待客车停稳后，门童站立在车门一侧，迎接客人下车，主动点头致意、问候，接过行李物品，搀扶行动不便的客人、老人或儿童下车，最后示意司机将车开走或停放在指定地点。④如果遇到下雨天，应主动打伞接应客人下车进店，并提醒客人可以将雨伞锁在门口的伞架上。⑤如客人乘坐出租车抵店，应等客人付完车费后再把车门打开，并要记住出租车的车牌号码，以防客人有物品遗留在车上。

（2）及时为客人拉开酒店的正门，如果客人行李物品较多，应主动帮助提拿，并提醒客人清点件数，带好个人物品，进入大厅时立即交给行李员。

（3）住店客人进出酒店时，应同样热情地招呼致意。

2）送别

（1）叫车。客人离店时，门童应主动为客人叫车，将车引导至便于客人上车又不妨碍其他车辆停车的位置。

（2）装行李。协助行李员装好行李，并请客人清点。

（3）护顶。请客人上车，右手挡在车门框上沿，防止磕碰客人头部。

（4）道别。向客人道别，预祝客人旅途愉快，欢迎客人再次光临。轻轻关上车门，面带微笑，后退一步，挥手道别，目送客人离开，以示礼貌。

注意事项：①关车门时，要等客人坐稳后再关，注意不要夹住客人衣角。②如果客人暂时外出，可以说“一会儿见”，避免客人反感。③送别团体客人时，门童应站立在车门一侧,向每一位上车的客人点头致意,欢迎客人再次光临,主动搀扶老人或行动不便的客人,待客人全部到齐司机关门后,伸手示意司机开车,并目送客人离去,表示感谢客人光顾。

3)其他日常服务

(1)保持大门环境清洁。大门是酒店门面,虽然门童不负责清扫,但有责任保持门口及大厅的清洁,发现有杂物时,立即通知酒店保洁员予以清除,发现纸屑、烟蒂时,马上捡起投进垃圾桶内。另外,还应随时检查大门的完好程度,发现问题,及时报修。

(2)做好门前安全工作。协助保卫人员做好门前保安工作,注意门前来往客人,确保酒店安全。

(3)回答客人问讯。礼貌地回答客人问讯,对不能确定的问题,可以请客人到问讯处询问。

(4)指挥疏导门前交通。及时疏导车辆,保持门口、车道通畅,维护门口良好秩序。在用车高峰或雨雪天时,主动为客人调度、联系出租车。

(5)填写服务指南卡。门童对不熟悉酒店周围环境的客人,应热情耐心地问清客人所去目的地,然后告诉司机,并填写"服务指南卡",记下车牌号、日期、时间及目的地,然后将卡片交给客人留存。

【知识链接4-2】

门童的岗位职责及素质要求

(1)门童的岗位职责

①迎宾。首先客人抵达时,向客人点头致意,表示欢迎。其次,门童要协助行李员卸下行李,查看车内有无遗留物品。此外,住店客人进出酒店时,门童同样要热情地招呼致意。如遇雨天,门童还应打伞为客人服务。

②指挥门前交通。门童要掌握酒店门前的交通、车辆出入以及停车场的情况,准确、迅速地指示车辆停靠地点。大型车辆会阻挡门口,故应让其停在稍微远离酒店正门口的位置。

③做好门前保安工作。门童应利用其特殊的工作岗位,做好酒店门前的安全保卫工作。注意门前来往行人、可疑分子,照顾好客人的行李物品,确保酒店的安全。另外,对于衣冠不整,有损酒店形象的人或物,门童可拒绝其入内。

④回答客人问讯。因其岗位的特殊性,经常会遇到客人有关店内外情况的问讯,如酒店内有关设施和服务项目,有关会议、宴会、展览会及文艺活动举办的地点、时间等,以及市区的交通、游览点和主要商业区情况。对此,门童均应以热情的态度,给予客人正确、肯定的答复。

⑤送客。客人离店时,首先协助行李员装好行李,并请客人清点过目。当客人上车时,预祝客人旅途愉快,并感谢客人的光临。同时,目送客人,直至客人离开自己的视线,以防客人有其他需要,以便及时进行跟进服务。

(2)门童的素质要求

为了做好门童工作,管理人员可选用具有下列素质的员工担任门童工作:

①身材高大、魁梧。与酒店的建筑、门面一样，门童的形象往往代表了整个酒店的形象，因此，要求门童身材高大、挺拔。

②记忆力强。能够轻易记住客人的相貌、行李件数以及出租车的车牌号。

③目光敏锐、接待经验丰富。门童在工作时，可能会遇到形形色色的人或事，必须妥善地、灵活机智地加以处理。

④知识面广。能够回答客人有关所在城市的交通、旅游景点等方面的问题。

【同步案例4-1】

某酒店是商务性酒店。丘女士今天住在1212房间不久，接到老朋友陈太太的电话，说是要来看她。放下电话，丘女士直奔大堂等候老友到来，10分钟过去了未见陈太太身影，丘女士不由向大堂外雨棚走去，门童有礼貌地问候：请走好，欢迎下次光临。丘女士一愣，看看门童微笑的表情，丘女士想他一定是误解她走出大堂的目的了，这句不合适宜的问候并未给她带来反感。正值深秋，雨棚不能久待，丘女士只好一会儿进到大堂一会儿走出去等候。这样往返多次，每次都能听见门童机械的“请走好，欢迎下次光临”的问候。为了少听一次这样的“问候”，丘女士只好收住脚步，耐心地在大堂内等候朋友。

4.2 行李服务

行李服务由前厅部的行李处负责提供，酒店将行李处设立在客人很容易发现的位置，所处的位置能够使行李员便于观察到客人抵店、离店的进出情况，便于与总台协调联系。由于散客与团队客人有许多不同的特点和要求，因此，行李服务规程也具有不同的要求。

4.2.1 散客行李服务

1)散客到店时行李服务的程序与标准

散客到店时行李服务的程序与标准见表4-3。

表4-3 散客到店时行李服务的程序与标准

程序	标准
1.迎接客人	在客人乘车抵达酒店时，行李员应主动上前迎接。
2.卸放行李	客人下车后，迅速将行李卸下车，请客人清点行李件数，并检查行李有无破损。
3.引领客人到前台接待处	(1)引领客人时，要走在客人的左前方，距离两三步远，步伐节奏与客人保持一致； (2)途中可视情况询问客人是否有预订、客人姓名、是否初次到本店等。遇到拐弯处或人多时，要注意回头招呼客人。
4.等候客人	客人办理入住登记手续时，行李员应站在总台一侧客人身后1.5米处，将行李放在面前，看管行李，听候召唤。
5.引领客人	(1)客人办理完入住登记手续后，行李员应主动从接待员手中领取房间钥匙，引领客人去客房并提拿行李； (2)在去客房途中，利用合适的机会，主动向首次抵店客人介绍酒店服务设施。

续表

程序	标准
6. 乘电梯	(1)到达电梯口时,应放下行李,用手按住电梯按钮,等电梯门打开后,用手示意客人先上电梯,并说“请”,然后行李员提行李跟进; (2)在电梯内,行李员应站立在电梯控制板旁边; (3)出电梯时,行李员也应手按电梯按钮,请客人先出电梯,然后提行李跟出。
7. 带房	(1)行李员应走在客人斜前方2~3步远,带领客人; (2)到达客房门口时,先按门铃或敲门,然后再打开房门; (3)打开房门后,先插卡取电,同时迅速扫视一下客房,如果是OK房,退到房门一侧,示意客人先进房间; (4)将行李物品放在行李架上或按客人吩咐放好。
8. 介绍客房设施设备及使用方法	(1)向客人简单介绍房内主要设施及使用方法,该过程中始终关注客人的表情及神态,并回答客人提问; (2)如果客人曾经住过本酒店,则可不必介绍。
9. 离开客房	(1)房间介绍完毕,行李员应再次征求客人意见,表示随时愿意提供服务,并祝愿客人住店期间生活愉快,然后与客人道别; (2)退出房间时,要面向客人,将房门轻轻关上。
10. 返回礼宾处	返回礼宾处,填写散客行李进店搬运记录。

【同步思考4-1】

行李员在带领客人进房时,打开房门时发现房内有人该怎么办?

答:若房内有人,有可能是前台开重房,应立即向房内客人致歉,并马上退出,请门外客人稍等并致歉,马上与前台取得联系,为客人换房。注意一定不能让门外客人进房。

2)散客离店时行李服务的程序与标准

散客离店时行李服务的程序与标准见表4-4。

表4-4 **散客离店时行李服务的程序与标准**

程序	标准
1. 接到通知	(1)行李处接到客人要求运送行李的通知时,应礼貌地问清房号、姓名、行李数量和搬运时间等,做好记录。然后根据客人的行李件数确定是否需要行李车,并及时安排行李员到客人房间提取行李。 (2)按时到达客人所在的楼层。
2. 进房	(1)进入房间前要先按门铃,再敲门,并通报“ Bell boy”(行李员); (2)在征得客人同意后才能进入房间。
3. 清点行李	(1)主动问候客人,并自我介绍; (2)与客人共同清点行李件数,并检查行李有无破损; (3)确认客人离店时间,以及是否需要寄存行李,是否需要叫车服务; (4)与客人道别,迅速提着行李(或推行李车)离开房间; (5)如果客人要求与行李一起离开,要提醒客人不要遗留物品在房间,离开时要轻轻关门。

续表

程序	标准
4. 等候结账	客人结账时,要站在离客人身后1.5米处等候,待客人结账完毕,再将行李送到大门口。
5. 送客	(1)送客人离开酒店时,再次请客人清点行李件数,然后将行李装上车; (2)向客人道别,祝客人旅途愉快。
6. 回礼宾处	(1)完成行李运送工作后,将行李车放回原处; (2)填写散客离店行李搬运记录; (3)若客人乘出租车离开,应记下出租车的车牌号。

4.2.2 团队行李服务

1)团队客人到店时行李服务的程序与标准

团队客人到店时行李服务的程序与标准见表4-5。

表4-5 团队客人到店时行李服务的程序与标准

程序	标准
1. 迎接准备	根据团队到店时间安排好行李员,准备好行李网,提前填好进店行李牌,注明团队名称和进店日期。
2. 确认	(1)团队行李到店时,行李员与行李押运员进行交接,清点行李件数,检查行李有无破损,并请对方签字,然后迅速卸下行李,码放在规定地点。将团队行李到店时间、数量等信息填写在"团体行李进出店登记表"上。 (2)行李如有破损,须请押运员亲自证实,并通知团队陪同和领队。
3. 分拣行李	(1)清点无误后,在每一件行李上系好行李牌,码放整齐,用行李网把该团行李罩好,妥善保管; (2)根据分房表,在行李牌上准确标注房号和件数。
4. 分送行李	(1)在装运行李之前,再次清点检查,无误后装上行李车,迅速将行李送往客房,保证不出现差错。 (2)到达客房时,行李员应将行李放在房门一侧,先按门铃或敲门。客人开门后,主动问候,将行李放进房间,请客人当面确认;如果客人不在房间,应请楼层服务员开门,将行李放入房间。 (3)将暂时无人认领或破损的行李存放在前厅,盖上网罩,妥善保管,然后立即向团队领队和陪同反映,以便及时解决。
5. 行李登记	返回行李处,填写"团队行李进出店登记表"。

2)团队客人离店时行李服务的程序

(1)根据团队接待计划和当日团队领队或陪同的通知,安排次日团队预离店的行李运送事宜,确定收取行李时间。

(2)行李员在规定时间内,依照团号、团名及房间号码,按时到楼层及客房门口收取行李,记录每个房间的行李件数,并系好行李牌。

(3)如客人暂不在房间,门口又无行李,不可擅自开门收取行李,应及时通知值班台,尽快与团队领队或陪同联系。

(4)把行李集中到行李处，整齐码放排列，与团队领队或陪同清点件数，确认无误后，双方签字。如果暂时不运走行李，应加网罩并妥善看管。

(5)与旅行社接运行李的人员清点、检查行李，办理交接手续，协助将行李装车。

(6)填写“团队行李进出店登记表”并存档。

【知识链接4-3】

团队行李装车的注意事项

(1)装车时应该硬件在下，软件在上，大件在下，小件在上，有特别说明的行李应按要求摆放。例如，行李上有“请勿倒置”字样时，应该正面朝上摆放。

(2)同一团体的行李应放于同一趟车上，放不下时分装两车。同一团体的行李分车摆放时，应按楼层分车，同一楼层或相近楼层的行李，应尽量放在同一趟车上。

(3)如果同一楼层有两车行李，应根据房号装车，房号在电梯右侧的，行李放在一趟车上，房号在电梯左侧的，行李放在另一辆车上；如果同一位客人有两件以上的行李，应该把这些行李放在同一辆车上，不能分开装车。

(4)离电梯远的房间的行李，放在行李车的下层，离电梯近的房间的行李，放在行李车的上层。

(5)装送团体客人的行李，应该严格遵循“同团同车，同层同车，同侧同车”的原则。

(6)送团体行李时，通常使用团体行李专梯，或工作人员专用电梯，不得已与客人电梯混用时，不得影响客人出入电梯。

3)换房时行李服务的程序与标准

换房时行李服务的程序与标准见表4-6。

表4-6 换房时行李服务的程序与标准

程序	标准
1.问清房号	接到接待处换房通知时，到接待处领取“换房通知单”，弄清客人姓名、房号及换房后的房号，并确认客人是否在房间。
2.敲门进房	(1)到客人房间时，要先敲门，经客人允许后方可进入； (2)如果客人不在房间，由楼层服务员开门后，行李员在楼层服务员陪同下替客人送行李至换房后的房间。
3.清点行李	与客人一起清点要搬的行李及其他物品，将行李小心地装上行李车。
4.进行换房	(1)带客人进入新房间后，帮助客人把行李放好； (2)收回客人的原房间钥匙和住房卡，将新房间的钥匙和住房卡交给客人； (3)如客人没有其他服务要求，向客人道别，离开房间。
5.行李登记	(1)将客人的原房间钥匙和住房卡交给接待处； (2)返回行李处，填写“换房行李登记表”(见表4-7)。

表4-7 换房行李登记表

日期	时间	由(房号)	到(房号)	行李件数	行李员签名	楼层服务员签名	备注

4)行李寄存服务

行李员除了在客人抵、离店以及换房时提供行李运送服务外,还要负责住店客人的行李物品寄存服务。各个酒店对客人寄存行李制定了不同的管理办法,但基本的服务程序内容大致相同。

(1)行李寄存服务的程序与标准。行李寄存服务的程序与标准见表4-8。

表4-8 行李寄存服务的程序与标准

程序	标准
1. 礼貌应接	(1)客人寄存行李时,行李员应主动问候客人,热情接待,礼貌服务。 (2)确认客人身份。请客人出示房卡,确认客人为住店客人;外来客人的行李原则上不予寄存。
2. 弄清情况	(1)礼貌地询问客人所寄存行李中,是否有贵重物品或易燃、易爆、易损、易腐烂的物品等,以及提取行李的时间。 (2)问清客人的房号、姓名、寄存时间、寄存件数及领取时间。 (3)填写"行李寄存单"(见表4-9)。请客人确认行李物品件数后,在双联行李寄存单上签字。 (4)做好行李暂存记录。
3. 存放行李	(1)将行李搬至行李房,短期寄存的行李放置于方便搬运的地方; (2)一位客人的多件行李要用绳系在一起,以免拿错; (3)行李房要上锁,钥匙由行李部领班或礼宾主管亲自保管。
4. 进行登记	经办人须及时在"行李寄存记录本"上进行登记,并注明行李存放的件数、位置和存取日期等情况。

表4-9 行李寄存单

<table>
<tr><td colspan="2">行李寄存单(酒店联)</td></tr>
<tr><td colspan="2">姓名(NAME)</td></tr>
<tr><td colspan="2">房号(ROOM NO.)</td></tr>
<tr><td colspan="2">行李件数(LUGGAGE)</td></tr>
<tr><td>日期(DATE)</td><td>时间(TIME)</td></tr>
<tr><td colspan="2">客人签名(GUEST'S SIGNATURE)</td></tr>
<tr><td colspan="2">行李员签名(BELLBOY'S SIGNATURE)</td></tr>
<tr><td colspan="2">行李寄存单(顾客联)</td></tr>
<tr><td colspan="2">姓名(NAME)</td></tr>
<tr><td colspan="2">房号(ROOM NO.)</td></tr>
<tr><td colspan="2">行李件数(LUGGAGE)</td></tr>
<tr><td>日期(DATE)</td><td>时间(TIME)</td></tr>
<tr><td colspan="2">客人签名(GUEST'S SIGNATURE)</td></tr>
<tr><td colspan="2">行李员签名(BELLBOY'S SIGNATURE)</td></tr>
</table>

(2)提取行李。①主动问候客人,请客人出示行李寄存单(顾客联),并与行李寄存单(酒店联)核对。②核对无误后,将行李物品从行李架上取下,交给客人,请客人当面清点并签字。③将行李寄存单(顾客联)与行李寄存单(酒店联)装订在一起存档。④如果他人代领行李,则客人应事先将代领人的姓名等情况写明,使用行李寄存单(顾客联)和有效证件领取行李。⑤如果客人的行李寄存单(顾客联)丢失,必须凭借足以证明客人身份的证件领取,并要求客人写出已领取行李的说明,与行李寄存单装订在一起以便备查。

【同步思考4-2】

客人欲从长期寄存的行李中拿取一样东西,行李员小赵把客人带进行李房请正在行李房休息的小张帮助客人打开行李,并声称外面还有其他客人等着办理行李寄存手续便离开了行李房。小赵的这一做法对吗?

答:小赵的这一做法是不妥的。如果客人需在寄存的行李中取部分物品时,应请客人自己开封取物,由行李员在"行李寄存单"上详细记录客人的姓名、取物时间及取出的物品名称,并请客人签字,然后当着客人的面将行李封好,或由客人自己封好,再将"行李寄存单"交还客人。

【知识链接4-4】

寄存行李须知

(1)行李房不得寄存现金、金银首饰、珠宝和护照等身份证件。

(2)行李房不得寄存易燃、易爆、易腐烂、有腐蚀性的物品。

(3)行李房不得存放易变质食品、精密仪器及易碎物品。

(4)行李房不得存放枪支、弹药、毒品等违禁物品。

(5)不接受动物宠物寄存。

(6)要求客人行李上锁。对未上锁的小件行李须在客人面前用封条封好。

【知识链接4-5】

行李房管理制度

(1)行李房是客人寄存行李的重要场所,严禁非行李员进入。

(2)行李房钥匙由专人保管,随用随锁。

(3)做到"人在门开,人离门锁"。

(4)行李房内严禁吸烟、睡觉、堆放杂物。

(5)行李房内要保持清洁,定期打扫和整理。

(6)行李要摆放整齐。

4.3 委托代办服务

4.3.1 寻人服务

当访客来到酒店欲找寻某一位住店客人,而这位客人恰好不在房间,请求礼宾处帮助时,行李员应先问清住客的姓名,经与总台核准后,由行李员在前厅等公共区域举着写有这位客人姓名的"寻人牌"呼唤寻找客人。行李员边举牌行走,边敲出牌上安置的铜铃或其他发声装置,以便发现或提醒客人。在店内寻找非住店客人,或在其他营业场所、娱乐区域寻人时,还可通过电话与各营业点值班服务员联系查找。

4.3.2 泊车服务

泊车服务是酒店设专职泊车员,负责客人车辆的停放服务。客人驾车到店时,泊车员将车辆钥匙寄存牌交给客人,礼貌地提醒客人保管好随身携带的物品,然后将客人车辆开往停车场。泊车员应注意车内有无遗留的贵重物品及其他物品,车辆有无损坏之处,并将停车地点、车位号、车牌号、车型等内容填入工作记录表。客人离店需用车时,出示车辆寄存牌,泊车员迅速将客人车辆开到酒店大门口,交给客人。泊车服务对泊车员素质要求较高,除应受过严格的专业训练并具有优秀的驾车技术和很强的安全意识以外,还应具有高度的责任心。

4.3.3 递送转交服务

递送转交服务的内容包括:客人的邮件、传真文件、物品,酒店的各种报刊、信件、表单等,通常由行李员分送到客人房间或酒店相关部门。

1)递送服务

(1)行李员按当日客房状况显示的住客情况,派送客房报纸,并填写报纸递送记录。

(2)注意服务规范,乘员工电梯,走员工通道。

(3)递送客人邮件、传真时,应先按门铃或敲门,主动问候,然后再请客人当面确认签收。

(4)递送留言时,可从门缝下塞进去,以免打扰客人。

(5)客人暂时不在房间时,应作留言提示。

(6)对无此收件人的邮件,经反复核准后予以退回邮局。

2)转交服务

转交服务是指住店客人的亲戚朋友、接待单位或其他有关人员送给客人的物品,因客人外出而见不到客人,又不能久等,而委托酒店转交客人。

(1)接受物品时,首先要确认本店有无此客人,然后请来访者填写一式两份的"委托代办单",注明来访者的姓名、地址、电话号码,以便联系,还要注明转交物品的名称和件数。

(2)接受物品时一定要认真检查,并向来访者说明不寄存易燃、易爆、易腐烂物品。

(3)鲜花、水果等,可以先送到客人房间摆放好,并将赠送者的名片夹在上面。

(4)如果是住店客人转交物品给来访者,则要请住店客人写明来访者的姓名。待来访者前来领取时,要请他出示证件并签字。

4.3.4 预订出租车服务

客人外出要预订出租车时,行李员应将客人的订车要求准确地记录下来,替客人联系预订出租车。出租车可以是酒店本身所拥有的,也可以是出租车公司在酒店设点服务的,还可以是用电话从店外出租车公司叫车。根据客人要求,也可提前预订包车。

当被叫的出租车到达酒店门口时,行李员应向司机讲清客人的姓名、目的地等。必要时充当客人的翻译,向司机解释客人的要求。也可填写一张向导卡给客人,卡上用中文写上客人要去的目的地及酒店的名称和地址等。

4.3.5 订票服务

订票服务是酒店的一个重要服务项目,主要为客人代购车、船、机票。旅行社组织的团队客人一般是旅行社自行解决订票,散客和一些会议客人则通常要求酒店为其代购车、船、机票。在旅游旺季时,能否代客解决票务问题,是酒店能否吸引客人,扩大客源的重要条件之一。

酒店提供的其他委托代办服务还有衣物寄存、外修外购、雨具出租及保管等。委托代办服务范围较大,客人要求随机性强、变化也快,各酒店对此类服务虽有比较明确的规程及规定,但仍需前厅服务人员急客人之所急,竭尽全力地为客人排忧解难。要做好委托代办服务,必须保持和发展同店外有关单位的沟通及良好合作关系。

4.4 金钥匙服务

4.4.1 "金钥匙"简介

"金钥匙"的全称为"国际酒店金钥匙组织"(UICH),是一个国际性的酒店服务专业组织。金钥匙服务是法国在1929年率先提出的,他们将"客人委托、酒店代办"式的个性化服务上升为一种理念。1952年,在此基础上成立了酒店业委托代办的组织——国际酒店金钥匙组织。经过80多年的发展,国际酒店金钥匙组织已有34个国家和地区的4 500

多名成员。1997 年 1 月,在意大利首都罗马举行的第 45 届国际酒店金钥匙年会上,中国酒店金钥匙被接纳为国际酒店金钥匙组织第 31 个成员国团体会员。

金钥匙的英文为“Concierge”,词义为门房、守门人、钥匙看管人,其原型是 19 世纪初期欧洲酒店的“Concierge”(委托代办)。而古代的“Concierge”是指宫廷、城堡的“钥匙保管人”。从“委托代办”的含义可以看出:金钥匙的本质内涵就是酒店的委托代办服务机构,演变到今天,已经是对具有国际金钥匙组织会员资格的酒店的礼宾处职员的特殊称谓。金钥匙已成为世界各国高星级酒店服务水准的形象代表,一个酒店加入了国际酒店金钥匙组织,就等于在国际酒店行业获得了一席之地;一个酒店拥有了金钥匙这种首席礼宾司,就可显示其不同凡响的身价。换言之,大酒店的礼宾人员若获得金钥匙资格,他也会倍感自豪,因为他代表着全酒店的服务质量水准,甚至代表着酒店的整体形象。金钥匙也是现代酒店个性化服务的标志,是酒店内外综合服务的总代理。它的服务理念是在不违反当地法律和道德的前提下,使客人获得“满意加惊喜”的服务,让客人从进入酒店到离开酒店,自始至终都感受到一种无微不至的关怀和照料。

金钥匙是酒店综合服务的总代理,被誉为“万能博士”,其佩戴的两把交叉的金钥匙,意味着尽善尽美的服务,也象征着为客人解决一切难题。金钥匙在酒店管理、服务中的作用可用“桥梁”、“中心”、“龙头”等词来形容,是沟通宾客与酒店、酒店管理与服务的桥梁;是酒店收集社会信息的“信息中心”和了解宾客的“情报中心”;是引导酒店优质服务良性发展的龙头。

4.4.2 金钥匙的服务理念

金钥匙就是满意加惊喜,随着金钥匙服务理念在我国酒店业的普及,目前金钥匙已成为酒店服务档次的体现,高档酒店都以拥有金钥匙为荣。一个酒店有无金钥匙是评定该酒店服务水平的一个标准,同时也将是酒店评报星级的考核内容。

(1)金钥匙的服务宗旨:在不违反法律和道德的前提下,为客人解决一切困难。

(2)金钥匙为客人排忧解难,“尽管不是无所不能,但是也是竭尽所能”,要有强烈的为客服务的意识和奉献精神。

(3)为客人提供满意加惊喜的个性化服务。

(4)酒店金钥匙组织的工作口号是“友谊、协作、服务”(Service Through Friendship)。

(5)酒店金钥匙的人生哲学:在客人的惊喜中找到富有乐趣的人生。

4.4.3 中国酒店金钥匙服务项目

金钥匙就是酒店的委托代办服务,隶属于各酒店前台礼宾处,它既是酒店内综合服务的代理,也是酒店内外旅游综合服务的代理。好的酒店都拥有自己的金钥匙这种首席礼宾司,两把交叉的金钥匙意味着尽善尽美的服务,意味着此人能满足客人在旅游中的各种需求。他会为客人处理所有的信件和留言、预订音乐会的入场券、订餐、推荐旅游路线、介绍好的酒店和商店。他还是一位旅游顾问、个人与生意上的助手、一位社会学顾问、一位自信的秘书以及能为客人做任何杂事的人,他致力于建立一个关系网,广交朋友,即使他无法立即解决难题,他也会通过朋友找到解决途径。

具体来说,中国酒店金钥匙服务项目包括:

(1)行李及通信服务:运送行李、电报、传真、电子邮件等。

(2)问讯服务:指路等。

(3)快递服务:国际托运、国际邮政托运、空运、紧急包裹、国内包裹托运等。

(4)接送服务:汽车服务、租车服务、接机服务。

(5)旅游服务:个性化旅游服务线路介绍。

(6)订房服务:房价、房型、折扣、取消预订。

(7)订餐服务:推荐餐馆。

(8)订车服务:汽车租赁代理。

(9)订票服务:飞机票、火车票、戏票。

(10)订花服务:鲜花预订、异地送花。

(11)其他一切合理合法服务。

4.4.4 中国酒店金钥匙会员的任职资格和素质要求

1)中国酒店金钥匙会员的任职资格

(1)在酒店大堂柜台前工作的前台部或礼宾处高级职员才能被考虑接纳为金钥匙组织的会员。

(2)21 岁以上,人品优良,相貌端庄。

(3)从事酒店业 5 年以上,其中 3 年必须在酒店大堂工作,为酒店客人提供服务。

(4)有两位中国酒店金钥匙组织正式会员的推荐信。

(5)一封申请人所在酒店总经理的推荐信。

(6)过去和现在从事酒店前台服务工作的证明文件。

(7)掌握一门以上的外语。

(8)参加过由中国酒店金钥匙组织所组织的服务培训。

2)能力要求

(1)交际能力:乐于和善于与人沟通。

(2)语言表达能力:表达清晰、准确。

(3)协调能力:能正确处理好与相关部门的合作关系。

(4)应变能力:能把握原则,以灵活的方式解决问题。

(5)身体健康,精力充沛,能适应长时间站立工作和户外工作。

3)业务知识和技能要求

(1)熟练掌握本职工作的操作流程。

(2)会说普通话和至少掌握一门外语。

(3)掌握中英文打字、电脑文字处理等技能。

(4)熟练掌握所在酒店的详细信息资料,包括酒店历史、服务时间、服务设施、价格等。

(5)熟悉本地区三星级以上酒店的基本情况,包括地点、主要服务设施、特色和价格水平。

(6)熟悉本市主要旅游景点,包括地点、特色、开放时间和价格。

(7)掌握本市高、中、低档的餐厅各5个(小城市3个),娱乐场所、酒吧5个(小城市3个),包括地点、特色、服务时间、价格水平、联系人。

(8)能帮助客人安排市内旅游,掌握其线路、花费时间、价格、联系人。

(9)能帮助客人修补物品,包括手表、眼镜、小电器、行李箱、鞋等,掌握这些维修处的地点、服务时间。

(10)能帮助客人邮寄信件、包裹、快件,懂得邮寄事项的要求和手续。

(11)熟悉本市的交通情况,掌握从本酒店到车站、机场、码头、旅游点、主要商业街的路线、路程和出租车价格。

(12)能帮助外籍客人解决办理签证延期等问题,掌握有关单位的地点、工作时间、联系电话和手续。

(13)能帮助客人查找航班托运行李的去向,掌握相关部门的联系电话和领取行李的手续。

金钥匙代表了酒店服务的最高水平,体现了整体的发展方向,可以说是服务王冠上最耀眼的一颗钻石。酒店的市场竞争,是从最初的价格之争上升到较高的质量之争,最终要达到文化之争。21世纪的酒店,从经营方式到管理方式都将发生质的变化,而站在酒店最前端的酒店金钥匙,将利用不断积累的丰富知识(知识化服务)以及遍布全国各地的金钥匙服务网络(网络化服务),还有它特有的全方位管家式服务(助手化服务),满足宾客所有的需求。而作为一种新兴的全球酒店业知名品牌,金钥匙服务强调的是为每一位需要帮助的宾客,提供尽善尽美的个性化服务。正因为其独特的服务理念及自身不可抗拒的魅力,越来越多的酒店引入了金钥匙服务。金钥匙服务的引入,不光是为了提升酒店服务水平的档次,更重要的是为酒店的发展提供一个绝好的契机。"金钥匙"希望荣幸地为宾客提供值得信赖的服务,也希望在为每一位宾客服务的过程中,找到自己的人生价值。

知 识 题

4.1 如何做好店外迎客服务?

4.2 简述散客到店时行李服务的程序。

4.3 试述行李寄存服务的程序与标准。

4.4 委托代办服务项目包括哪些?

实 务 题

1808房间的空调昨晚一直很响,客人将在三天后退房,为了不影响客人休息,酒店安排工程部对空调进行维修,同时为1808房间的客人进行换房。你是当班行李员,接下来该如何操作?

案例题

4.1 **装错行李**

早上8:00,某酒店大堂内,几批团队客人陆续离店,酒店大堂角落处同时堆了四堆行李,其中三堆都加了行李网,有一堆是日本团的行李,因马上就要装车,就没有加网罩。离日本团一米处的是加了行李网的美国团的行李,行李员小陈和小张根据日本团领队的意思将该团的行李装车,并清点数目后,请团队领队签字。团队领队因为正忙着其他结账事宜,未仔细核对就在“行李运送记录”上匆匆签了字。

10分钟后,美国团也要结账离店。小陈和小张将罩在行李上的网掀掉后装车,共30件,与进店时的行李相符,请团队领队签字。可是团队领队却说他的团进店的时候是30件,但是刚才有一名客人又放了一包在行李堆中,所以行李件数应该是31件。小陈和小张又清点了一遍,还是30件。而且行李运到大厅的时候已经加了行李网,也没有见别人动过,因此这堆行李的件数应该不会错的。团队领队急忙叫刚才少了一件行李的客人来询问。客人说确实把行李放到本团的行李堆旁边了。小张又问客人有没有放到网罩内,客人说没有。小陈与小张马上明白了,客人的这一件行李一定是被误装到日本团的行李中去了。

最后,大堂副理了解到情况后,与日本团的旅行社联系上后,把行李放在机场,待酒店去机场后才安全取回了行李!

问题:行李员错在哪里?酒店应如何避免此类事件的发生?

4.2 **没有挂牌的寄存行李**

一天午后12:00多,酒店常客王先生向总台旁边的行李房走去。正在行李房值班的服务员小杨见到他就招呼说:“王先生,您好!有什么需要我帮助的吗?”王先生说他生意完成得很顺利,现在需要寄存行李,一会儿还有点事情要出去一趟,然后准备赶晚上18:30的班机回去。小杨热情地接过王先生手里的行李,然后让他赶紧去办事。王先生问是不是要办手续,但小杨说是熟人就不用了,下午回来直接找他取就行。听小杨这么说,王先生便匆匆离去了。下午17:00,小杨一直非常忙碌,同事小卢来接班时,小杨忙着与他交接手里的事情,但却忘了告诉他王先生行李的事,且下班离开了酒店。下午17:10,王先生匆匆赶到行李房,不见小杨,便对当班小卢说,午后他将行李交给小杨,可他现在不在,因此请小卢帮忙提出。小卢请客人出示行李牌,但王先生拿不出来,于是王先生对小卢说,由于认识小杨,当时他说不用办手续,所以没拿行李牌。可他马上要赶晚上18:30的飞机回去,请小卢帮帮忙。小卢表示由于小杨下班时没有交代此事,根据规定,他不能给没有行李牌的客人拿行李,这也是为了保护客人的物品安全,请王先生能够理解,并请他不要着急,他现在就与小杨联系。正在这时,电话响了,原来小杨在回家的路上突然想起了王先生寄存的行李,于是急忙打来了电话。接完小杨的电话,小卢急忙向客人表示歉意,同时王先生描绘了提取行李的外貌以作验证,然后从小杨所说的位置给客人拿来了行李,但此时已经是下午17:30了。尽管小卢一再道歉,但王先生还是表示要投诉酒店,然后匆匆离开了酒店。

问题:如果你是小杨,你该怎么做?

实 训 题

实训项目:礼宾服务。分角色扮演,模拟完成有预订客人的接站服务、无预订客人的接站服务、散客入店行李服务、散客离店行李服务、团队行李入店服务、行李寄存服务、客人送站服务等。

实训目的:通过实训,掌握店外迎送服务、店内迎送服务、行李服务的工作程序和内容。

实训步骤:(1)接站服务;

(2)送站服务;

(3)迎宾服务;

(4)离店服务;

(5)到店行李服务;

(6)离店行李服务。

实训成果:按照5~6人一组,进行模拟演练,并形成书面实训报告。

第5章

前厅综合服务

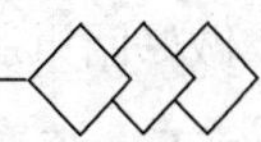

学习目标

知识目标：掌握查询服务、留言服务、邮件服务、电话转接服务；了解商务中心提供的服务项目和程序；了解外币兑换业务；了解商务楼层硬件设施要求；了解商务楼层的服务要求。

能力目标：掌握叫醒服务；掌握散客和团队离店结账程序；掌握贵重物品寄存服务。

素质目标：培养服务人员前厅综合服务方面的业务素质及相关的职业道德素养。

【引例】

请给我一个正确的答复

GB 酒店的总台问讯服务从来没有引起管理人员的重视，无论是总经理、前厅经理，还是总台服务人员，都认为问讯服务只不过是一种不直接产生效益而又简单的工作。一天陈女士来到总台询问三天后有无回程航班，服务员莫小姐微笑地接待了她，弄清客人的来意后，莫小姐从柜台的抽屉里翻出一本看上去已经有些年头的“航班信息小览”，认真查找起来，由于对这本小览的内容很陌生，莫小姐有些摸不着头绪，陈女士站在柜台外耐心地等待着。时间一分一秒地过去，莫小姐意识到自己对这次服务不能胜任，便请同班的柳小姐帮忙，接着便离开了陈女士，跑到柜台另一端跟收银员闲聊起来。为了提供针对性服务，柳小姐又请陈女士叙述了一遍所要查询的内容，陈女士愕然。5 分钟后，柳小姐终于找到了陈女士所要的航班，陈女士掏出纸笔准备记录，柳小姐忽然慎重地告诉陈女士：“这本‘航班信息小览’年代已久，所查航班不一定准确，仅供参考。”陈女士听后愤然说：“请您给我一个正确的答复。”事后，前厅经理受理了陈女士的投诉，并决定在总台工作例会上宣布几条问讯服务质量标准，明确要求服务人员能以口头形式回答客人提出的任何问题，并以此作为员工的考核内容之一。员工对此茫然不知所措，问讯服务质量并未因此得到提高。

资料来源：职业餐饮网。

5.1 问讯服务

大型酒店总服务台设有问讯处，为客人提供问讯服务，包括查询信息、留言服务、客房钥匙分发与管理、处理客人邮件等多项服务，中小型酒店常常将此职能划归接待员负责。做好问讯服务的关键在于掌握大量的信息，为客人提供及时、准确、周到的服务。

5.1.1 查询服务

查询服务的范围很广，问讯员可以通过计算机和各种查询资料，回答客人提出的各种问题。

1)访客查询

访客查询是问讯服务的主要内容之一，通常有以下几方面内容：

(1)查询客人是否住在本酒店。受理访客查询客人是否住在本酒店时，除客人要求保密外，都应如实回答。

通过计算机中的有关信息，查看客人是否住在本酒店。如果客人已入住，则直接答复来访客人："您查询的这位客人已经入住本酒店。"如有需要，可告知其入住的时间。

如果显示客人未入住，应查询预抵客人名单，核实客人是否即将到店并如实告知访客："您要查询的这位客人暂时还没有入住本酒店，但这位客人已经预订了本酒店的客房，将于某年某月某日入住。"

如果客人已经退房，则应向访客说明："对不起，您要查询的这位客人已经退房了。"如果离店客人没有特别交代，不要随便将其去向告诉任何人。

(2)查询客人房号及客人是否在房间。对这种查询应予以特别注意。未经客人允许，不能将房号告诉其他客人，或直接将访客带入客房，应以委婉的口吻，礼貌地回答有关查询。

问讯员应首先问清来访者的姓名，与住店客人的关系等。然后打电话到住客的房间，经客人允许后，才可以让来访者去找住店客人。打电话时要注意语言技巧，如客人在房间，但不能确定其是否愿意接见来访者，可向客人询问："您好，请问×先生/小姐在吗？大堂有一位姓×的先生/小姐找他，不知道方不方便？"如果客人不在房内，切不可将住客的房号告诉来访者，以保证客人的隐私权，避免出现差错和纠纷。

【同步思考5-1】

访客电话查询住店客人怎么处理？

答：①先问清客人姓名，包括要查询的住店客人姓名和来电客人姓名，要注意区别同音字；②在计算机上查询住店客人房号，与客人取得联系后，征求客人意见，经客人同意后再将电话转入；③如果房间没有人接听电话，可建议打电话者留言或稍后再打电话来查询，不可将房号告知打电话者。

(3)住店客人要求房号保密的处理。有些客人由于某种原因，住店后要求酒店对其房号进行保密，无论接待员还是问讯员，接到客人类似要求，具体处理办法如下：①接到房号保密要求时，要问清楚客人的保密程度。例如，是绝对保密，还是只接听某些电话、只接待某位客人的来访等。②准确记录需保密的房号、起止时间和特殊要求。③通知总机做好保密工作。总机或接待处接到查询要求保密的客人的房号时，应该告诉来电者该客人未住本店。④在计算机上设保密标记。⑤当有人来访问要求保密的客人时，一般以客人没有入住为理由予以拒绝。⑥当客人要求解除保密或改变保密程度时，要认真做好记录，取消或更改计算机上的标记，并通知总机和接待处。

【同步案例 5－1】

一位先生入住 1808 房，要求为保密房，第二天一位自称为该客人妻子的女士来酒店前台问讯处询问这位客人的房间，这时该怎么处理？

由于该客人要求保密，因此不得将客人信息告知这位女士，礼貌地回绝该女士酒店查无此人；若该女士非常肯定其夫住在酒店，且声称有急事找他，可采取灵活措施，对女士说“请您稍等，我再到办公室帮您查找一下住客资料”，然后来到后台，与 1808 房客人取得联系，告知前台有人找，看客人反应，若客人仍要求回避，则与女士确认确实查无此人。

2）酒店活动查询

有关酒店内部情况的问讯服务内容通常涉及：

（1）餐厅、酒吧、咖啡厅等营业场所的位置及服务时间。

（2）宴会、会议、展览会举办场所的具体位置及时间安排。

（3）酒店为客人提供的娱乐健身、医疗服务、洗衣服务等方面的收费标准及营业时间等。

对于客人的这类问题，问讯员不能作出模棱两可的含糊回答，如使用“我想可能”、“大概没下班”、“也许还在营业吧”等语言，而是应立即与有关部门联系核实，为客人作出圆满、肯定的答复。对于重要客人，必要时可以安排行李员为其指点引领，消除客人的疑惑和不安的情绪，提供及时、到位的服务。另外，作为问讯员必须熟悉本酒店所有的服务项目和服务设施，积极向客人宣传和推销本酒店产品。

3）店外情况查询

这类问讯服务涉及范围非常广，内容也很多，要求问讯员具有较广的知识面。店外情况查询的内容包括：

（1）酒店所在地区的交通情况，诸如公共汽车、地铁车站、火车站、码头、机场等。

（2）本地区著名旅游景点的位置、特色及与酒店的距离等。

（3）本地主要商业区、购物中心等商业设施情况。

（4）有关餐饮、风味小吃、娱乐场所的位置、经营特色等情况。

（5）政府部门、商业机构、使领馆、大专院校等位置及交通状况等。

（6）国内、国际航班、火车车次的时刻表、价目表等情况。

(7)近期有关大型文体、会展等活动的组织、位置等情况。

为了准确、圆满地回答上述查询,问讯员应具备较高的职业素质,包括善解人意、和蔼可亲的态度,耐心细致,较广的知识面、流利的外语以及较强的应变、沟通、协调能力等。对于当时不能回答的问题,问讯员应向客人致歉,然后迅速查阅有关资料,给客人一个满意的答复。

5.1.2 留言服务

问讯处受理客人留言一般分为两类:访客留言和住客留言。

1)访客留言

访客留言是指来访客人给住店客人的留言。问讯员在接待来访客人时,经核实被访客人不在房间,可以向访客建议,是否给住店客人留言,由服务员将留言转达住店客人。如访客需要留言给住店客人,则请客人填写"访客留言单"(见表5-1),或由客人口述,由问讯员记录,请客人过目,若电话留言则复述给客人予以确认。"访客留言单"通常被印制成一式三联,将第一联装入信封,交给行李员送到住客房间,或将留言信封从房门下塞进房内。第二联放入问讯处的问讯架内。第三联送交总机。这样客人可以通过以上三种途径尽早获知访客留言的内容。问讯员在确认客人已取到留言单后,要及时关闭留言指示灯。留言服务程序如图5-1所示。

表5-1　　访客留言单

女士或先生(MRS OR MR)________　　房号(ROOM NO.)________

当您外出时(WHEN YOU WERE OUT)

来访客人姓名(VISITOR'S NAME)________________

来访客人电话(VISITOR'S TEL.)________________

☐ 有电话找您(TELEPHONED)　　☐ 将再来电话(WILL CALL AGAIN)

☐ 请回电话(PLEASE CALL BACK)　　☐ 将再来看您(WILL COME AGAIN)

留言(MESSAGE)

____

____

____

经手人(CLERK)________　　日期(DATE)________　　时间(TIME)________

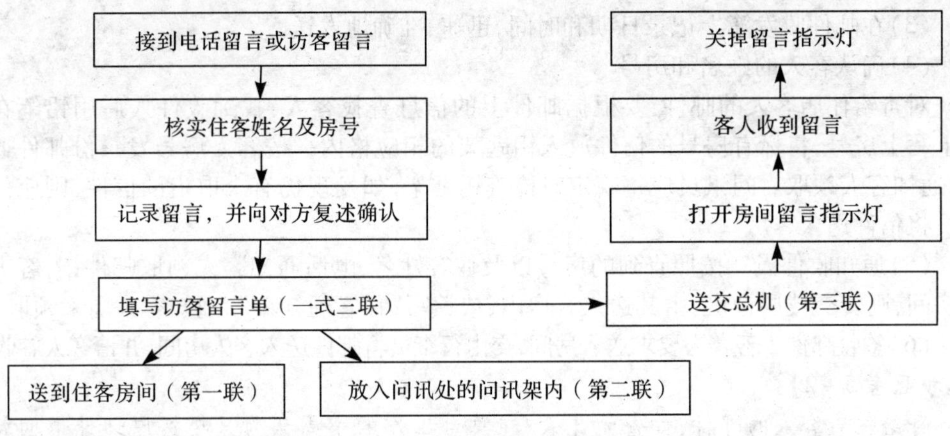

图5-1 留言服务程序

处理访客留言的注意事项：

(1)各班次交接班时应对上一班次和本班次留言处理情况交代清楚。

(2)留言传递要做到迅速、准确。

(3)楼面客房服务员应予以配合,在客人回房间时提醒有关访客留言事宜。

2)住客留言

住客留言是指住店客人给来访客人的留言。住店客人欲离开房间或酒店时,希望给来访者留言,这时,问讯员请客人填写"住客留言单"。"住客留言单"通常印制成一式两联,总台问讯处和电话总机各留一联。在来访客人到达酒店后,经问讯员核实,按住客要求将住店客人所填写的"住客留言单"(应提前装入信封)交给来访者或将留言内容予以转告。提供住客留言服务时应注意以下问题:

(1)交接班时将留言受理情况交代清楚。

(2)"住客留言单"上已标明留言内容的有效期限,即过了有效期来访客人仍未取走,也未接到留言者最近的通知,酒店才可以将"住客留言单"按作废处理。

(3)接受客人电话留言时,要听清客人留言内容,准确记录,经复述,客人确认无误后,再填写"住客留言单",然后按留言服务程序办理。

5.1.3 邮件服务

1)进店邮件服务

进店邮件服务的基本处理流程如图5-2所示。

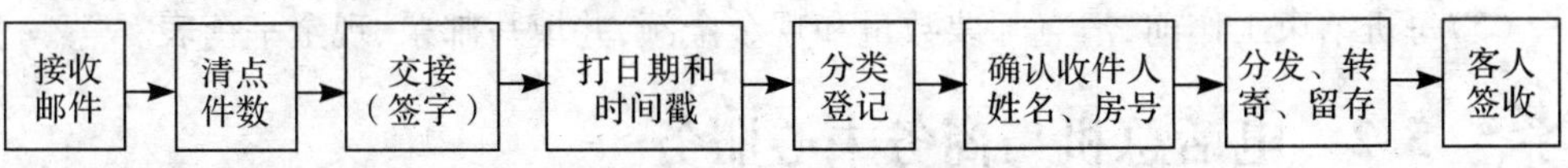

图5-2 进店邮件服务基本处理流程

(1)收到邮件后,应仔细清点件数,与送件员做好交接并签字。

(2)对邮件进行分类,如客人的邮件、员工的邮件、办公单位的邮件等。

(3)在邮件收发簿上记录日期和时间,迅速、准确地发送。

(4)确认客人的姓名和房号。

对寄给住店客人的邮件,要根据邮件上的信息查找客人,找到收件人后用铅笔在信件上写上房号,将标有房号的信件放入钥匙架的相应格内。按客人房号发一份邮件通知单,通知客人领取。问讯员应每晚定时检查钥匙架,如发现仍有未取走的信件,则应派行李员将信件送入客房。

(5)通知收件人。按照查到的房号以及住客姓名,电话通知客人领取邮件;若客人不在房间,则转交楼层台班,由其送入客房内,或填写"住客通知单",通知客人前来领取。

(6)签收邮件。若客人要求送入房间,交由行李员将邮件送入客人房间,并请客人签收。

【同步思考5-2】

寄给住店客人的邮件,如查无此人,在总台工作的小周认为只要按原地址退回就行了,这样处理对吗?

答:不能简单地以一种方法处理,要视如下四种情况分别处理:

(1)该客人曾住过本店,但现已离开。对寄给已离店客人的一般邮件,如客人留下地址,并委托酒店转寄,酒店一般予以办理,否则应按寄件人的地址退回。客人的电报、加急电报等通常应按原地址退回。

(2)客人在本酒店已订了房间但尚未抵店。这种情况应把邮件放在等领邮件架上,或与该客人的订房表一起存档,待客人入住时转交。

(3)客人订房又取消了订房。除订房客人有委托,并留下地址的,酒店应按地址转交外,其余情况一律把邮件退回寄件人。客人快信、电报等,应立即退件。如果客人订房,但推迟了抵店日期,仍要把邮件放在待领架上,或与订房表一起存档,待客人入住登记时转交给客人。

(4)客人姓名不详或查无此人的,立即退回寄件人,平信可保留一段时间,经常查对,确实无人认领后,再退给寄件人。

2)邮寄服务

为了方便住店客人,酒店也可以为客人提供邮寄服务,其关键环节是准确掌握邮资标准。

(1)掌握国内、国际信件邮资标准。

(2)根据客人信件的重量、目的地、邮寄方式,迅速、准确地计算所需邮资。

(3)当面为客人粘贴符合标准的邮资。

(4)按时将信件送往邮局。

(5)每班结束工作前,清点邮票数量和现金金额,并填写邮票、现金平衡表。

5.2 电话总机与商务中心服务

5.2.1 电话总机服务项目及服务规程

电话是对客服务的桥梁,话务员每天处理的电话业务很多,其服务质量直接影响客人对酒店的印象。总机房在对客服务及酒店经营管理过程中发挥着非常重要和不可替代的作用。总机话务员以电话为媒介,用悦耳动听的声音为客人提供各种话务服务,被称为“看不见的接待员”。电话总机主要负责电话转接及为客人提供查询和叫醒服务,当酒店内部有紧急事情需要转达时,可以提供店内传呼服务,出现紧急情况时,总机房还可成为酒店管理人员迅速控制局势并采取有效措施的临时指挥协调中心。

1)电话转接服务

(1)电话铃响三声之内必须应答。

(2)主动问候客人,报出酒店名称或岗位,一般采用先英文再中文的顺序。

外线应答:“Good morning/afternoon/evening, ××Hotel. May I help you? 早上好/下午好/晚上好,××酒店,请问有什么可以帮到您?”

内线应答:“Good morning/afternoon/evening, Operator. May I help you? 早上好/下午好/晚上好,总机,请问有什么可以帮到您?”

接听电话时要注意:①与客人通话时,声音清晰、自然、亲切、甜美,音调适中,语速正常。②要让对方在电话里听出服务员的微笑,有亲切感。③要能够辨别主要管理人员和熟客的话音,并给予恰当的尊称。

(3)话务员转接电话时,应认真听完客人讲话后再转接,并说“请稍等”。如果没有听清楚,可礼貌地请客人重述一遍。

(4)如果客人打错电话进来,应有礼貌地对客人说:“对不起,您打错了。”如果总机恰好能查到错打地方的电话,应帮客人查询。

(5)如果电话占线,应向客人说明并请客人等候:“对不起,电话占线,请您稍等。”同时播放背景音乐。

(6)转接后若无人应答,铃响五声后,话务员应委婉地向客人说明:“对不起,电话没人接,请问您是否需要留言?”需要给房间客人留言的电话,应由总台问讯员处理,向问讯员简单说明后再接转。

【同步思考5-3】

如果来电者只告诉了客人的房号,能否直接转接?

答:不能。应该先了解要找的客人姓名,打开计算机进行查询核实,若住客信息与来电者所述吻合,再行转接。

2)查询服务

(1)客人查询电话号码时,话务员应先请客人稍等,快速查明后通知客人。如果查询需要进行较长时间,应主动征询客人意见,询问客人是否可以先留下电话号码,待查实后,再告诉客人。

(2)查询住店客人房间电话时,话务员应先礼貌、委婉地进行核准,再予以接转,未经住客同意,不能泄露客人房号。

(3)如果暂时找不到被访客人,话务员应立即与总台问讯处联系或进行查找,不能简单回绝。

(4)话务室内可设记事板,用于记载有关通知和事项,提醒话务员注意。

3)叫醒服务

电话叫醒服务(Wake-up Call)是酒店对客服务的一项重要内容,涉及客人的计划和日程安排,特别是叫早服务(Morning Call)往往关系到客人出行的航班和车次,因此,绝对不能出现差错,贻误叫醒时间。否则,会给酒店和客人带来不可弥补的损失。酒店向客人提供的叫醒服务的方式有两种:人工叫醒和自动叫醒。无论哪种方式,话务员都应认真、仔细。

(1)客人申请叫醒服务,必须要将客人的房号、叫醒时间记录在"住客叫醒登记表"上,并向客人重复一次委托内容。

(2)叫醒客人时,要有礼貌地先用普通话再用英语重复说:"早晨好,现在时间是早上××点钟,您的叫醒时间到了。"如果5分钟或10分钟后无人接电话,要去敲门,直到叫醒客人为止。

(3)有时客人被电话叫醒后,又会睡着。服务员在叫醒客人时,如觉得客人的回答不太可靠,应过5分钟后再叫醒一次,以确认客人是否起床。

(4)对迟醒的客人要告诉他:"先生/小姐,按叫醒时间您已经晚了××分。"并将客人晚起的时间登入档案,以便日后客人投诉时,作为解释的依据。

(5)使用自动叫醒系统的酒店,问清客人叫醒日期、时间、房号等以后,填写"叫醒记录单",然后及时将叫醒要求输入计算机。话务员应当在当日最早叫醒时间之前,检查叫醒机和打印机是否正常工作。当客人通过电话申请叫醒后,到了预订时间,客人的电话机将自动响铃,拿起耳机即可听到提醒语音;如果响铃时间已达1分钟而无人接电话时,铃声即自动终止;过5分钟后再次响铃1分钟,如果第二次响铃仍无人接听,则要前去敲门叫醒客人。发生设备故障时,应立即通知总台问讯员和客房服务中心,并采用人工叫醒服务程序,直到设备修复。

(6)叫醒服务要讲究技巧,注重服务的方式和语气,应尽可能使客人感到体贴和温馨。清晨客人睡得正香,叫醒客人的电话铃应轻、短,如果这种温雅的方式不见效时,才可逐步提高铃声的音量并延长时间。叫醒服务应使用客人听得懂的语言,使客人在早起时有一种愉快的心情。

【同步思考5-4】

引起叫醒失误的原因有哪些?如何避免和减少叫醒失误?

答:叫醒失误可能由酒店和客人两方面原因引起:

(1)酒店方面的原因:话务员的漏叫或叫错;已经记录叫醒要求,但忘记输入计算机,造成自动叫醒无法进行;叫醒设备出现故障等。

(2)客人方面的原因:客人在要求叫醒时报错房号;客房内的电话听筒没放好,造成电话无法振铃;客人睡得太沉,没有听见电话铃声或是叫醒后又睡着了。

(3)为了减少和避免叫醒失误,应该采取一些措施和手段:

①定期检查叫醒设备的使用情况,如有故障应及时报请有关部门尽快维修。

②在接受客人叫醒服务的要求时,要问清客人的房号和叫醒时间,并与客人复述

核对。

③当班话务员要及时查看自动叫醒设备运作情况,如发现叫醒没有得到有效实施,应及时通知楼层服务员、客房服务中心或大堂副理,对客人进行人工叫醒或敲门叫醒。

④为防止由于客人自身原因没被叫醒却反将责任推卸给酒店,酒店可对叫醒服务作录音处理。

5.2.2 商务中心服务项目及服务规程

对于商务客人来说,酒店内的商务服务是否周全、及时,关系到能否顺利完成公务目的,所以酒店内的商务设施应值得关注。为方便客人,酒店一般都在大堂附近设有商务中心(Business Center),环境安静、舒适、优雅,专门为客人提供商务洽谈、打印文件、网络服务、收发电子邮件和传真、复印、翻译等服务。商务中心是现代酒店的重要标志之一,是商务客人经常光顾之处,是客人"办公室外的办公室"。

由于商务中心工作的特殊性,考虑到客人的需求,商务中心应配备齐全的设施设备和用品,包括会议室、谈判间、传真机、复印机、可上网的计算机、打印机、扫描仪、直拨电话、投影仪、幻灯机、录像机、大屏幕电视和其他办公用品,以及商务辅助工具,如多语种字辞典、计算器、电话簿、最新航班时刻表、车船时刻表、报纸、杂志等信息资料。服务人员应热情礼貌、业务熟练、服务快捷,为客人提供高水准、高效率的商务服务。

1)复印服务

(1)主动热情地问候客人。

(2)问清客人要求,接过文件原件,介绍收费标准。

(3)选择纸张规格、复印张数及深浅程度。

(4)将文件原件放在复印平面上,检查纸盒有无纸后,按操作要求复印。

(5)若要复印多张,或调整比例,应先查看第一张复印效果,如无问题,方可连续复印。

(6)复印完毕,取出复印件和原件并如数交给客人。

(7)主动询问客人是否需装订,若需要,则应为客人装订好。

(8)按规定价格计算并收取费用。

(9)如果客人提出挂账,应请客人出示房卡,与计算机核对后,请客人在账单上签字。

2)打字服务

(1)问清客人对打印文件的格式、排版、字体、时间等要求,复述并确认。

(2)浏览原稿件,查看是否有字迹不清楚之处,若有不清楚之处,应向客人确认文字。

(3)主动介绍收费标准。

(4)告知客人打印文件的完成时间,并请客人稍候或回房间等候。

(5)打印初稿后,立即请客人校对或修改。

(6)按照客人要求予以修改,并再次核对。

(7)客人确认文件定稿后,询问每一个文件是否存盘及保留的时间,或按客人要求拷贝、删除。

(8)把打印好的文件交给客人,并收取费用。

3)接收传真

(1)收到传真来件后,立即进行核实,包括客人姓名、房号、付款方式等内容,并将接收"OK 报告单"与来件放在一起。

(2)填写"商务中心传真来件接收统计记录表"。

(3)电话通知客人有传真来件,并告诉客人行李员会很快将传真件送到房间。

(4)如客人不在房间,立即填写留言单,并由行李员将留言单送入客房。

(5)遇到疑难传真来件时,应及时向大堂副理请示汇报。

4)发送传真

(1)问明客人传真发往的国家和地区。

(2)向客人说明收费标准。

(3)填写"发送传真申请单"。

(4)按照"发送传真申请单"将对方传真机的号码输入传真机,确认无误后,按下发送键。

(5)传真发送完毕,将"OK 报告单"与传真稿件一并交给客人。

(6)如果对方传真机未接通,呈通话状态,文员在听到提示音后,迅速告知对方要发送传真,请对方接通传真机。

(7)出现线路占线传真暂时发不出去时,应礼貌地请客人稍坐,继续拨发,直到发送完毕。

(8)按规定的价格计算费用,办理结账手续。

(9)填写"商务中心日发送传真统计表"。

5)秘书服务

(1)了解客人的要求。如需要秘书服务的工作范围、需要提供秘书服务的时间和地点等。

(2)告知客人服务收费标准。

(3)弄清客人的身份,如姓名、房号、付款方式等。

5.3 结账服务

结账服务由前台收银处负责,一般总台结账业务划归财务部管辖。收银员应该了解并掌握总台结账服务的主要工作任务、操作规程及相关要求,快捷、准确地为客人提供结账服务。总台收银处的主要工作任务包括客账管理、外币兑换业务、贵重物品保管等。酒店通常为客人提供一次性结账服务,为确保每日结清客人住店期间所发生的费用,保证客人全部赊欠账款按期回收,避免逃账、漏账及工作失误,收银员必须认真执行客账管理制度和规程,加强与相关部门和岗位的协调合作,接受财务部的审核、监督,确保酒店利益和客人利益均不受到损害。

5.3.1 客账管理

客账管理是一项十分细致而又复杂的工作,时间性和业务性都很强。其工作的好坏直接关系到能否保证酒店的经济效益，能否准确反映酒店经营业务活动的状况，也反映了酒店的服务水平和经营管理效率。因此，要做到账户准确、转账迅速、记账准确、结账准确快捷。

1）建账

在客人办理完入住登记手续后，总台接待员应根据“住宿登记表”和“客房预订单”有关内容，按不同客人类型制作相应的账单，并连同“住宿登记表”（账务联）立即送交总台收银处。总台收银处接到接待员开具的客人账单后，按照不同类型账单予以核收并建账。

（1）针对散客：

①签收客人账单。

②检查账单各项内容，如客人姓名、房号、房型、房价、抵离店日期、付款方式等是否填写齐全、正确。如有异议，应立即与接待员核实。

③核准付款方式。如果使用信用卡支付账款，应检查账单中所附的信用卡签购单是否压印齐全，并查验信用卡有效期等。

④对照信用卡公司或银行机构所发“黑名单”（注销名单）予以核实。

⑤检查有关附件如“住宿登记表”、“房租折扣审批单”、预付款收据等是否齐全。

⑥将客人账单连同相关附件放入标有相应房号的分户账夹内，存入住店客人账单架中。

（2）针对团队：

①签收团队总账单。

②检查总账单中团队名称、团号、人数、用房总数、房价、付款方式、付款范围等项目是否填写齐全、正确。

③查看是否有换房、加房或减房、加床等变更通知单。

④建立团队客人自付款项的分账单，注意避免重复记账或漏记账单。

⑤将团队总账单按编号顺序放入相应的团队账夹内，存入住店团队账单架中。

2）记账

（1）散客或团队客人在店期间所发生的费用，要分门别类地将该客人按房号设立的分户账准确记录各项费用，如客人应自付款项中的长途电话费、洗衣费、传真费、餐费、健身娱乐费等。下面以餐费为例说明记账的程序，如图5-3所示。

（2）客人支付的预付定金、预付款、转记其他客人分户账及应收账款，应分门别类地准确记入该客人的分户账。

（3）核收店内各营业点传递来的各种账单（凭证），并逐项核准项目、单位名称、金额、日期、客人姓名、房号、客人签字及经手人签字等。

（4）将核准的账单（凭证）内容分别记入分户账或总账单内。注意把结账时要交给客人的单据与分户账单收存在账夹内，其他单据按部门划分存收，交稽核组复核。

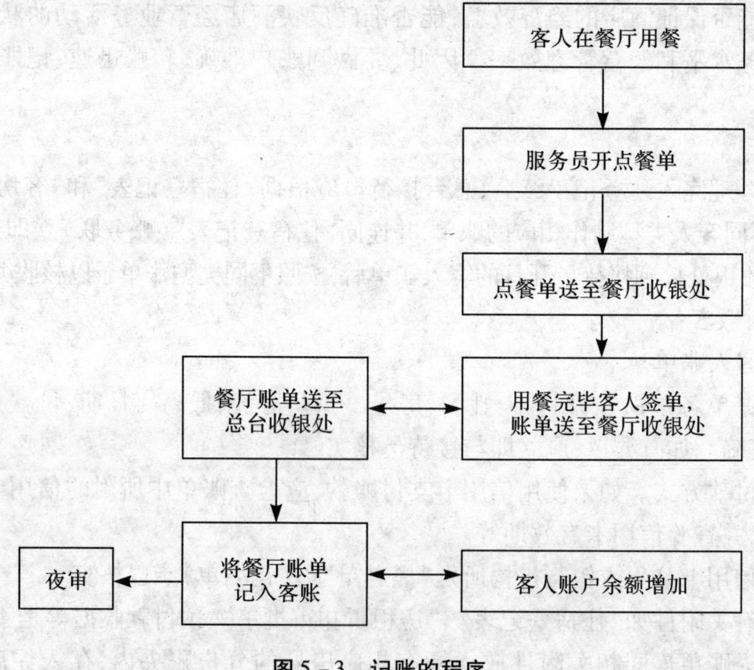

图5-3 记账的程序

3)结账

星级酒店一般采用“一次结账”的收款方式。所谓“一次结账”,指客人在酒店花费的全部费用在离店时一次结清。这样,既能给客人带来方便,又能够留下服务态度好、工作效率高的良好印象。

客人的结账方式一般有三种:第一种结账方式是现金支付,这对酒店来说是最理想的,因为酒店收取现金以后可以马上使用;第二种结账方式是用信用卡支付,这种结账方式比较方便,同时酒店的应收款项也可得到保证;第三种结账方式是使用企业之间的记账单来支付酒店费用。

(1)散客结账。散客结账基本程序与标准见表5-2。

表5-2 散客结账基本程序与标准

程序	标准
1. 准备工作	收银处夜班员工在下班前要将预定当天离店客人的账户抽出,检查应收款项,做好结账准备。
2. 问候核实	(1)客人离店要求结账时,收银员应面带微笑,主动迎接客人; (2)问清客人房间号,找出账卡,重复客人的姓名,以防拿错; (3)收回客房钥匙。

续表

程序	标准
3. 通知相关部门	(1)通知客房服务中心检查客房状况,包括是否有客人遗留物,房内小酒吧是否有动用,客房物品是否齐全及有无损坏等; (2)询问客人是否还有其他即时消费,如电话费、餐饮消费等,如有,则应该填写杂项单、吧单等,并输入计算机,以防漏账。
4. 完成结账	(1)打出客人消费账单,请客人检查、确认并在账单上签字; (2)与客人确认结账付款方式,根据客人的不同付款方式进行结账,询问客人是否需要开具发票。
5. 行李服务及告别	(1)通知行李员提供行李服务,询问客人是否需要下次预订和连锁酒店的预订; (2)对客人表示谢意,并欢迎再次光临。
6. 善后工作	做好账、款的统计工作和资料的存档工作,以便夜间审计。

散客结账时的注意事项:客人延时退房需加收房费。客人中午12:00以后下午18:00以前退房一般按半天房费收取费用,若超过下午18:00退房,则加收一天的房费,若客人有异议,则请大堂副理出面协助解决。酒店有优惠延时退房规定的除外。

(2)团队结账。团队结账基本程序与标准见表5-3。

表5-3　　团队结账基本程序与标准

程序	标准
1. 准备工作	在团队结账前半小时做好结账准备,提前将团队客人每天的房租、餐费等项目逐一核对,结出总账和分类账。
2. 通知查房	收回房卡,并将团队的名称及房号通知客房服务中心,通知服务员查房。
3. 完成结账	(1)打印团队账单,请客人审核、签字; (2)有些费用是客人自付的,如洗衣费、长途电话费等,由客人用现金支付。
4. 告别	向客人表示感谢,祝客人旅途愉快。

团队结账时的注意事项:①团队客人的房价不能透露给其他客人;②客人自付项目与接待单位或旅行社支付项目要分开结算。

【知识链接5-1】

信用卡支付注意事项

信用卡支付作为一种非现金交易付款的方式,可减少因携带大量现金而带来的麻烦,因而受到越来越多的客人的喜爱。在客人选用信用卡支付时,前台收银员应注意以下几个方面的问题:

(1)信用卡必须在有效期内。

(2)客人使用的信用卡在本酒店可接受的信用卡种类范围内。

(3)根据最新收到的“黑名单”或“取消名单”，检查信用卡号码是否在被取消之列。

(4)持卡人的有关证件和签字必须与所持信用卡的内容一致。

(5)持卡人的消费金额必须在此种信用卡的最高限额之内。

(6)信用卡上的全部资料都要清楚地压印在账单上，刷卡的日期要正确。

(7)结账时，收银员在压印好的账单上填写客单上的消费总额，须交给客人签字认可。

4)夜审及营业报表编制

在许多酒店中，收银处夜间查账员除了上述业务，还要承担夜间审核和营业报表编制的工作。

(1)夜间审核。夜间审核的内容包括：①检查所有营业部门的账单是否都已转来；②检查所有单据是否都已登上账户；③将所有尚未登账的单据登上账户；④按部门将单据分类，计算出各部门的收入总额；⑤累计现金表，检查收到现金和代付现金的总额；⑥检查所有现金表上的项目是否都已登在账户上；⑦检查所有优惠是否都有签字批准，是否登在账户上；⑧将当日房租登记在账卡上；⑨将每个账卡的借方和贷方金额分别相加，得出当日余额；⑩将当日余额记入下一日新开账页的“接上页”行内。

此外，夜审员应将账户上的信息按项目登录到有关的账册上并求出总数，然后，做好下列核查工作：①核查每个营业部门的借方栏总数是否与相应的销售收入一致；②将现金收入栏和代付栏总数与现金表相比较，以确认两数相符；③核查折让与回扣总数是否与有关单据上的总数相符；④将开账余额栏的总和与上一天结账时的余额总和相比较，核查是否相符。

(2)营业日报表的编制。营业日报表是全面反映本酒店当日营业情况的业务报表，一般由前厅收银处夜审人员负责编制，其中一份于次日清晨送往酒店总经理办公室，以便酒店总经理及时掌握营业情况，另一份送交财务部门作为核对营业收入的依据。营业日报表的编制方法和步骤如下：

第一步，统计出当日出租的客房数、在店宾客数及客房营业收入。①所出租客房数、住店的零星散客数及其用房数、零星散客的用房营业收入；②免费房、待修房、空房、内宾用房以及职工用房的数量；③在店团体的用房数、住店团体人数及其用房营业收入。

第二步，统计出当日离店宾客数、用房数以及当日抵店宾客数、用房数。汇总出当日出租的客房数和在店宾客数，其计算方法为：

当日出租的客房数＝昨日出租客房数－当日离店宾客用房数＋当日抵店宾客用房数

当日在店宾客数＝昨日在店宾客数－当日离店宾客数＋当日抵店宾客数

第三步，检查核对当天的客房营业收入。主要项目有：①核对零星散客的租金收入；②核对团体的租金收入；③核对当日房价变更的统计结果。

第四步，计算出当日的客房出租率和实际平均房价。

为更详尽地反映出具体的数据，有些酒店还要求分别统计出团队用房率，以及散客的平均房价。其计算公式为：

$$客房出租率=\frac{已出租客房数}{酒店可供出租的客房总数}\times 100\%$$

$$团队用房率=\frac{团队用房数}{已出租客房数}\times 100\%$$

$$平均房价=\frac{客房营业收入}{已出租客房数}\times 100\%$$

$$散客平均房价=\frac{散客用房租金收入}{散客用房数}\times 100\%$$

此外，根据预订资料和客房状况资料，统计出明日预订抵店宾客用房数和明日离店宾客退房数，可计算出明日预订出租的客房数和明日客房出租率。

客房营业日报表见表 5－4。

表 5－4　　客房营业日报表

楼层	固定客房数								客房收入	住店客人数						项目 种类	房间数	人数
	出租客房				空房	待修房	内用房	小计		零星		团队		内宾	小计			
	零星	团队	内宾	免费						外宾	内宾	外宾	内宾					
1																昨日在店		
2																今日离店		
3																今日抵店		
4																今日总数		
5																空房		
6																待修房		
7																内用房		
8																总客房数		
合计																		
出租套房	收入	团队收入							种类				房间数	人数		实际可用客房		
		房费变更							预订客房							出租率		
		客房总收入							明日抵店							团队用房率		
		其中，外宾收入							明日离店							平均房价		
									明日出租率									

送：

总经理室________________　　服务部________________

副总经理室________________　　值班经理________________

前厅部____________　　制表人____________　　复核人____________

5)特殊情况的处理

(1)客人出现欠款情况。如果客人在入住登记时交纳的押金已经用完而继续消费时,收银员应及时通知客人补缴,防止出现逃账现象从而给酒店造成经济损失。催款时应注意语言艺术和方式方法,可以用电话通知客人,也可以用书面形式通知客人。

(2)他人代付房费。他人代付房费时,最好有客人的书面授权,以免出现纠纷。

(3)结账时要求优惠。客人在结账时,往往以各种理由要求优惠,这时要视具体情况而定。如果符合优惠条件,收银员要填写"退账通知书"(一式两联,分交财务处和收银处),然后由前厅部经理签字认可,并注明原因,最后在计算机中作退账处理。

(4)迟到款项。在客人结账业务的处理中,客人的迟到款项是一个十分棘手的问题。所谓迟到款项即客人离开酒店后才由营业中心转到总台的费用项目。迟到款项最有可能发生的部门是餐厅、酒吧、电话以及客房服务费用。如果这些费用不能及时收取,酒店的经济收入将受到影响。

尽管某款项是可追加收取的,但是酒店必须花费一定的附加费用。因此,收银处必须设计标准的预防和处理类似问题的工作程序和方法。

(5)结账退房时的纠纷。客人在结账退房时,可能会出现因损坏客房设施,或因客房用品丢失而要求赔偿所引起的纠纷,酒店要妥善处理这类问题。

5.3.2 外币兑换业务

酒店为方便中外宾客,经中国银行授权,根据国家外汇管理局公布的外汇牌价,代理外币兑换以及旅行支票和信用卡业务,由前台收银处具体负责此项工作。外币兑换员和总台收银员应接受规定项目的专门技术、技能操作培训,增强识别假钞能力和安全防范能力,维护国家尊严和利益。

外币兑换服务的工作程序如下:

(1)客人走近兑换台,应礼貌地向客人问好。

(2)问清客人的兑换要求。

(3)清点、唱收客人需兑换的外币币种和金额。

(4)使用验钞机鉴别外币的真假,并检查其是否属于现行可兑换的外币之列。

(5)填制水单,查清当日现钞牌价,将客人姓名、护照号码、外币名称、金额、兑换率及应兑金额填写在水单相应栏目内,并准确地换算。

(6)请客人在水单上签字。

(7)由另一名收银员(兑换员)检查复核。

(8)将兑换金额付给客人。

(9)与客人道别。

5.3.3 贵重物品保管

酒店为保障住店客人的财产安全,通常免费提供贵重物品保管服务。贵重物品保管服务一般有两种方式:一种是设在客房内的小型保险箱,密码由客人自己设定,操作简单,方便实用;另一种则是设在总台的客用保管箱,由收银员负责保管。总台客用保管箱一般设置在总台收银处后面或旁边单独的一间房内,每个小保管箱都有两把钥匙,一把由收银员保管,一把由客人保管,两把钥匙同时使用时,才能开启保管箱。贵重物品保管程序如图5-4所示。

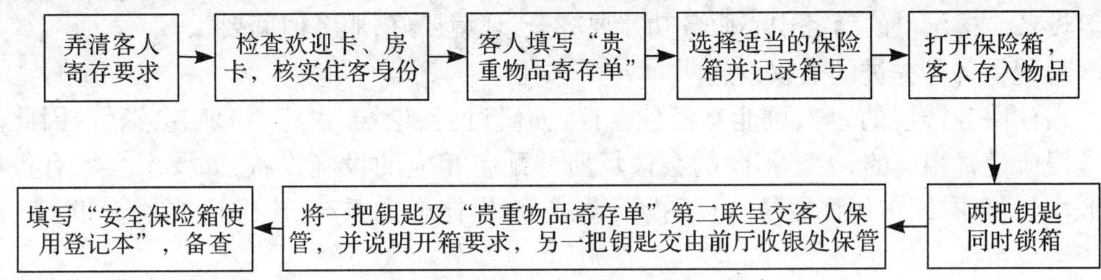

图5-4　贵重物品保管程序

贵重物品保管的注意事项:

(1)客人每次使用保险箱,都必须出示房卡、保险箱钥匙,收银员都必须填写开箱记录,如日期、时间、签名等,必须逐项填写并加以核对。

(2)如果客人丢失了保险箱钥匙,则应由大堂副理出面处理。大堂副理确认其身份,并请其填写开箱记录;向客人说明赔偿费用情况;填写“杂项附加费单”,请客人签字,交前台收银处入账;通知工程人员到场撬锁,撬锁时客人、大堂副理、收银员及保安部人员等都必须在场。收银员在保险箱使用登记本上登记。

(3)前台收银员每个班次都应认真检查保险箱的使用情况。

(4)非住店客人及酒店内员工一律不得使用保险箱,特殊情况要经过一定的审批手续。

5.4　商务楼层服务

现代高档豪华酒店一般都设有商务楼层,也叫行政楼层(Executive Floor),专门接待商务客人等高消费客人,为客人提供优质服务。该楼层提供有别于普通客房楼层的贵宾式服务,因此,被人们誉为“酒店中的豪华酒店”。酒店的商务楼层是为满足许多对服务标准要求高并希望有一个良好商务活动环境的客人所特别设置的楼层。它拥有自己的小型总服务台,客人可在此办理入住登记手续和离店手续,宽敞华丽的休息室可供客人会客、洽谈及阅览报刊。客人还可以在此享用美味的早餐、茶点和鸡尾酒。房间豪华舒适,并专为商务客人设置了办公台。完备的委托代办服务为客人解决文秘、通信及交通方面的问题。每一位入住商务楼层的客人都将受到贵宾般的接待,高贵优雅的环境及细致快捷的服务,为商务客人在生意上的成功和生活上的享受都创造了极佳的条件。

商务楼层的管理是一套相对独立运转的接待服务系统,在行政管理上通常隶属于前厅部,在人员素质和服务内容上,均有不同于总台的特殊要求。

5.4.1 硬件设施要求

商务楼层的客房样式、大小与普通客房存在一定程度的差异,它所提供的日用品及客房室内装潢应力求高档。现代商务楼层的象征不仅是“豪华”,还需与电子技术和计算机设备紧密联系起来。

1)提供商务设备设施

商务设备设施包括语音信箱、信息网络、视听设备、电话答录设备以及复印、传真、打印等设备。楼层上的商务中心服务功能要齐全,环境要好,服务时间要长。

2)提供各种先进的会议设施

入住商务楼层的客人可能有各种会议,如研讨会、论坛、讲座、培训、会谈等,因此商务楼层应设置相应的、大小不同的会议场所并配备相应的设施设备,如要求会场有各种信源接口,具有同声传译系统、电子投票系统、多媒体咨询系统、声像播放系统和多功能电子会议系统。

3)对客房设备设施的要求

商务楼层应尽可能为客人提供宽敞的活动空间,客房的照明应达到便于工作的足够亮度,办公桌要宽大。由于手提计算机的流行,桌面高度开始降低,以方便操作。有些酒店的办公桌极大,上面放置传真机和打印机,并配有调制解调器,安装了更多的插座。

5.4.2 服务要求

入住商务楼层的客人除了希望得到一般宾客"家外之家"的享受外,更希望得到"公司外公司"的服务,它要求商务楼层为这些商务客人提供其公司从事公务活动所需要的服务,如管理服务、经纪服务、信息服务、文秘服务、交通服务、休闲服务和保健服务等。他们希望有专门的早餐和酒吧;他们要求有适当的洽谈公务的场所,齐全的娱乐健身设施,如健身房、网球场、游泳池、桑拿房等;他们要求房间内提供更多的文具,有保险柜、供会客用的额外的椅子等;他们对传真、电话、计算机、打字、复印、秘书等商务服务有很高的要求,酒店还应具备快捷方便的通信手段;他们对价格和付款方式往往不太注重,但对叫醒服务、邮件传递服务、洗熨衣物服务等较其他客人有更多的要求。

1)人员的专业素质和特殊素质要求

在商务楼层从事接待服务的管理人员及服务人员,在形体、形象、气质、知识、技能及外语等方面条件突出,均接受过严格、系统的专业培训。他们在熟练掌握了前台预订、接待、结算等技能的同时,还应掌握商务中心、餐饮方面的服务技能和技巧,尤其善于与宾客交往、沟通,能够圆满地处理客务关系,合作与协调性强。

2)个性化的私人管家服务

商务客人之所以优先选择商务楼层,设施及环境的舒适条件固然是重要因素,但最被他们看重的是商务楼层所提供的细致入微的、个性化的"私人管家"服务。

(1)对客人一见如故。商务楼层的接待服务人员只要见过客人一次,第二次再见面时就可以称呼客人的姓名和头衔,客人由此产生被重视和被特别关照的心理满足感和荣誉感。

(2)对客人体贴入微。商务楼层的接待服务人员对每一位在此下榻的客人都要作详尽的客史档案记录,记录下客人的喜好、偏好,使客人每次下榻时都会惊喜地看到按自己的习惯和喜爱的方式布置的房间,甚至连自己所喜爱的某种品牌或特殊规格的物品都已放在熟悉的位置。因此,商务楼层的房价虽然大大高出普通客房的房价,但是却不断吸引着众多的回头客及商务客人。

(3)提供特殊服务。价格昂贵的商务楼层实行了许多特殊的服务,有"单独入住登记"——客人进入酒店,穿过大堂,直奔电梯,然后来到商务楼层特有的单独总台。在这里,客人不用按传统的方式排队办理入住登记手续,设有客人专用座椅,客人可边办手续边休息,酒店往往也同时为客人提供免费的酒水和饮料,以供客人在长途旅行之后消除疲倦和解渴,这里的服务员都是经过专门训练的高级职员,外语娴熟,谈吐优雅,而且反应敏捷。能提供个性化服务是商务楼层客人的普遍要求,酒店根据对客人详细的资料收集,尽可能地提供针对性的服务,达到服务的高水准。对于入住商务楼层的客人,酒店应通过网上信息平台获取客人的兴趣与偏好,针对客人的个性需求和自身能力重新整合酒店产品,全面提升服务和管理水平,充分体现酒店与顾客共同设计产品的特色,客人在自己参与"设计"的酒店里,会得到最大程度的满足。

知识题

5.1 住店客人要求房号保密该如何处理?

5.2 如何做好电话转接服务?

5.3 简述散客离店结账程序与标准。

5.4 简述贵重物品保管程序。

实务题

某店518房间的张先生正在总台收款处核对账单准备结账离店时,楼层服务员打来电话,通知收款员该房少了一件浴衣。如果你是前台收银员,接下来你该怎么做?

案例题

凌晨两点,有一位女士来电要求转接416房间,话务员随即迅速地将电话直接转入了416房间。第二天上午,大堂副理接到416房间住客孙小姐的投诉电话,说昨晚的来电找的并不是她,她的正常休息受到了干扰,希望酒店对此作出解释。经大堂副理调查,原来凌晨两点来电的女士要找的是前一位住416房间的客人,而前一位住416房间的客人恰恰于昨晚9点退房离店了,孙小姐是后半夜12点半登记入住的,刚洗完澡睡下不久,就被电话铃声吵醒了。于是,大堂副理登门向孙小姐道歉,同时解释那位女士确实要转接416房间,而孙小姐并没有要求保密或免于打扰,故按理话务员将电话接入房内也没有什么错,只是因此而影响了她的正常休息,大堂副理代表酒店深表歉意。幸好,孙小姐也是个通情达理的人,接受了大堂副理的致歉。

谁知一波未平,一波又起。原住416房间的刘先生紧接着也打来了投诉电话,说昨晚他太太打电话来找他,由于话务员不分青红皂白就将电话接了进去,接电话的人又是位小姐,显然无意中引起了太太的误会,导致他回到家太太就跟他翻脸。刘先生说此事破坏了他们夫妻俩的感情，如果不给他一个圆满的答复，他一定不会放过那个话务员，且今后他将让他公司的人都不再入住此酒店。

问题：总机如何预防此类事情的发生？

实训题

实训项目：前厅服务。

实训目的：通过实训，掌握客人查询服务、电话转接服务、留言服务及退房结账服务的工作程序和内容。

实训步骤：(1)查询服务；

(2)电话转接服务；

(3)留言服务；

(4)退房结账服务。

实训成果：两个同学为一组，进行角色扮演，设计模拟情景，分别演示查询服务、电话转接服务、留言服务及退房结账服务，并形成书面实训报告。

第6章 客房部认知

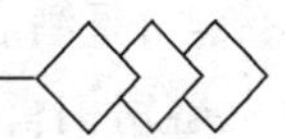

学习目标

知识目标:了解客房部的地位和作用;熟悉客房部的主要任务;了解客房部的机构设置。

能力目标:理解客房部的业务特点;掌握客房部主要岗位职责;能协调客房部与酒店其他部门的业务关系。

素质目标:培养客房部服务人员的基本业务素质及相关的职业道德素养。

【引例】

温馨浪漫的"客房生日"

广州某五星级宾馆住进一位姓李的先生,入住的第三天恰好是李先生的生日,总台通知了客房部。客房部进行了精心策划,派了几位女服务员晚上带着礼品前往祝贺。在房门前,一位服务员按响门铃,并用手掌遮住窥镜。李先生在房内正寂寞无聊,听到门铃声,来到门前通过窥镜向外张望,窥镜被挡,他什么也看不见。李先生疑惑地打开门,门外响起悦耳的歌声:"祝你生日快乐……"同时看到几位端庄美丽的服务小姐,面带天使般的微笑,一边唱歌,一边向他的身上撒下花雨般的彩纸。前面的服务员手捧鲜花和生日蛋糕向客人表示祝贺。进入房间,服务员关上电灯,随即点上生日蜡烛,在歌声中,服务员与李先生一起吹灭蜡烛,随后服务员悄悄退出房间。当李先生再度打开电灯,房间内静悄悄,只有一束美丽的鲜花和精致的生日蛋糕摆在那里,鲜艳夺目,向客人表示着真挚的祝福,李先生沉浸在欢乐与幸福之中。第二天,李先生给宾馆总经理打电话表示感谢,他说:"谢谢总经理和所有员工对我的关怀,我在贵店过了一个温馨浪漫的生日,下次我还会再住贵店的。"

资料来源:张永宁. 1999. 饭店服务教学案例[M]. 北京:中国旅游出版社.

6.1 客房部的地位、作用与任务

客房部(Housekeeping Department),又称房务部或管家部,是酒店向客人提供住宿服务的部门,为住店客人提供各种客房服务项目,负责客房设施设备的维护保养,并承担着客房和酒店公共区域的清洁卫生工作。客房服务质量的好坏直接影响客人对酒店产品的满意度,也对酒店的声誉和经济效益产生重大影响。

6.1.1 客房部的地位和作用

1)客房是酒店经济收入的主要来源

客房是酒店的主体部分,是酒店存在的基础。客房产品是酒店经营的最主要的产品之一,客房销售收入是酒店收入的主要来源,在整个酒店经营中占有重要地位,主要体现在两个方面:一是客房销售收入占酒店营业收入的比例高。从世界范围来看,客房收入通常占酒店营业收入的50% ~60%,有的酒店甚至超过70%。二是客房的利润率高。因此,客房部的工作对于酒店的经济效益至关重要。

2)客房服务是酒店服务质量的重要标志

酒店为客人提供住宿、餐饮、娱乐、购物等服务,客房则是客人在酒店的主要生活区域,也是客人在酒店中逗留时间最长的地方,客人下榻酒店在客房的时间一般超过60%。所以,客房的设备是否先进齐全,客房是否清洁舒适,客房服务员的服务态度是否热情、服务技巧是否娴熟,都成为客人衡量酒店等级水平以及衡量“价”与“值”是否相符的主要依据。而同属客房部服务范围的酒店公共区域(如大堂、洗手间等)的环境、设备和服务,无论对于住店客人还是非住店客人来说,都是酒店服务质量的重要体现。

3)客房管理与服务是连接市场销售和客人消费的纽带和桥梁

客房是带动酒店经营活动的枢纽。客人只有入住酒店,客房出租率才能提高,酒店的一切设施设备才能发挥作用,从而带动整个酒店的经营活动。这种作用主要表现在三个方面:第一,客房管理要开发市场,组织客源,必然和市场发生广泛的联系。例如,外出推销、广告推销、预订推销、拜访客户、签订合同及协议等,从而有利于掌握市场动向、特点、发展趋势和客人需求变化。第二,客房服务过程与客人的消费过程同时发生,以面对面的服务为主,其质量高低必然对客人的心理产生影响。提供高质量、高效率和带有人情味的服务,可以充分发挥客人“活广告”的作用,从而增加客源,引导消费。第三,客房服务与酒店各部门服务是互相联系、互相依存的,加强客房服务与餐饮、娱乐等各部门服务的协调与配合,又会提高酒店整体服务质量,提高酒店设施的综合利用率。

6.1.2 客房部的主要任务

客房部的主要任务是为客人提供安全舒适的客房,提供热情周到的服务。客房部还负责许多对内的服务工作,以保障酒店各部门工作的顺利开展。

1)保证客房及公共区域的清洁、卫生

客人入住酒店期间的大部分时间都是在客房中度过的,客房卫生的好坏直接影响客房的使用质量和客人对酒店的评价。客房部的首要任务是负责酒店所有客房的清洁和保养工作,供应和配置各种用品,包括清理垃圾、整理床铺、清洁卫生间、补充物品等,以创造一个清洁、美观、舒适、安全的理想住宿环境。客房部还要负责整个酒店公共区域的清洁和保养与环境管理工作,以使整个酒店在任何时候都处于舒适宜人、幽雅常新的状态。

2)保障酒店和客人生命财产的安全

安全是客人最基本的需求之一,保障客人及酒店员工的生命与财产安全也是客房部的重要工作之一。客房是为客人提供休息的地方,如果安全工作做不好,客房清洁卫生和服务都将失去意义。客房的安全工作一定要从严、从细来抓,要严格按照客房部所规定的安全操作制度、防火防盗制度、访客登记制度、钥匙管理制度、开房门制度等来进行操作。服务人员在服务工作过程中要有安全隐患意识,及时发现事故苗头,防止不法分子进入客房,保证客人生命与财产安全,为客人提供一个安宁的环境,才能使客人有安全感。

3)为客人提供热情周到的服务

在保证房间卫生质量和公共区域卫生清洁标准的前提下,客房部还要为客人提供热情周到的服务,主要包括两个方面:一方面是标准化服务,主要包括迎送服务、洗衣服务、擦鞋服务、托婴服务、夜床服务、叫醒服务、送餐服务及会客服务;另一方面是个性化服务,主要是指对于各类宾客要根据每个人的习惯、爱好和要求提供有针对性的服务,如对于商务客人,要按照客人的需要及时为客人打扫房间,保证客人的会客需要等。

4)确保客房设施设备的正常运转

客房部在日常清扫和接待服务过程中,必须做好客房与公共区域的设施设备的检查、维护和保养工作,使之常用常新,处于良好的状态;与工程部密切配合,保持设施设备的完好率,提高它们的使用效率,为客人构筑一个舒适的住宿环境。在一些旅游热点城市或旅游旺季,客房出租率较高时更应做好这项工作,否则不仅会影响客房的销售,影响酒店的经济效益,还会影响酒店的声誉。

5)加强成本控制,降低经营成本

客房中的物品不但种类较多,而且需要量也比较大。物资用品及其他费用开支是否合理,直接影响客房部和酒店的经济效益。为此,在客房管理过程中,要认真研究投入和产出的关系。要加强设备维护保养,合理制定消耗定额,加强用品管理,努力降低管理费用和能源消耗,定期做好消耗核算,分析经营效果,在满足客人要求的前提下,控制物品消耗,减少成本支出,从而获得良好的经济效益。

6)负责客衣服务及酒店员工制服、布草的洗涤保管工作

客房部设有洗衣房和布草房,负责客衣的洗熨、客房和餐厅的布草以及全酒店员工制服的洗熨、收发和保管工作。如果客衣没有洗干净,或洗涤方法不当,会引起客人的投诉,那么酒店不但要对客人进行赔偿,还会影响酒店的声誉;如果客房的床单和布草没有洗干净,客人可能会要求退房或换房,并给客人留下不好印象,影响到客人下次对本酒店的选择;如果餐厅的台布或餐巾没有洗干净,或是员工制服没有熨烫平整,会影响餐厅乃至整个酒店的形象。

7)搞好协调配合,保证客房服务需要

客房服务的质量,不仅与客房部内部管理有关,还受其他有关部门的影响。有关部

门包括总台、为客房部服务的物品供应、设备维修等部门。这些部门的工作能否跟得上，质量是不是过硬，对客房服务质量会产生很大的影响。因此，在服务过程中还必须加强客房部与前厅、餐饮、工程、财务、保安等各部门的协调配合，才能保证客房管理各项工作的全面落实，为保证和提高客房部服务质量创造良好的条件。

【知识链接6-1】

酒店客房服务的发展趋势

随着酒店业竞争的加剧，酒店越来越多地重视客人需要的满足水平以及对运行成本的控制。对客人需求的进一步调查发现，酒店提供的相当一部分服务和客房用品并非客人所需要的。因而，许多酒店开始调整酒店的对客服务项目、提供的客房用品种类以及客房的软件设施。以下是酒店业在客房服务方面的发展趋势：

(1)服务项目丰盛化。客房服务项目设立既考虑客人需要，又不局限于品位、星级等的限定，而是充分考虑客人的需求和酒店的实际情况，使服务项目趋于丰盛化。即便是同一种服务项目，也尽力形成本酒店的服务特色。例如，一些位于环境优美的景区的酒店，考虑到客人进出不方便，在楼层区域设立小图书室，以丰富一些喜静客人的晚间生活。同是客房小酒吧服务，由于招待客人不同，有的酒店摆放零食类为主的食品，而有些酒店则摆放快餐等可以让客人果腹的食品。种种的不同，使得客房服务项目趋于丰富和更能满足客人的需求。

(2)服务个性化。制度化、程序化和规范化的服务是酒店服务品质的基础和保障。然而，只有标准化而没有个性化的服务是不完美的，是不可能真正满足客人的需求，令客人完全满意的。因此，在酒店业竞争日趋激烈的今天，个性化服务已经成为酒店之间竞争的利器，成为服务发展的大趋势，客房服务尤其如此。为提供个性化服务，获得客人的忠诚，客房部通常建立完善的客史档案，并依据客人需求的变化不断调整服务的内容。例如，不再强求所有客人看同一份报纸，而是根据客史档案将客人喜欢看的报纸放进客房。

(3)设施智能化。随着高科技时代的到来，客人，尤其是一些商务客人，对酒店的各种设施都提出了更高的要求，促使客房的设施向着智能化的方向发展。例如，客房锁钥体系运用智能IC卡锁钥系统，甚至是感应门锁、指纹门锁系统；客房内的电路控制应用感应器系统，保证人进灯明、人出灯灭等。此外，还有先进的通信体系、能够上宽带网的接口等智能化设施。

(4)客房绿色化。在提倡可持续发展的今天，创立绿色酒店成为一种时尚，而客房的绿色化则是其中主要的组成部分。因而，酒店通常在客房的房间和卫生间放置棉织品的免洗提示卡；并非所有客人都需要的客房用品提示客人，如果需要这些物品可以告诉客房中心提供；在卫生间使用沐浴液、洗发液壁式容器代替传统的一次性塑料瓶，减少一次性容器对环境造成的污染，减少一次性塑料用品的使用，等等。

(5)设计人文化。客房的设计更重视人的感受，趋向于人文化。例如，插座的位置更加精心设计,以便利客人的使用;座椅将更加寻求舒服感,至少应有便于挪动的轮子,高下可以调节,以满足客人办公和休息的双重需要;照明的灯光既斟酌美化环境,也统筹考虑阅读和工作的需要。另外,考虑到残疾客人的需要,在所有残疾客人可能到达的楼层区域进行无阻碍设计。这些都体现出一种人本的服务文化。

(6)类型多样化。随着酒店业的发展,一些有远见的酒店已经开始营造自己的特色,而客房的类型是其区别于其他酒店的一个首要的方面,由此,客房类型出现多样化发展的趋势,如商务客房、会议客房、休闲度假客房、无烟客房、女士客房、儿童客房、残疾人客房、盲人客房、大床间、连通房等。在客房类型趋于多样化的情况下,酒店也逐步造就了自己的特色,并努力使自己所特有的细分市场上的客人称心如意。

资料来源:http://guanli.100xuexi.com/HP/20100515/DetailD1047344.shtml.

6.1.3 客房部的业务特点

1)以时间为单位出售客房使用权

客房商品的销售属于以无形的时间为单位的商品销售形态,与其他商品最大的区别在于客房商品的销售只出售使用权,商品的所有权不发生转移。客房部员工一方面应尊重客人对客房的使用权,向客人提供各类客房服务;另一方面,也应保护酒店对客房的所有权,做好客房设备设施、物资用品的保管和维护工作。

客房商品是以时间为单位出售的,所以其价值实现的机会一旦在规定的时间内丧失,就意味着其价值将永远失去。因而,酒店的客房被称为世界上最易失去价值的商品之一。客房部应确定科学的客房清扫程序,加速客房的周转,及时为前厅销售提供合格的产品。

2)随机性强

客人入住酒店后,大部分时间在客房度过,客房是客人休息、工作、会客、娱乐、存放物品及清理个人卫生的场所。不同客人的身份地位不同,生活习惯相异,文化修养与个人爱好也各有差别,所以对客房服务的要求也是多方面的,这就使得客房部业务具有很强的随机性和差异性。

除了客人的要求具有随机性和差异性外,客房部业务本身也具有随机性。客房部的管辖范围较广,除了客房业务以外,一般还负责公共区域清洁、绿化以及布草洗涤、发放等工作。客房的卫生与服务工作本身也比较琐碎,从客房的整理、物品补充、查房、设施设备的日常维护保养到各项客房服务,都具有很强的随机性。

3)私密性与安全性要求高

客房是客人在酒店的私人领域,客房业务对私密性与安全性的要求很高。服务人员未经客人同意不能随意进入客房,要尽量做到少打扰客人;服务人员在客房内不能随意移动、翻看客人物品,必须绝对尊重客人的隐私权。

安全是客人进行旅游活动的前提条件,是客人最基本的需求。作为客人在旅途中的投宿场所,每一个酒店都必须确保客房安全,为客人提供一个安全舒适的私密空间。

4)工作复杂,管理难度大

客房部的工作范围广,涉及内容复杂,除了要保持客房的清洁安全外,还要对整个酒店的环境卫生、绿化装饰、设备保养、布草制服的洗涤保管等负责。客房部管辖的人、财、物及工作岗位之多在酒店是居首位的,而且是一个 24 小时运转的部门,大多数工作人员的工作环境都具有相对的独立性,管理起来难度较大。

6.2 客房部的机构设置

6.2.1 客房部的机构设置

1)客房部组织机构形式

科学合理地设置组织机构是客房部工作正常有序运转的重要保证。客房部的组织机构应是一个统一指挥、专职分工、层次分明、沟通顺畅的有机整体。酒店应遵循精简、高效、分工协作的原则,并结合本酒店实际情况,考虑酒店的规模、等级、经营管理方式等因素来具体确定,因需设岗,因岗招聘,力求做到科学化、合理化,最终达到效率最大化,以低成本的投入达到最佳的工作效率和经济效益。目前,常见的大中小型酒店客房部组织机构如图 6-1、图 6-2 所示。

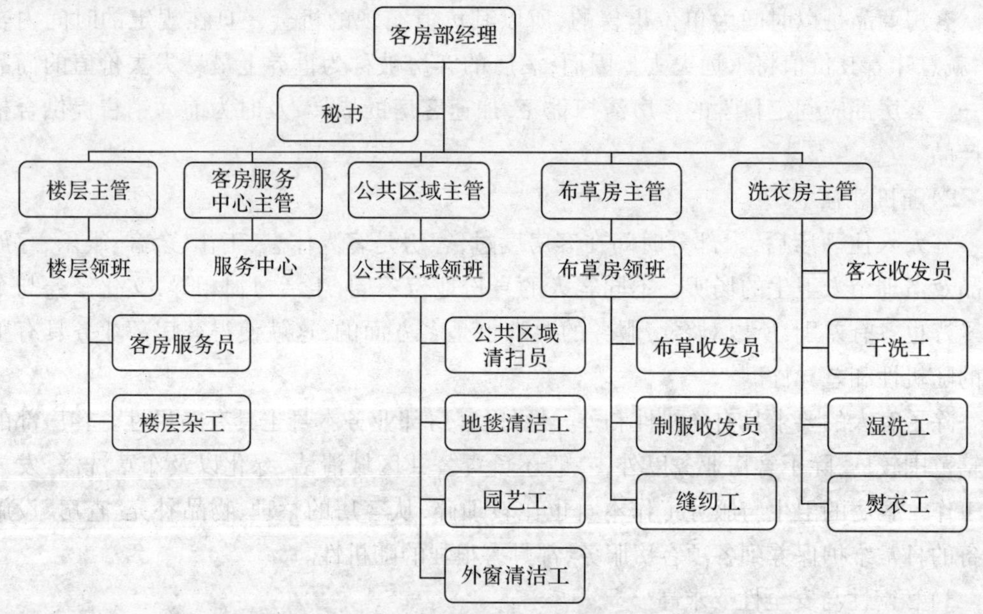

图 6-1 大中型酒店客房部组织机构图

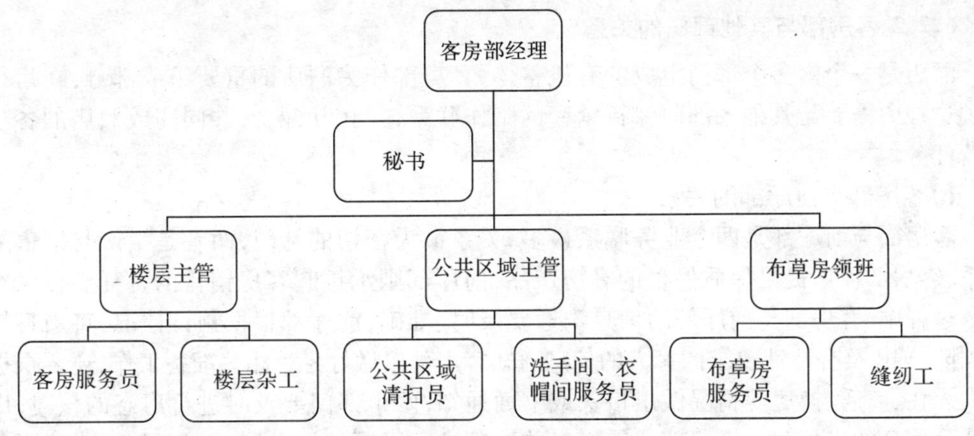

图 6－2　小型酒店客房部组织机构图

2）客房部业务分工

（1）经理办公室。客房部经理办公室主要负责处理客房部的日常事务，负责文件和档案管理，以及与其他部门的沟通协调等事宜。如果经理办公室与客房服务中心设在一起，经理办公室的一些日常事务就可以由客房服务中心的人员来承担，从而无须再设置专职内勤或秘书的岗位。

（2）客房服务中心。客房服务中心既是客房部的信息中心，又是对客服务中心，负责统一调控对客服务工作；掌握和控制客房状况；领取和分发客房用品；管理楼层钥匙；保管和处理客人的遗留物品；协助有关管理人员进行人力和物资调配；收集和处理客情信息；与其他部门进行联络、协调等。

（3）客房楼层。客房楼层是客房部的主体，由各种类型的客房组成，是客人休息的场所。其职能是负责客房及楼层走廊的清洁保养和对客服务；管理客房及客房楼层的设施设备；负责客房内用品的替换、设备的简易维修和保养，并为住客和来访客人提供必要的服务。

根据酒店客房部的运作模式不同，有些酒店设有楼层服务台，配备专职的台班服务员，为客人提供面对面的服务，同时加强对楼层的安全管理。

（4）公共区域。负责酒店各部门办公室、餐厅（不包括厨房）、公共洗手间、衣帽间、大堂、电梯厅、通道、楼梯、花园和门窗等公共区域的清洁卫生工作。

（5）布草房。负责酒店所有工作人员的制服以及餐厅和客房所有布草的收发、分类和保管。对有损坏的制服和布草及时进行修补，并储备足够的制服和布草以供周转使用。

（6）洗衣房。负责洗涤员工制服和对客服务的所有布草、布件，并为住店客人提供洗衣服务。洗衣房的归属，在不同的酒店有不同的管理模式。大部分酒店都归客房部管理，但有的大酒店，洗衣房独立成为一个部门，而且对外服务。而小酒店则可不设洗衣房，而是将酒店的洗涤业务外包给社会上的洗衣公司负责。

6.2.2 客房部与其他部门的关系

酒店是一个由多个部门组成的有机整体,客房部作为酒店的重要组成部分,在运行管理过程中需要与其他各部门保持紧密的工作联系,并相互配合,共同完成酒店的各项经营任务。

1)客房部与前厅部的关系

客房部与前厅部是两个业务联系最多、关系最为密切的部门,两者是生产与销售的关系,客房部保证提供保质保量的客房产品,前厅部则承担起客房销售的责任。在对客服务过程中,客房部与前厅部的信息沟通要及时、准确,前厅部根据预订情况,将当日抵达团队、VIP及有特殊要求的客人的信息通知客房部以做好各种相关准备工作,还要根据客人入住、离店、换房等情况做出口头或书面通知,两个部门要及时进行房态的核对,以期达到最高的出租率。客房部还需要对前厅部进行必要的协助,如行李服务、叫醒服务等工作都需要两个部门的员工通力协作。两个部门的员工还要适时进行交叉培训,前厅部员工能够准确掌握客房产品的特点,更好地进行客房销售,客房部员工也要学习一些前厅的对客服务技巧,以提高工作质量。正因为前厅部与客房部不可分割的联系以及在工作中配合协作的必要,部分酒店将前厅部与客房部合并为房务部,以便更好地沟通协调。

2)客房部与工程部的关系

客房部与工程部的密切配合是客房设施设备处于完好状态的保证。客房部员工在工作操作时,容易发现设施设备的各种问题和隐患,及时通知工程部进行维修,能避免因此而带来的不满和投诉。客房部与工程部协同定期对设施设备进行例行检查、保养和维修,在淡季或出租率允许的情况下,还要对客房和公共区域逐步进行全面检修和维护保养,若故障不能排除,也是由工程部出面请专业技术人员来进行大修。只有客房部与工程部配合良好,才能为客人提供更好的服务,减少和杜绝因设施设备而引起的投诉。

3)客房部与餐饮部的关系

客房部与餐饮部在工作过程中也有着紧密的联系。一是客房部公共区域(Public Area,简称PA)清洁组要负责各餐厅、宴会厅的清洁和维护工作。二是客房部洗衣房和布草房要负责餐饮部所使用的台布、餐巾等各类布草以及餐饮部员工制服的洗涤、熨烫、缝补及收发工作。客房部管理人员要根据每月棉织品盘点情况与餐饮部协调,就棉织品使用中存在的问题进行沟通,尽量减少浪费。餐饮部也要根据各餐厅的用餐情况及宴会情况及时知会客房部做好棉织品的供应工作。三是餐饮部与客房部在送餐服务及VIP接待中需要充分配合,协助进行VIP房内的水果和点心的配置。

4)客房部与保安部的关系

保障酒店和客人生命与财产安全是保安部和客房部的共同使命。客房部的员工一定要有很强的安全意识,要全力配合和支持保安人员的工作,一旦发现安全隐患、可疑情况或安全事故要立即通知保安部。保安部要协助客房部做好客房部员工的安全教育和培训,协助客房部制定安全保卫工作制度。客房部也应积极参与保安部组织的各类消防等安保演习活动。

5)客房部与销售部的关系

销售部负责整个酒店产品的公关营销,客房产品是酒店的主要产品之一,客房部与销售部必然要发生较多联系。客房部要配合销售部进行广告宣传,并积极参与市场调研和酒店内外的促销活动。现代酒店都提倡全员推销的理念,客房部服务人员的良好素质和优质服务事实上就是无形的广告。而销售部要及时地将客人的需求、建议和意见反馈给客房部,为客房部提高产品和服务质量提供信息。

6.2.3 客房部主要岗位职责

1)客房部经理

客房部经理主要岗位职责包括:

(1)接受酒店总经理的领导,全面负责客房部的管理工作,向总经理负责。

(2)根据酒店的经营目标,编制本部门的经营工作计划,并组织、督导属下员工完成经营工作计划。

(3)制定本部门的管理规章制度、工作操作流程、服务质量标准、安全保障措施,并组织和推动其各项计划实施,组织编制和审定客房部工作程序及工作考评。

(4)维护客房部正常工作秩序,控制卫生质量和服务质量,保障设备、设施完好无损;对客房部的清洁卫生、维修保养、设备折旧、成本控制(预算)、安全等负管理责任。

(5)主持客房部日常业务和经理、领班例会,参加总经理主持的每周部门经理例会,认真贯彻执行总经理的指示,并负责本部门主管及以上人员的聘用、培训及工作考评。

(6)巡查本部所属区域并做好记录,发现问题及时解决,不断完善各项操作规程。

(7)制订和落实客房销售计划,制定客房价格政策,监督客房价格执行情况。

(8)制定客房部经营预算,控制各项支出,审查各项工作报表及重要档案资料的填报、分析与归档。

(9)参与重要接待任务,检查 VIP 房间的卫生、用品和设备情况。

(10)处理客人投诉及意外事件。

(11)定期约见与酒店有长住关系的重要客人,虚心听取客人意见,不断改进工作。

(12)组织例行安全、卫生、消防检查,做好防火防盗工作和安全工作。

(13)检查、考核主管的工作并进行评估,发现和培养优秀员工,选拔管理人才。

(14)学习先进经验,了解市场情况,提出改造客房设施、改善服务质量的合理化建议。

2)早班主管

早班主管主要岗位职责包括:

(1)对客房部经理负责,督导管辖区域该班次台班、卫生班、楼层杂役的工作。

(2)检查本管辖区内所有客房的设备完好情况、卫生质量情况、备品补充情况,发现问题及时解决或向客房部经理报告。

(3)检查 VIP 房,保证卫生质量及安排人员参加接待工作,做好客人抵、离店时的迎送工作。

(4)处理客人投诉,协调长住客关系,并及时向大堂副理和部门经理报告。

(5)检查员工工作、纪律情况和卫生质量,对本管辖区卫生、服务质量和工作效率负责。

(6)根据部门计划安排,有针对性地对属下员工进行业务培训和思想教育,不断提高员工素质、业务水准和操作技能。

(7)检查消防设备,消除事故隐患,确保楼层安全。

(8)负责实施计划卫生,努力提高卫生质量水平,对本管辖区计划卫生的安排负完全责任。

(9)填写工作日志,参加部门例会,如实反映情况,提出合理化建议。

(10)了解掌握客情,核准房间状态。

(11)查看房间的维修保养事宜,严格控制坏房、维修房的数量。

(12)做好本管辖区范围内的防火防盗及安全工作。

(13)完成客房部经理交办的其他工作任务。

3)中班主管

中班主管主要岗位职责包括:

(1)对部门经理负责,对中班的卫生清洁、服务规程的完成和效率负管理责任。

(2)检查、评估中服务班和中台班的工作质量、工作效率和违纪情况,做好工作记录。

(3)及时查处卫生质量、设备故障、设施损毁、人员违纪等问题,维护楼层整洁、舒适、安全的良好状态。

(4)接受客人投诉,准确做好记录,妥善给予答复并及时向部门经理和大堂副理报告。

(5)检查 VIP 房的情况,协助重要团体的接待工作。

(6)参加部门例会,掌握客情与房态,发现问题及时同前厅部、大堂副理、保安部联系,特别是发现有非法留宿者或住客的异常表现要立即报告处理。

(7)参加部门例会,做好交接班工作记录。

(8)按部门要求和实际需要对下属员工进行培训,并对人员素质、业务水准和操作技能负责。

(9)与前厅部接待处紧密配合,核准有疑问的房态。

(10)检查 VIP 房,监督重要团体到达的接待工作。

(11)处理客人的投诉,注意与有关部门,特别是大堂副理沟通联系。

(12)负责对楼层报告工作的困难和突发事件的解决。

(13)负责对日常工作和其他部门发生的信息传递、情况反馈的处理与解决。

(14)做好本管辖区范围内的防火防盗及安全工作。

(15)完成部门经理交办的其他工作任务。

4)夜班主管

夜班主管主要岗位职责包括:

(1)代表部门经理主持夜班的一切客房事务。

(2)检查夜班员工的仪容仪表,安排工作任务。

(3)对 VIP 入住的重点楼层加派人员值班,在 VIP 抵达或行李到达时,到楼层迎候和交接。

(4)接受客人口头或电话投诉、委托办事,准确做好记录,妥善给予答复,及时安排服务员或通知有关部门给予办理。

(5)安排夜班计划卫生,并督导员工完成。

(6)与前台核对房态资料。

(7)巡查所管辖楼层区域,全面检查设备设施、消防安全和员工工作情况。

(8)发现非法留宿者或客人的异常举动,及时采取控制措施并报告保安部、大堂副理和值班经理。

(9)检查中班员工交回楼层"万能钥匙",向夜班员工派发"万能钥匙",并分配好第二天楼层各区域的卫生班人员数量,合理安排机动人员。

(10)填写夜班交班记录,记录客人的电话,向服务员传达完成客人的要求。

(11)完成夜班工作,核对酒水单,统计开房数,抄写维修报表,做酒水日报表。

(12)向值班经理报告工作情况并参加部门早会。

5)楼层领班

楼层领班主要岗位职责包括:

(1)督导客房服务员及清洁杂工的工作,负责所辖员工的工作安排与调配。

(2)巡视管辖区,检查清洁卫生及对客服务的质量。

(3)检查房间的维修保养事宜,安排客房的大清洁计划。

(4)检查各类物品的储存及消耗量。

(5)留意客人动态,处理一般性的住客投诉。

(6)掌握并报告所辖客房的状况。

(7)熟练掌握操作程序与服务技能,能够亲自示范和培训服务员。

(8)填写领班工作日志。

6)白班客房清洁员

白班客房清洁员主要岗位职责包括:

(1)服从领班的分配,清扫客房,填写服务员工作报告中的各项内容。

(2)严格按照消毒程序,对客人使用过的用具进行及时、有效的消毒。

(3)确保房间内各项设施设备和物品的完好无损,如有损坏立即向领班报告。

(4)及时清理客房内的餐具,放置在本楼层电梯间内,并通知送餐部收回。

(5)检查房间内小酒吧饮品的消耗情况,准确清点、开账并及时补充,如发现客人遗留物品,立即报告领班并送交服务中心。

(6)报告住店客人的特殊情况及患病情况,如遇紧急情况,可越级向有关部门汇报。

(7)客人离店后,及时查看房间设备物品是否齐全和有无损坏,发现问题,及时向领班和前台报告。

(8)正确使用清洁设备和用具,保持工作间、工作车及各类用品的整齐、清洁。

(9)对客房设施设备应及时准确地报修,并陪同工程维修人员进房维修,检查修复质量。

(10)协助洗衣房收发、核对客人所洗衣物。

(11)及时为住店客人补充客房用品。

(12)做好工作车、清洁工具的保养工作,发现损坏及时维修。

(13)完成主管安排的计划卫生。

7)中班客房清洁员

中班客房清洁员主要岗位职责包括:

(1)按酒店的工作程序,及时清理客人的房间,做好送开水、开夜床工作。

(2)清扫所辖楼层的公共区域、热水间、制冰间、客梯厅和走廊地毯。

(3)按规定领取楼层"万能钥匙",准确填写姓名、领用时间、用途、归还时间等内容;完成早班交接时未完成的工作;认真填写清洁员工作报告上的各项内容。

(4)确保房间内各项设施设备和物品完好无损,发现问题立即向领班和服务中心报告,并陪同工程维修人员进房间维修。

(5)及时报告住店客人的特殊行为和患病情况。

(6)及时清理客房内的餐具,并通知送餐部,协助洗衣房分送客衣。

(7)严格按照消毒程序,对客人使用过的用具进行消毒。

(8)客人离店后及时查房,发现问题和客人遗留物品,立即报告领班,并将客人遗留物送交服务中心登记。

(9)及时核准房态,迅速清理客房。

(10)及时补充客房用品,并合理使用、保管清洁用具和设备。

(11)检查房内冰柜的酒水,填写楼层酒水饮用记录和酒水单,并及时补充缺少的酒水。

(12)做好工作车、清洁工具的保养工作,发现损坏及时维修。

(13)做好布草的领取和日常物品的领取工作。

(14)完成主管安排的计划卫生任务。

8)客房服务中心领班

客房服务中心领班主要岗位职责包括:

(1)编制本部门员工排班表,记录考勤;检查下属员工的仪表、礼节礼貌、工作态度及工作效率。

(2)建立失物招领档案,保管客人的遗留物品,监督遗留物品处理程序的实施。

(3)统计、核实客房酒吧酒水的消耗量,并报有关部门。

(4)填写服务中心物品需求领货单,并到库房领取;对服务中心的物品、设备进行编号建档,定期核对;检查为客人提供特殊服务的物品数量和完好率。

(5)随时掌握客房状态的变化,向前厅部、财务部提供准确的房态资料。

(6)培训员工,定期进行业务考核,督导员工为住店客人提供各项服务。

(7)联系工程部,解决客房维修事项,建立工程维修档案;向客房楼层主管和工程部提供每日维修房的房号。

(8)向楼层主管报告贵宾房号、到店时间及要求。

(9)严格执行客房“万能钥匙”的管理制度,监督“万能钥匙”收发工作。

(10)定期召开班组会,传达酒店内、部门内的指示和文件。

(11)准确无误地接听电话,并详细记录客人交办事项,立即通知有关部门办理,内部事务按程序办理。

(12)填写工作日志,记录特殊事项和交接工作,办理物品外借手续。

9)客房服务中心服务员

客房服务中心服务员主要岗位职责包括:

(1)接听电话,答复住客的咨询和要求,及时向有关方面传递相关信息并做好记录。

(2)记录楼层服务员对住店客人酒水耗用量的报账并输入计算机,并随时与前台及财务部联系沟通信息。

(3)与其他部门沟通联系及传递信息,并将有关信息通报本部门员工。

(4)接到外线打来的员工私人电话只做记录,不能转接。

(5)负责对客人遗留的物品进行登记、保管、寄发、上缴等工作。

(6)负责楼层钥匙(包括“万能钥匙”)的点收、控制、保管,严格执行借出和归还登记制度,对因工作过失造成的遗失负责任。

(7)管理各种表格。

(8)协助部门对员工上下班考勤情况进行检查及监督,发现员工不遵守考勤管理规定应及时向部门反映。

(9)负责保管、借出、回收专门提供给客人使用的服务设备(如熨斗、熨板、电器插座、变压器等),借出、归还均要有详细的记录。

(10)记录酒水使用情况。

(11)负责报纸的派发和控制,并做好领发记录。

(12)根据楼层服务员的报告,对墙纸、地毯、沙发的维修保养情况做好详细记录,并及时通知保养班员工。

(13)负责安排客人要求的看护婴儿服务或其他特殊服务项目。

(14)做好开门情况的记录;做好各种交接及一切工作记录。

(15)保管、维护本部门的电脑等有关设备,保持工作环境卫生清洁。

(16)及时通知楼层领班即将抵店或离店的贵宾、旅行团的房号。

(17)完成主管和部门经理临时安排的其他工作。

10)大堂清洁员

大堂清洁员主要岗位职责包括:

(1)自觉遵守《员工手册》及酒店各项规章制度。

(2)按时上下班,不得无故迟到、早退、旷工。

(3)服从分配,做好礼貌接待服务工作,讲求效率,保证质量。

(4)保护酒店的财物,做好大堂的设备维护和保养工作。

(5)必须保持地面无杂物,家具无灰尘,卫生间无死角。

(6)保持烟灰缸、垃圾桶的清洁。

(7)负责客用电梯内外的清洁和保养。

(8)保持大堂公共区域的清洁,维护酒店大堂的整洁。

【同步思考6-1】

对照客房服务人员的岗位职责,客房部服务人员应该具备什么样的素质要求?

答:客房部服务人员应具备的素质要求:(1)良好的职业道德和敬业精神;(2)优秀的语言表达和沟通能力;(3)敏锐的观察力和深刻的记忆力;(4)积极的团队合作精神;(5)娴熟的工作技能和服务技巧;(6)良好的身体素质和个人习惯。

【同步案例6-1】

110间客房110种风格　长沙主题酒店频繁开店

2010年以来,一种名为"主题酒店"的新型酒店开始在长沙兴起。这种不同于传统星级酒店、经济型连锁酒店的概念机构,带给了人们更丰富的选择,"星级"或许不再是人们住酒店时唯一的参考标准。

特色:110间客房,110种风格

2010年,湖南省省会长沙的酒店行业兴起了些许波澜。号称"湖南省首家五星级艺术主题酒店"的豪布斯卡酒店落子城南,尚未正式开业就代表湖南省荣获首届中国环境空间艺术设计大赛酒店类优秀奖的非特主题酒店定址河西。走在长沙街头,还能看到不少标榜各种主题的时尚酒店遍布其中。

所谓的"主题酒店"到底有什么不同?韶山路美诺酒店称,他们的客房分为黑色、白色、红色三种不同的主题风格。非特主题酒店更甚,其官网上介绍客房共有32个主题,分为9大系列,"传统酒店客房都大同小异,我们这里110间客房就有110种风格"。据了解,国内不少城市还出现了佛禅主题酒店、音乐主题酒店、药膳主题酒店,各具特色。

问题:没标准,有点"乱"

除了客房风格不按常理出牌外,主题酒店的标价也不像传统星级酒店或经济型连锁酒店那样"有迹可循"。例如,豪布斯卡酒店偏向于高端酒店定价标准,标间定价500元以上,而非特主题酒店定价接近于三星级酒店,比快捷酒店略高,均价在200元。

淘宝、携程、去哪儿网等在线旅行服务商的报价显示,国内主题酒店的单房价从100元至3 000元不等,差距相当悬殊。而国家相关部委尚未出台对这类新型酒店的定价和管理标准,不少主题酒店投资商只能"摸着石头过河"。

对此,业内人士坦言,主题酒店在国外已有近50年历史,进入中国的时间不长,因此,确实存在发展初期良莠不齐、缺乏制度管理的问题。

未来:或将带来市场细分革命

不过,主题酒店也有他们自创的"突围秘籍"。

"与传统酒店相比,我们要吸引的不仅是外来旅客,还希望加大本地化消费比例。"非特主题酒店总经理杨红实在接受采访时称,现在是个性化消费的时代,今后将根据流行趋势对客房主题不定期进行更新和升级,并尝试推出类似"世博护照"的集邮式积分制度,用套票、团购等方式来巩固更多本地客源。

在湖南省酒店行业协会有关人士看来,长沙慢慢出现主题酒店,是细分客源市场的结果。“美国赌场文化酒店、香港迪斯尼童话主题酒店,都非常受欢迎,特色经营将是酒店业发展趋势。”

作为长沙本地传统高星级酒店代表,通程国际大酒店市场营销总监周海波也肯定,“市场空间绝对存在,市场竞争绝对存在”。

经国家质检总局、国家标准化管理委员会批准的国家标准《旅游饭店星级的划分与评定》(简称新版星级标准)于2011年1月1日正式实施。与旧标准相比,新版星级标准的绿色环保化趋势十分明显,并且鼓励酒店特色经营,允许小型豪华精品饭店、主题酒店直接申请评定五星级。

新版星级标准实施后,全国1.4万余家星级饭店将同时开展饭店星级评定与复核工作,时间也由以前的5年一次调整为3年一次。

知识题

6.1 客房部在酒店经营中有何重要地位和作用?

6.2 客房部的主要任务有哪些?

6.3 客房部的业务特点是什么?

实务题

请举例说明客房部与前厅部的关系。

案例题

侥幸心理不能有

这是春节前夕的一个夜晚,广州某贵宾楼(五星级)入住了许多客人。

这几天,实习生小王连续上了几个夜班,客人多,做房任务大,他感觉很疲惫。几间房做完后,已是凌晨一点多钟了,楼层内很安静,客人们都进入甜蜜的梦乡,小王开始感觉困倦了,连续打了几个哈欠。他心想,四五天经理都没有查房,偏偏就这时候来查我,不太可能。于是,他看四周无人,便打开一间空房进去,坐在床边上暂时休息一会儿,心想就休息几分钟。小王开始还使劲控制自己的睡意,过一会儿就不由自主地睡着了。大约过了15分钟,经理查房发现了小王的行为,小王被经理叫醒了,心中一惊。经理问:“你是不是以前也这样睡过?”小王如实地回答:“我就这一次,以前从来都没有睡过。刚才我就睡了15分钟。我错了,今后一定改正。”由于小王平时工作努力,经领导研究决定,没有给予开除的处分,给予了开“黄单”一次,罚款200元的处罚。

问题:实习生小王犯了什么错误?你从中得到什么启示?

实 训 题

实训项目:客房部组织机构设置。

实训目的:通过实训,熟悉不同星级酒店客房部组织机构的设置。

实训步骤:(1)分别参观一家一星级酒店、一家三星级酒店和一家五星级酒店;(2)了解各家酒店客房部的组织机构设置情况。

实训成果:画出各家酒店客房部的组织机构图。

第7章 客房卫生管理

学习目标

知识目标：了解清洁剂、清洁器具的种类及用途；熟悉客房清扫的准备工作；了解客房计划卫生的内容；了解公共区域清洁卫生的范围和清洁保养质量标准。

能力目标：掌握清洁剂的使用方法；掌握清洁器具的使用及保养方法；掌握客房清扫的程序；能进行计划卫生的管理。

素质目标：培养服务人员客房卫生管理方面的业务素质及相关的职业道德素养。

【引例】

褥垫上的污渍

北京市某高星级酒店的客房部，这几天接待一个洽谈会团体，客人非常多，所以客房服务员清扫客房的任务量很大。某实习生正在一间走客房内做床，他急急忙忙撤下单子，发现褥垫上有块污渍，因为还有很多间房要做，也顾不得换上干净的褥垫，就将干净床单往上一铺，包好了事。没想到这间房正好是酒店接待VIP的特用房。客房部经理亲自来检查房间，发现褥垫上有污渍，十分生气。他说："不管是什么样的客人住这间房，若发现床单下面铺着有污渍的褥垫，都会影响客人的情绪，休息也不会安心，影响舒适与安全感，很可能使其在北京的整个旅程都不愉快，甚至会拒付房费。失去客人，酒店还要蒙受损失，后果是非常严重的。"

资料来源：范运铭.2006.客房服务与管理案例选析[M].北京：旅游教育出版社.

客房部的工作重点是管理好酒店所有的客房及其设施设备，使之处于常新状态，这样才能保证客房周而复始地销售。清洁客房及楼层公共区域是客房服务员主要的日常工作，而加强对客房的卫生管理工作又是为宾客提供优质服务的必要保证。

7.1 清洁剂与清洁器具

做好客房的清洁保养工作，必须借助安全、高效的清洁剂和现代化清洁器具。

7.1.1 清洁剂的种类及用途

1)酸性清洁剂

酸性清洁剂的 PH 值在 1 ~6 之间,其通常为液体,也有少数为粉状。酸具有一定的杀菌除臭功能,主要用于卫生间的清洁,它还能中和尿碱、水泥等顽固污垢。因此,一些强酸清洁剂可用于计划卫生。其缺点是有腐蚀性,且对使用者肌肤易造成损伤,所以在用量、用法上都需特别注意,可参照说明书使用。最好先做小面积试用,确认能够使用后才可推广使用。有些物体禁止使用酸性清洁剂,如地毯、石材、木器和金属器皿等。

常用的酸性清洁剂主要有盐酸、硫酸钠、草酸、恭桶清洁剂、消毒剂。

2)中性清洁剂

化学上把 PH =7 称为中性,而在商业上则把 PH 值在6 ~8 之间的清洁剂皆称为中性清洁剂。其配方温和,对物品腐蚀、损伤很少,有时还可起到保护被清洁物体的作用,因此在日常清洁卫生中被广泛运用,酒店广泛使用的多功能清洁剂即属中性清洁剂。中性清洁剂有液体、粉状,也有膏状。中性清洁剂有一个缺点,无法或很难去除积聚严重的污垢。为增强除污效果,提高清洁功效,生产厂家往往在中性清洁剂中添加一些其他化合物,其中最常用、用量最大的是表面活性剂。表面活性剂是一种能有效减少溶剂表面张力,降低污垢与被清洁物结合力的一种物质,它的含量多少和质量高低形成了各种去污效果不同的清洁剂。

常用的中性清洁剂主要有多功能清洁剂、洗地毯剂。其中,多功能清洁剂用量最大,宜用于日常卫生,但对特殊污垢作用不大。

3)碱性清洁剂

碱性清洁剂的 PH 值在 8 ~14 之间。碱性清洁剂对于清除油脂类脏垢和酸性污垢有较好效果。但在使用前应稀释,用后也应用清水漂洗,否则时间长了会腐蚀被清洁物体的表面。碱性清洁剂既有液体、乳状,又有粉状、膏状。在碱性清洁剂中也可添加一些其他化合物,如漂白剂、泡沫稳定剂、香精等。

常用的碱性清洁剂有玻璃清洁剂、家具蜡、起蜡水。

4)表面活性剂

表面活性剂是一种最常用、用量最大的活性剂,它能有效减少溶剂表面张力,使污垢与被清洁物的结合力降低。表面活性剂如果与其他化合物有机结合,即可成为高品质的清洁剂。

5)上光剂

上光剂也叫抛光剂,严格来说,它并不属于一般的清洁剂,但却常为服务员工作所用,并起到清洁保养的作用。当物体表面打上上光剂之后,形成一个硬质防护表层,防止指印、污迹或刮痕等留在上面,同时使物体变得光彩照人。常用的上光剂主要有金属抛光剂、家具抛光剂、地面抛光剂和封蜡。

6)溶剂

溶剂为挥发性液体,常被用于去除油污,又可使怕水的物体避免水的浸湿。常用的溶剂主要有地毯除渍剂、酒精、牵尘剂、杀虫剂、空气清洁剂。

7.1.2 清洁的基本原则

清洁的基本原则主要有：

(1)有了污渍要及时清除。

(2)清除前要弄清造成污渍的原因、污渍的种类与性质、受污染材料的种类及特性。

(3)根据污渍的种类、性质和受污染材料的种类及特性选择清洁剂、清洁工具和操作方法。

(4)先做试验,检测效果。

(5)不要指望一次使用很多、很强的清洁剂一下子去除污渍,多次使用一种或者几种很弱的清洁剂清除污渍比前者的效果好得多。

(6)使用清洁剂前通常要预湿,以减轻清洁剂对物品的损害。

(7)要避免污渍扩散而增加污渍面积,清除污渍应由外向内。

(8)清除力度要适中,过轻可能没有效果,过重则容易损坏物品。

(9)要使用白色织物做抹布,避免染色。

(10)必要时请专业人员指导协助,不要盲目行事。

(11)用过清洁剂后要用清水清洗物品,以减少残留物。

(12)污渍清除后,要对清洁的物体做必要的处理,如洗涤、烘干、清除痕迹等,恢复其原状。

(13)如果原物品表面是经过特殊处理的,事后要重新处理。

【同步思考7-1】

如对造成污渍的原因及污渍的种类和性质不清楚,该如何操作?

答:如对造成污渍的原因及污渍的种类和性质不清楚,应按以下程序操作:

(1)用海绵蘸冷盐水擦洗。

(2)如去除不掉,则加温水浸泡30分钟左右。

(3)如仍去除不掉,则用生物剂溶液浸泡30分钟,再用清水清洗。

(4)如仍去除不掉,试用热合成剂溶液清洗,因高温可激活漂白功能。

(5)如仍去除不掉,吸干水分,用溶媒基清洁剂清除。

(6)如仍去除不掉,再吸干水分,用酸性去污剂清除。

(7)如仍去除不掉,还要吸干水分,用碱性去污剂清除。

(8)去除污渍最重要的是要耐心并且细心。

7.1.3 清洁器具的种类与用途

酒店建筑物不断标新立异,内装修使用材料的多样化,无疑会给酒店的清洁工作带来新的问题。要适应变化,常常需要新的设备,比如专门清洁玻璃幕墙的清洁吊车等。酒店清洁器具既是文明操作的标志,也是质量和效率的保证。客房部所使用的清洁器具种类很多,一般可分成两类:

1)清洁器具

随着工业的进步和大功率机器的出现,酒店以往许多传统的清洁方式已经有了很大的改变。但有些工具经过改良在清洁过程中仍能发挥其独特的作用,这些清洁器具主要有扫帚、簸箕、拖把、尘推(尘拖)、抹布、玻璃清洁器、油灰刀等。

2)清洁设备

酒店清洁保养虽然离不开人工操作,但在科技发展日新月异的时代,要不断提高酒店清洁保养的水平,还需借助现代化的清洁设备。根据清洁设备是否需要电机驱动,酒店常用的清洁设备可分为一般清洁设备和机器清洁设备两大类。

(1)一般清洁设备。酒店清洁保养工作中最常用的、不需要电机驱动的一般清洁设备主要是指房务工作车。

(2)机器清洁设备。①吸尘设备。酒店的吸尘设备主要是指吸尘器,全称电动真空吸尘器,它是酒店日常清扫中不可缺少的清洁工具。酒店中常用的吸尘器有直立式吸尘器、筒式吸尘器、混合式吸尘器、背式吸尘器和吸水吸尘机等。②洗地设备。酒店主要的洗地设备有洗地毯机、吸水机、吹风机、洗地机、打蜡机和高压喷水机等。

7.1.4 主要清洁器具的使用及保养要求

1)房务工作车的使用与保养

(1)房务工作车的布置应按酒店的规定进行,不能在工作车上随便堆放杂物。

(2)推拉房务工作车时应注意万向轮在前,定向轮靠后,避免因硬拉而损坏工作车。

(3)房务工作车应装有缓冲器或其他弹性防护装置,推拉时应掌握行进方向,以免撞伤墙面或撞坏其他物件。

(4)房务工作车应经常擦拭,保持清洁。

(5)定期对房务工作车车轮加油,进行润滑和消声。

2)吸尘器的使用与保养

吸尘器是客房的主要清洁设备之一。一台好的吸尘器会给清扫工作带来方便并提高清扫效率。

(1)吸尘器的使用方法。①首次使用前,应阅读使用说明书,按使用说明书所叙述的方法将吸尘器安装好,备用。②每次使用前必须检查电线有无破损,插头有无破裂或松动,以免引起触电事故。③检查吸尘器能否正常运转。④拉吸尘器时要一手拿吸尘器吸管,一手拉着吸尘器的抓手,这样可方便拉动,避免碰撞其他物体。⑤吸尘时发现地毯上有体积较大的物体和尖利物体,如纸团、针尖、图钉等,应及时捡起,以免损坏吸尘器内部机件和造成吸管堵塞。吸尘器堵塞时,不能继续使用,以免增加吸尘器的真空负荷。⑥如果不是干湿两用吸尘器,不能用来吸液体、黏性物、金属粉末等。⑦有集尘指示器的吸尘器,不能在满点上工作。若发现指示游标接近满点,应立即停机清理。⑧吸尘器在使用过程中应随时将刷子上的毛发及绒线头清理干净,若发现刷头磨损偏大,应及时更换,否则影响吸尘效果。⑨吸尘器若有漏电或电动机温度过高以及异常响声,应立即停机检查。

(2)吸尘器的保养方法。①吸尘器每天使用完毕后,应先切断电源,整理好电线,然后清理尘袋,抹净机身,将配件清理干净收好,并清洁过滤网。②检查吸尘器轮子是否积聚杂物,如有应及时清理。③定期给轴承添加润滑油。④检查机体和附件是否损坏,螺钉是否松动,若有损坏要及时报修,对松动螺钉则应立即紧固。

3)其他清洁设备的使用与保养

(1)吸水机的使用与保养。吸水机在使用过程中,除应注意清洁设备的一般使用与保养事项外,还应特别注意以下两点:①使用完毕后,要将各种配件洗刷干净,晾干后装入配件箱内保管。②拆卸时动作要轻,做好吸水机的维护工作。

(2)洗地毯机、洗地机的使用与保养。洗地毯机、洗地机在使用过程中,应特别注意以下几点:①使用前先检查各个部件是否完好。②打开机器时,注意水箱是否保持密封,以防污水、清洁液外流。③清洗工作完毕,要将剩余清洁液抽至污水箱内,然后倾倒干净。④使用完毕后,应擦净机身,并把各种配件清洗干净,晾干后妥善保存。

【知识链接7-1】

常见污渍的清洁方法

(1)血渍。先用冷水浸泡,用干布吸干,然后用海绵块蘸清洁剂擦拭,再用清水洗干净;或者用1:50的稀盐水擦湿,等2~3分钟后,用布从四周往中心擦,再用清水洗净。

(2)墨水渍。用冷水冲洗,直至墨迹变淡,然后用稀释的草酸溶液浸湿污渍,过2~3分钟后,再用稀释了的高锰酸钾溶液浸2~3分钟,再用清水洗净,吸干。

(3)圆珠笔墨水。普通洗涤可以洗去某些种类的圆珠笔墨水,若不行,可倒入变性酒精,或用白凡士林在污渍上摩擦,并浸入清洁剂溶液,然后洗涤。

(4)鞋油。用海绵块蘸干洗剂擦拭,吸干溶液;如果色斑难以清除,用海绵块蘸漂白剂擦拭,并吸干。

(5)油腻食物。彻底清除食物,吸干汁水,用海绵块蘸干洗剂擦拭,吸干溶液。

(6)口香糖。用口香糖清除剂喷在口香糖上,待其硬化后,用硬物将其敲碎,剔除。

(7)呕吐物。用冷水洗净,然后用1:10的醋水清洗,对于呕吐后留下的污渍,苏打水的效果更好。

(8)红酒渍。用1:5的苏打水稍浸,然后过清水,吸干。

(9)果汁渍。用稀释了的苏打水或甘油、白醋清洗,冷水洗净。

(10)可乐、巧克力、牛奶渍。用适量的白醋加入稀释了的洗洁精擦拭,然后冲洗干净,吸干。

(11)唇膏或指甲油。用海绵块蘸醋酸或专业清洁剂擦拭,吸干溶液,然后用清水清洗干净。

7.2 客房的日常清扫整理

7.2.1 客房清扫的准备

为了保证客房清扫整理工作的效率和质量,负责客房清扫整理的服务员在清扫整理客房之前,必须充分做好各项准备工作。这些准备工作分为两个部分:到岗前的准备工作,到岗后的准备工作。

1)到岗前的准备工作

服务员进入楼层之前,通常需要做好下列几项工作(见图7-1):

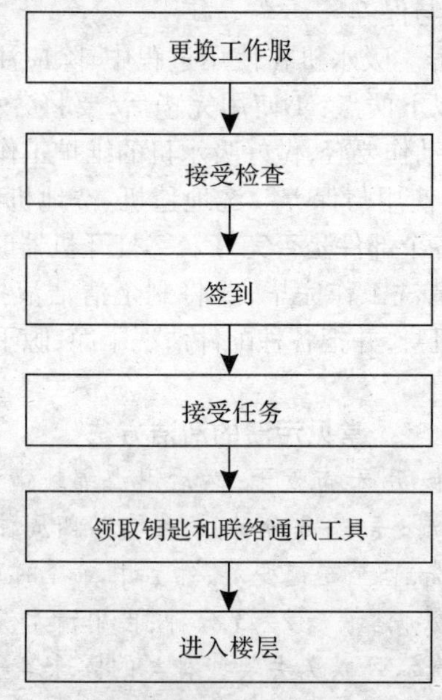

图7-1　客房服务员到岗前的准备工作

(1)更换工作服。客房服务员来到酒店后,必须首先到服务员更衣室更换工作服。具体要求是:换上工作服并按规定穿着,佩戴好工牌,整理仪表仪容,将私人物品存放在自己的更衣柜内。

(2)接受检查。更衣后到规定的地方接受值班经理或主管的检查。目前在很多酒店时兴的做法是由一名值班经理或主管在上下班时间问候服务员,问候的同时,实际上也在检查,这种方法更容易被员工接受。值班经理或主管对上班服务员的检查内容主要是仪表仪容,如果服务员的仪表仪容不符合要求是不可以进入工作岗位的。

(3)签到。经值班经理或主管检查认可后,服务员即可签到,也就是登记上班时间,签到的方式包括手工签到和机器打卡,多数酒店采用的是机器打卡的方式。

(4)接受任务。服务员签到后,值班经理或主管要给每位服务员分配具体的工作任务,可以书面形式或者口头形式。给客房服务员分配任务主要采用书面形式,通常是给每位服务员一张工作单。工作单由客房中心联络员提前填好,上面注明服务员的姓名、当班楼层、负责打扫哪些客房、客房状况、特殊要求和当日的其他工作任务等。填好的工作单经值班经理或主管检查后发给有关服务员。另外,很多酒店都有各部门分别召开班前会的要求,这实际上也是安排工作的一种形式。

(5)领取钥匙和联络通讯工具。服务员要在离开客房中心之前领取所在楼层的工作钥匙和呼叫机等。客房部的工作钥匙和联络通讯工具等通常由客房中心联络员保管和收发。收发时必须履行规定的手续,一般是填写"客房清扫日报表"(见表7-1)并签字,即当事人必须在专用表格上填写有关内容并签字,也有的酒店规定客房服务员必须用自己更衣柜的钥匙交换工作钥匙。

(6)进入楼层。以上几项任务完成后,客房服务员即可进入各自的客房楼层。进入楼层须乘员工工作电梯或通过楼梯步行,而不能乘客用电梯。

表7-1 客房清扫日报表

楼层: 区域: 服务员: 领班: 月 日

<table>
<tr><th colspan="4">清扫客房</th><th colspan="6">撤换布件数量</th><th colspan="14">补充日耗品数量</th></tr>
<tr><th rowspan="2">房号</th><th rowspan="2">房态</th><th colspan="2">时间</th><th rowspan="2">床单</th><th rowspan="2">枕套</th><th rowspan="2">浴巾</th><th rowspan="2">面巾</th><th rowspan="2">地巾</th><th rowspan="2">方巾</th><th rowspan="2">购物袋</th><th rowspan="2">信封</th><th rowspan="2">信笺</th><th rowspan="2">茶叶</th><th rowspan="2">针线包</th><th rowspan="2">擦鞋纸</th><th rowspan="2">洗衣袋</th><th rowspan="2">沐浴液</th><th rowspan="2">洗发液</th><th rowspan="2">牙具</th><th rowspan="2">香皂</th><th rowspan="2">梳子</th><th rowspan="2">卫生纸</th><th rowspan="2">面巾纸</th></tr>
<tr><th>进</th><th>出</th></tr>
<tr><td></td><td></td><td></td><td></td><td></td><td></td><td></td><td></td><td></td><td></td><td></td><td></td><td></td><td></td><td></td><td></td><td></td><td></td><td></td><td></td><td></td><td></td><td></td><td></td></tr>
<tr><td></td><td></td><td></td><td></td><td></td><td></td><td></td><td></td><td></td><td></td><td></td><td></td><td></td><td></td><td></td><td></td><td></td><td></td><td></td><td></td><td></td><td></td><td></td><td></td></tr>
<tr><td></td><td></td><td></td><td></td><td></td><td></td><td></td><td></td><td></td><td></td><td></td><td></td><td></td><td></td><td></td><td></td><td></td><td></td><td></td><td></td><td></td><td></td><td></td><td></td></tr>
<tr><td></td><td></td><td></td><td></td><td></td><td></td><td></td><td></td><td></td><td></td><td></td><td></td><td></td><td></td><td></td><td></td><td></td><td></td><td></td><td></td><td></td><td></td><td></td><td></td></tr>
<tr><td colspan="8">计划卫生:</td><td colspan="8">维修要求:</td><td colspan="8">备注:</td></tr>
</table>

2)到岗后的准备工作

服务员进入楼层后,除了要做好有关工作外,还要为清扫整理客房做必要的准备,具体内容有:

(1)准备器具用品。清扫整理客房,必须有相应的器具和用品。常用的器具和用品主要有以下几种:

一是工作车。正常情况下,工作车都是在使用后整理布置的,因此,此时的工作车应该是已经布置好的,但服务员还应检查用品是否齐全、整理布置是否符合要求。

二是吸尘器。服务员要检查吸尘器是否清洁,电线及插头是否完好,集尘袋是否倒空或换过,附件是否齐全完好,同时要把电线绕好,不可散乱。

三是清洁桶。清洁桶是用于存放清洁卫生间所需工具和清洁剂的小型提桶,包括便器刷、脸盆浴缸刷、专用抹布、洁厕剂等。清洁桶必须里外清洁,工具和清洁剂应摆放整齐有序。清洁便器的工具应和其他工具分开摆放。

四是其他工具和清洁剂。清扫整理房间所需的工具和清洁剂除了上述几种外,还有其他一些,如专用抹布、小刷子、多功能清洁剂、玻璃清洁剂、空气清新剂等。

五是布件。清扫整理客房所需的布件一般包括床单、枕套、被套、卫生间"四巾"(浴巾、面巾、地巾、方巾)等。布件品种要齐全,数量要充足,折叠要整齐。通常一辆工作车所配置的布件要足够用于更换补充,以免工作中间添加而浪费时间,影响工作效率。

六是消耗物品。工作车要备齐备足多种消耗物品,并按规定的标准和要求摆放。

七是其他物品。有时,客房里的一些固定物品可能缺少或损坏,需要更换和补充,工作车上也应有适当备品,如烟灰缸、衣架等。

【同步思考7-2】

工作车的整理布置必须符合哪些要求?

答:工作车的整理布置必须做到:一是清洁整齐,工作车要擦拭干净,用品摆放要整齐;二是物品摆放有序,工作车上的各种物品要按重物在下、轻物在上的原则摆放,以保证使用方便和工作车的平稳性;三是重要物品不能过于暴露,要有一定的隐蔽性,通常放在专门的盒子里,防止别人顺手牵羊,以减少物品的流失;四是将布件袋挂牢,套上垃圾袋。如果用品不全或不足,要及时补充、补足。如果工作车整理布置得不合要求,要重新整理布置。

(2)了解核实客房状态。服务员在清扫整理客房之前,必须了解和核实每间客房的状况,包括住客和总台的特殊要求,以便合理安排客房的清扫整理顺序,确定清扫整理的标准。了解核实客房状况的方法是看工作单和实地查房。通常工作单上已经标明每间客房的状况,服务员只要看工作单就可以了解。房态种类见第3章3.1.2。

(3)确定客房清扫整理的顺序。客房服务员在了解和掌握每间客房的状况以及总台和住客的要求后,就应该合理地安排清扫整理的先后顺序。确定其顺序时,应考虑以下一些因素:一是满足住客的需要;二是有利于客房的销售,提高客房的出租率;三是方便工作、提高效率;四是有利于客房设备用品的维护保养。由于要综合考虑以上四点,客房清扫整理的顺序也就没有绝对的标准,往往是根据具体情况临时制定、灵活调整。一般情况下,可以参考下列顺序:

第一,请即打扫房。一般情况下,如果住客要求"请即打扫",应优先安排清扫整理,满足客人的要求。

第二,干净的空房。由于这种房间随时会被销售,所以为了防止出现质量问题,要对这种房间进行检查。如有必要,应做简单的清扫整理,特别对较长时间没有销售的干净空房,更应注意。

第三,脏的空房。任何时候,脏的空房都应及时予以清扫整理,尤其是在客住率很高、可供销售的空房很少时。一方面是为了提高客房的出租率,另一方面,如果让客房长时间处于未清扫状态,不利于设备用品的清洁和保养。

第四,总台急需房。总台有时因排房需要,会指定某间客房在什么时候必须清扫整理好,对此,服务员必须遵照执行。

第五,续住房。对普通的续住房,服务员要尽早安排清扫整理,争取在客人外出回来之前清扫整理好。如果住客是VIP,其房间可优先安排清扫整理。

7.2.2 客房清扫的程序

客房清扫的基本程序如图7-2所示。

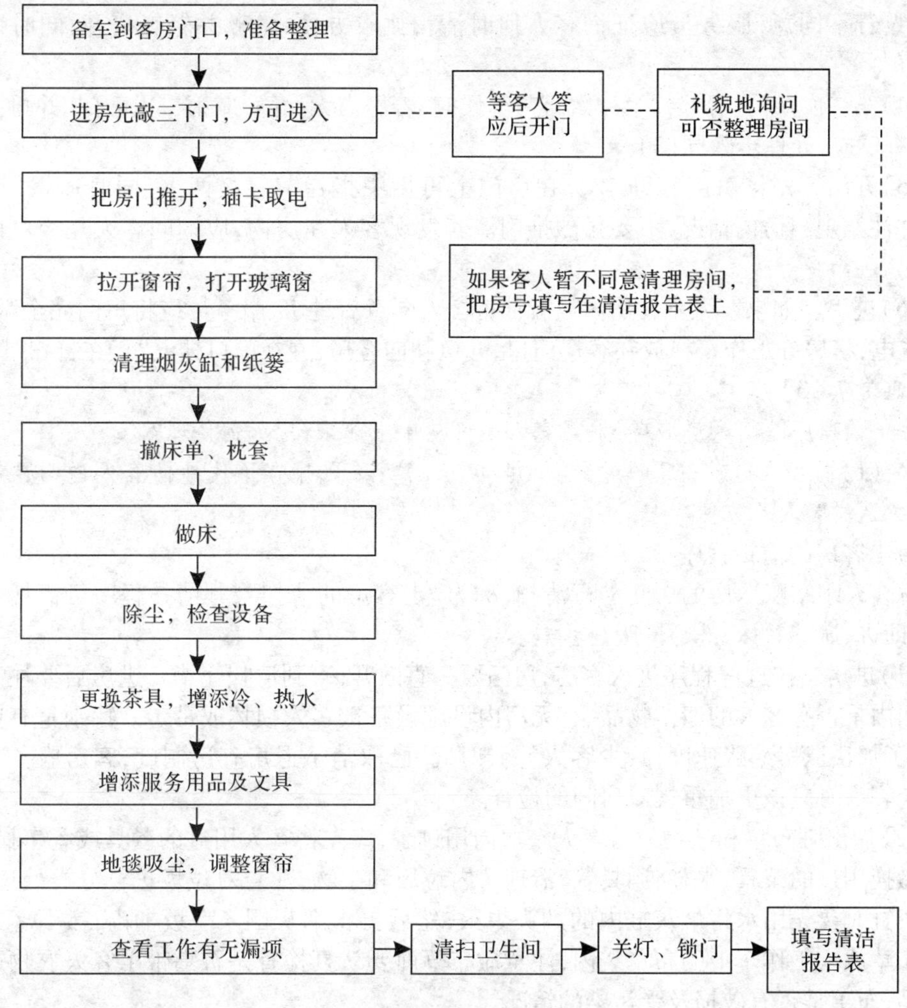

图 7－2　客房清洁基本程序

1)进房程序

客房一旦销售,就应视为客人的私人居所,酒店必须尊重客人对房间的使用权。因此,客房服务员进房服务,必须遵循一定的程序。

(1)观察门外情况。进房前留意房门把手上有无悬挂“请勿打扰”牌,或房门侧面的墙上是否亮着“请勿打扰”指示灯。如有,则不能敲门,应轻轻地将工作车推走,先打扫其他客房。

(2)敲门。用中指指节敲门,每次敲三下,应注意节奏,力重适度,不能用手拍门或直接拿门卡开门。敲门的同时通报“Housekeeping,您好,客房服务员”。

(3)等候。敲门后要给予客人一定的反应时间,服务员此时应站在门前适当位置,以方便房内客人观察。敲门后切勿立即开门或连续敲门,也不能通过门镜向房内窥视。如果客人在房内,服务员应通报并征询客人意见,客人同意即可进房,进房时注意动作要轻缓;客人若不同意,服务员应征询客人何时清扫比较方便,道歉并轻轻离开,同时做好登记。

(4)第二次敲门、等候。第一次敲门等候时,若房内无动静,应第二次敲门,并再次等候,若有反应,处理步骤同(3)。

(5)开门。先将房门打开1/3,在房门上再用中指指节轻敲两下,同时通报“服务员”,并注意观察房内情况,不要猛烈推门。若发现客人在房内,应询问客人是否可以清扫房间。

(6)进房。如果客人不在房内或者征得客人同意后进房,服务员应将房门完全敞开,插卡取电,将房务工作车横放在客房门口,开口朝向客房,并在门口挂上“正在打扫”牌。

【同步思考7-3】

按正常程序敲门入房服务,发现客人刚好从床上起来,应如何处理?

答:(1)向客人道歉;(2)马上退出房间。注意:不要喋喋不休地向客人说明入房原因,以免造成客人不方便。

2)走客房的清扫程序

对客人刚结账退房的房间进行清扫,称为“走客房的清扫”,其清扫程序可概括为九个字,即进、撤、铺、抹、洗、补、吸、检、登。

(1)进房。按进房程序进入客房,房门要一直敞开,直到清扫完毕。进房后要注意检查房间内是否有客人的遗留物品、有无房内设施设备被客人损坏或带走。特别是有些酒店,为了加快退房结账速度,减少客人等候时间,已取消了退房查房制度,客房服务员在清扫走客房时应该更加重视对房间的检查。

(2)撤出脏布草和杂物。若客人在房内用过餐,应先将客人用过的餐具或餐车撤出,然后撤换用过的茶具、水杯、酒具等;清理房内垃圾和杂物,注意对垃圾进行分类处理,清理烟灰缸时要先用水将烟灰缸内的烟头熄灭,然后再将烟灰倒入垃圾桶内;撤下客人用过的布草放入工作车上的布草袋内,注意撤布草前要认真检查是否裹带了客人衣物或其他物品,布草是否有破损及受污染的情况。

(3)做床。按铺床的具体程序与标准换上干净的床单、被套和枕套。现在,国内绝大多数酒店都采用中式铺床,既节能降耗,又能很好地迎合客人的个性化需要。中式铺床的程序与标准见表7-2。

表7-2 中式铺床的程序与标准

程序	标准
1. 拉床	将床拉出约60cm。注意床垫的翻转,贴上标签(每周头尾调换一次,每月上下翻转一次),使床垫受力均匀,床垫与床座保持一致。
2. 铺单	(1)将折叠的床单正面向上,两手将床单打开,利用空气浮力定位,使床单的中折线不偏离床垫的中心线,两头垂下部分相等。 (2)包角时注意方向一致、角度相同、紧密、不露巾角。

续表

程序	标准
3. 套被套	(1)将被芯平铺在床上。 (2)将被套外翻,把里层翻出。 (3)使被套里层的床头部分与被芯的床头部分固定。 (4)两手伸进被套里,紧握住被芯床头部分的两角,向内翻转,用力抖动,使被芯完全展开,被套四角饱满。 (5)将被套开口处封好。 (6)调整棉被位置,使棉被床头部分与床垫床头部分齐平,棉被的中线位于床垫中心线。 (7)将棉被床头部分翻折25cm。(注意:使平整、挺括、美观。)
4. 套枕套	(1)枕芯装入枕头,使枕头四角饱满,外形平整。 (2)两个枕头叠放在床头正中,要求枕套的中线、被套的中线、床单的中线三线合一,枕芯不外露,枕套口应反向于床头柜。
5. 推床	铺好的床向前推进,与床头板吻合。(注意:检查铺床的整体效果。)

【知识链接7-2】

西式铺床的程序与标准

西式铺床的程序与标准见表7-3。

表7-3　西式铺床的程序与标准

程序	标准
1. 拉床	将床拉出约60cm。注意床垫的翻转,贴上标签(每周头尾调换一次,每月上下翻转一次),使床垫受力均匀,床垫与床座保持一致。
2. 铺第一张单(垫单)	(1)站在床尾,两手分开,将折叠的床单正面向上,将床单打开,利用空气浮力定位,使床单的中折线不偏离床垫的中心线,两头垂下部分相等。 (2)包角时注意方向一致、角度相同、紧密、不露巾角。
3. 铺第二张单(盖单)	(1)用同样的手法将床单铺在垫单上,第二张床单要求正面朝下甩开,中折线与第一张床单的中折线重合,床单上端(床头部分)下垂床垫5~10cm。 (2)铺垫单、盖单时都应注意床单上有无污渍、毛发、破损,如有,应及时更换或去除。
4. 铺毛毯	将毛毯甩开铺在盖单上,床两侧下垂部分应相等,毛毯中折线与床单中折线重合,床头部位毛毯与床垫齐平,毛毯的商标位于床尾并朝上。
5. 铺第三张单(护单)	豪华酒店一般应在毛毯上铺第三张床单,要求顶端和毛毯拉齐,正面朝上,中折线与毛毯中折线重合。
6. 包边、包角	将盖单顶端多余部分反折盖住毛毯和护单,再将盖单连同毛毯和护单一起反折25cm,两侧下垂部分掖入床垫下,再将床尾下垂部分掖入床垫下,将床尾两角包紧包好(直角或斜角)。

续表

程序	标准
7. 套枕套	(1)枕芯装入枕套,使枕头四角饱满,外形平整。 (2)两个枕头叠放在床头正中,要求枕套的中折线、被套的中折线、床单的中折线三线合一,枕芯不外露,枕套口应反向于床头柜。
8. 铺床罩	将床罩放在床尾,站在床尾双手执床罩头部将其抛到床头,床罩两侧垂下部分均等,床罩尾部自然下垂,用床罩把枕头罩好,剩余部分插至两枕头之间,形成两条枕线,最后将床罩理平,拉挺。
9. 推床	铺好的床向前推进,与床头板吻合。(注意:检查铺床的整体效果。)

(4)抹尘。从门铃处开始抹至门框;按顺时针(或逆时针)方向抹,从上到下,由里到外,先干后湿抹一圈(边角及底部均要抹到);灯具、电视机、镜面、床头板要用干布抹;物品要按标准摆放;抹的过程中应默记需补充的物品,并检查房内设备。抹尘流程与标准见表7-4。

表7-4　抹尘流程与标准

程序	标准
1. 房门	检查门锁是否灵活,“请勿打扰”牌和防火疏散图是否完好。
2. 衣柜	检查衣架数量是否齐全,检查客用保险箱是否锁上,如锁上,请大堂副理协助开启。
3. 行李架	摆正其位置,与写字台间隔5~10cm,与墙间隔5~10cm。
4. 电视机	打开电视检查有无图像,频道选用是否准确,电视节目单是否完好。
5. 写字台、化妆台	用干布擦拭镜灯、镜框、台灯;擦拭梳妆镜要先湿后干;用湿布擦拭台面和抽屉、琴凳;同时检查写字台上的服务指南是否完好,配套的信封、信纸等是否齐全;写字台抽屉内洗衣单、洗衣袋是否齐全。
6. 客房酒吧	擦净小酒吧内外,检查冰箱运转是否正常,物品有无短缺。
7. 窗台	用湿布擦净窗台,检查窗帘轨道有无异常。
8. 沙发、茶几	软面用干布掸灰,木面用湿布擦拭。
9. 落地灯	用干布抹落地灯灯泡,并检查开关。
10. 床头板	用湿布进行擦拭,直至干净;用干布抹床头灯灯泡,并检查开关。
11. 床头柜	用湿布擦拭电话机和话筒,电话线不能打结,检查电话是否正常;用湿布擦净床头柜板面,检查物品是否齐全;用干布擦拭床头柜控制板,检查各种开关有无故障。
12. 空调开关	可用湿布进行擦拭,再用干布将其擦干。

（5）清洁卫生间。卫生间清洁程序与标准见表7－5。

表7－5　卫生间清洁程序与标准

程序	标准
1. 进卫生间	进卫生间要携带清洁桶，将其放在洗脸台下靠站的一侧；如有小垫毯，要摊放在卫生间门口。
2. 撤卫生间用品	把客人用过的布草撤出，要检查是否夹带其他物品，同时撤走卫生间的垃圾。
3. 喷清洁剂	从清洁桶里取出清洁剂向三大件（面盆、浴缸、恭桶）内喷清洁剂。
4. 清洁卫生间墙壁	戴上手套，用水喷洗墙壁，用抹布抹干净墙壁。
5. 清洁面盆	用百洁布擦面盆，然后冲洗干净。
6. 清洁浴缸	用百洁布彻底清洁浴缸里外、边角及龙头，然后用清水冲干净。
7. 清洁恭桶	用恭桶刷刷洗恭桶里外，并用清水冲干净。
8. 抹干	清洁完面盆、浴缸后，用第一块干抹布抹干面盆、云石台；用第二块干抹布擦龙头、镜子；用第三块干抹布擦恭桶上下；最后用第四块干抹布擦卫生间地面，从里往外擦。
9. 冲洗地漏	用干净的垃圾桶盛水，对准地漏下水口，倒水冲洗。
10. 消毒	喷洒消毒剂对三大件进行消毒，顺序为面盆、浴缸、恭桶，然后盖上恭桶盖并贴上封条。
11. 抹尘	将毛巾架、卫生纸架、服务用品托盘、吹风机、电话机等擦净、擦干。
12. 补充卫生间物品	按要求补充客人用过的以下物品：巾类、浴液、发液及皂类、牙具、浴帽、卫生纸、面巾纸、杯具、垃圾袋。
13. 吸尘	先吸房间再吸卫生间，不要用吸尘器吸水。
14. 检查卫生间	自查物品巾类及洗脸台上的物品是否补充齐全，并符合摆放要求，浴缸、面盆内是否有毛发，恭桶盖是否盖上。
15. 退出	关卫生间灯，关卫生间门，拿出取电牌，轻轻关上房间门，在登记表上填上清理完成时间。

（6）补充物品。补充卫生间"四巾"和客用物品，面巾纸和卫生纸要按标准摆放；抹卫生间地面，撤走清洁用具及小垫毯；补充房内客用物品（注意摆放标准）；补充茶具。

（7）吸尘。先从窗台下开始；注意死角（床底、柜底、柜后）；吸卫生间地面（注意吸头发）；吸地时要顺纹吸；操作要小心，以免碰撞家具；吸尘器用完后，线、管应绕好放置于工作车侧面。

（8）检查有无漏项。检查整个房间是否打扫干净，设备、物品是否按规定标准摆放

(包括床罩是否铺平,镜面、玻璃、挂画是否擦净);将空调拨到适当位置(如是住房,拨到进房时客人设定的位置),按标准打开规定开启的灯具。

(9)离开房间并登记。将所有清洁用具放回工作车内,不得将某些清洁用具遗落在客房内;取钥匙卡,关门,按规定填写记录表。

3)住客房的清扫程序

住客房清扫一般要求先清理房间,后清理卫生间,这是因为住客随时可能回来,甚至带来访客。所以,应先将房间整理好,使房间外观整洁,给客人以舒适感。这时服务员再清理卫生间,也不会有干扰之嫌。具体程序如下:(1)进房;(2)撤床;(3)整理器皿;(4)收拾垃圾;(5)铺床;(6)抹尘;(7)补充房间用品;(8)清理卫生间;(9)吸尘;(10)检查;(11)关灯、关门;(12)登记客房清洁整理情况。

注意事项:

(1)房内有人,首先要征求客人意见,经允许后清扫。操作时动作要轻,速度要快,要有礼貌,影响客人的时候要道歉,使用礼貌用语。

(2)如客人不同意清扫,应记下房号和客人要求清扫的时间。

(3)清扫时如遇客人的文件、物品、杂志等很乱,应稍加整理,不要弄错位置,文件等不要翻看。

(4)即使地上的物品也要做简单的整理,有些可能是有用的或很重要的文件掉在地上,应帮客人放好,除放在纸篓里的东西外,千万不要自行处理。

(5)放在床上或搭在沙发上的衣服,如不整齐,可帮客人挂到衣柜内,睡衣、内衣也要挂好或叠好放在床上,女宾住的房间更需要小心,不要轻易动其衣物。

(6)擦拭壁柜时,只搞大面卫生即可,与擦拭写字台一样,尽量不打开擦内侧,以免客人回来看到产生误会。

(7)擦拭行李架时,一般不挪动客人的行李,只擦去浮尘即可。

(8)卫生间女性用的化妆品,可稍加整理,但尽量不要改变位置,即使化妆品用完了,也不要将空瓶或空盒扔掉。

(9)对客人的物品(尤其是贵重物品,如照相机、电脑、摄像机、重要文件等),不要随意摆弄。

(10)房间清洁完毕后应向客人表示谢意,然后礼貌地退出房间,轻轻将房门关好。

4)空房的清扫程序

空房一般只需擦拭家具、检查各类用品是否齐全,其程序如下:

(1)每天进房开窗、开空调进行通风换气。

(2)每天用干布除去家具、设备及物品上的浮灰。

(3)浴缸、面盆、恭桶每天要放水一两分钟。

(4)连续空着的客房,隔几天要用吸尘器吸尘一次。

(5)检查房间有无异常情况,卫生间"四巾"是否因干燥而失去弹性和柔软度。如果有不符合要求的情况,要在客人入住前换好。设施设备如果有故障,应及时报修。不能修复时,应及时通知前厅部。

5）请勿打扰房的清扫

当住客房间挂出“请勿打扰”牌或亮出“请勿打扰”指示灯时，服务员应先做好记录，不要去打扰客人，到中午12:00时，若仍挂着“请勿打扰”牌或亮着“请勿打扰”指示灯，就要了解一下客人是否确实仍在房内，以防客人实际已外出而忘记将此牌收回或关闭指示灯。若到14:00后，服务员仍未见客人外出，应及时报告领班，并打电话到房间，礼貌询问是否需要服务。

6）客房小整理服务

客房的小整理一般都是对住客房而言的。在很多档次较高的酒店里，住客房除了每天一次的全面清扫整理之外，还要进行小整理。小整理就是在每次客人外出后，服务员发现房内不够清洁整齐，就进行简单的收拾整理，使之恢复清洁整齐的状态。如果住客每次外出归来都能发现其房间被重新整理过，必然感到很满意。这种做法对于充分体现酒店客房服务工作的水准有着一定的积极意义，但也有一定的负面影响，主要是增加了劳动成本和物品消耗。因此，并非所有酒店都必须这么做。

客房小整理的程序与标准见表7－6。

表7－6　客房小整理的程序与标准

程序	标准
1. 整理床铺	一般对于客人用过的床要重新整理好，不更换床单、枕套等床上用品。如果住客是特别重要的贵宾，或者床上用品脏了，则要予以更换。
2. 除尘除迹	将房内家具设备上的灰尘、污渍清除干净。
3. 清除垃圾	将房间的垃圾杂物清除干净。
4. 更换茶杯和烟灰缸	将用过的茶杯和烟灰缸撤出，换上干净的。
5. 换水	如果水瓶里的水已不多，可换上装满开水的热水瓶。
6. 整理卫生间	如果卫生间被用过，则进行简单的清洁整理，使之干净整洁。一般不需更换毛巾。
7. 添补消耗品	如果房内的客用消耗品已被用完，或者所剩不多，可能不够当天使用，则予以添补。
8. 调节空调	调节空调开关，使客房内保持理想的温度和湿度。

7）晚间整理

晚间整理又叫开夜床或寝前整理，旅游酒店一般都提供此项服务。做好此项服务，能体现酒店服务的水平，使客人感到舒适温馨，有家的感觉。

晚间整理的最佳时间是晚上18:00～20:00，因为这段时间里客人大多外出用餐，此时整理可以避免打扰客人，又方便服务员工作。晚间整理的程序与标准见表7－7。

表 7-7　　晚间整理的程序与标准

程序	标准
1. 作业准备	客房服务员备好工作车、充足的作业用品及礼品（如鲜花、糖果等）。
2. 进房	(1)手指弯曲，用中指第二个指关节部位轻轻敲门三下，每次相隔 2～3 秒，并报称“Housekeeping”，等客人反应。 (2)如听到客人回音，应说“我是服务员，请问我能为您清洁房间吗?”并等候客人开门。如房内无人应答，服务员方可用钥匙开门。 (3)手持磁卡，对准钥匙孔插至尽头，停留时间约 1 秒钟，然后拔出，门锁显示灯亮绿灯，方可向下转动门锁把手，推开门后将磁卡放好。 (4)把门轻轻推开。
3. 检查房内设施设备	检查客房内的空调、音响、电视是否正常运行；打开客房内所有的灯，较暗或有坏的灯泡应及时换掉；检查床头灯的调节功能是否正常。
4. 清理垃圾	清理房间及洗手间的垃圾，确定垃圾桶是否干净。
5. 更换房内用品	(1)更换、清洗客人用过的水杯、茶具、餐具及烟灰缸，更换并添加暖水瓶内的开水。 (2)根据酒店客房服务的标准，看冰箱、小吧台内的饮料有无消费。 (3)若有，应开账单，在工作本上记录所消费饮料，并进行相应的补充。
6. 撤床罩	将床罩从床头拉下，整理好，放在指定的位置。（中式铺床不用）
7. 开床	(1)将靠近床头的毛毯连同盖单向外折成 45°，以方便客人就寝。夏季气温高时，可以将毛毯对折，再将盖单折成 45°。现在大部分酒店都采用中式铺床的方式，将被子向外折成 45°。 (2)拍松枕头并将其摆正，如有睡衣应叠好放置于枕头上。 (3)按酒店规定在床头或者枕头上放上鲜花、晚安卡、早餐牌或者小礼品等。 (4)开夜床的基本要求：住一位男宾开床示意图见图 7-3，住一位女宾开床示意图见图 7-4，住两位男宾或两位女宾开床示意图见图 7-5，住夫妻的房间开床示意图见图 7-6。 (5)按酒店规定把客人的拖鞋放在开夜床的折口处，或者摆放于客人进门的那张椅子前。
8. 整理房间	关上窗帘（除客人要求不关外），开床头灯并调至弱光，擦拭桌面、桌边及床头柜等家具，根据客人要求整理衣物。
9. 清理浴室	清洗用过的烟灰缸，更换用过的浴巾、面巾、方巾、地巾，补足肥皂、卫生纸，清洗洗手盆及浴缸，拉好浴帘。
10. 离房、登记夜床状态报表	(1)复检房内物品是否备齐、是否摆放整齐后，离房并及时填写夜床状态报表； (2)若有客人在房内，应于离开时询问客人是否需要其他服务，并礼貌地与其道别。

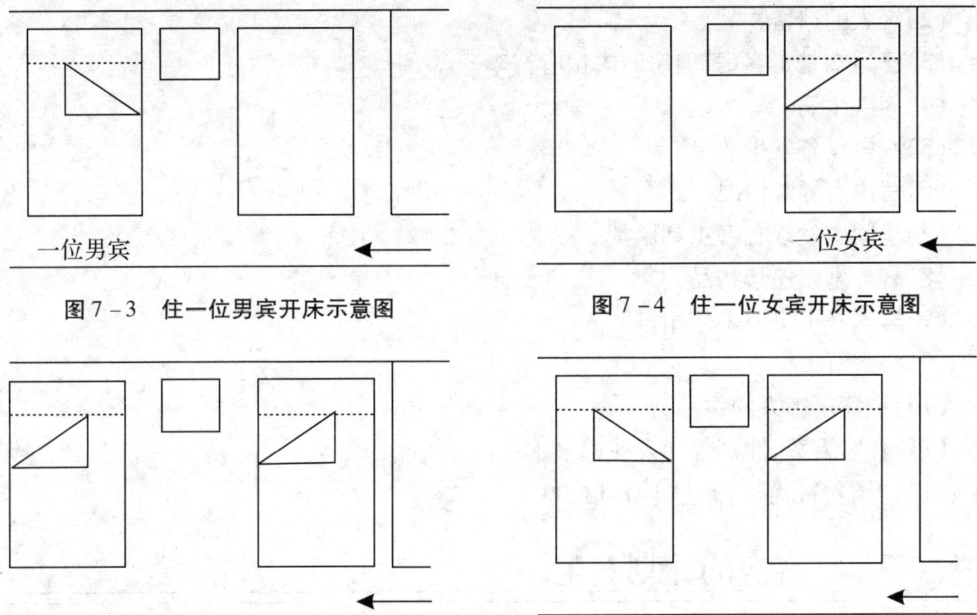

图 7－3　住一位男宾开床示意图

图 7－4　住一位女宾开床示意图

图 7－5　住两位男宾或两位女宾开床示意图

图 7－6　住夫妻的房间开床示意图

7.2.3 客房清扫的方法、规定和报告事项

1)客房清扫的方法

(1)从上到下。

(2)从里到外。

(3)干湿分开。

(4)先卧室后卫生间。

(5)注意墙角。

2)客房清扫的规定

(1)在客房内清扫时,必须将房门打开。

(2)不得使用或接听住客房内的电话。

(3)不得翻阅客人的书报、杂志和文件,不得翻动住客的抽屉和行李。

(4)不得随便挪动客人的化妆品及触动客人的贵重物品。

(5)不得使用房内设备,如卫生间、床、椅子等,不得在客房内休息。

(6)不能让闲杂人员进入客房。

(7)不许在客房更衣、吸烟、吃东西、看报纸杂志及食用客人的食品饮料。

(8)不得将客用布件当做抹布使用。

(9)不宜与客人长谈。

3)客房清扫的报告事项

发现下列问题需立即报告:

(1)客人损坏设施设备和用具。

(2)客人的遗留物品。

(3)已通知是走客房,但房间内留有行李。

(4)客人生病。

(5)水电设备发生故障。

(6)房内有异常情况。

(7)房间内发现有害虫和鼠类。

(8)客人携带违禁物品。

(9)客人开了房但未使用过。

(9)空房有人住过。

(10)损坏了客人的物品。

(11)住客人数、性别等和入住记录不符。

(12)"请勿打扰"房超过下午 14:00。

7.3 客房的计划卫生

客房的计划卫生是指在日常做客房清洁卫生的基础上,拟定一个周期性清洁计划,采取定期循环的方式,将客房中平时不易清扫或清扫不彻底的地方全部清扫一遍。

7.3.1 客房计划卫生的内容

客房计划卫生的内容及时间安排,各酒店要根据自己的设施设备情况和淡旺季进行合理的安排。

1)客房计划卫生的分类

(1)除日常的清扫整理工作外,规定每天对某一部位或区域进行彻底的大扫除,如客房清洁员在其所负责的 12 间客房中,每天彻底大扫除 1 间客房,12 天即可完成其负责的所有客房的清洁打扫;也可以采取每天对 12 个房间的某一个部位进行彻底清扫的办法,如对日常清扫不到的地方排定日程,每天或隔天清扫一部分,经过若干天对不同部位的彻底清扫,也可以完成全部房间的大扫除。客房计划卫生日程安排可参考表 7-8。

表 7-8　客房计划卫生日程安排表

星期	星期一	星期二	星期三	星期四	星期五	星期六
日程安排	门窗玻璃	墙角	天花板	阳台	卫生间	其他

(2)季节性大扫除或年度性大扫除。这种大扫除不仅包括家具,还包括设备和床上用品。一个楼层通常要进行一个星期,因而只能在淡季进行。客房部应和前厅部、工程部取得联系,以便对某一楼层实行封房,维修人员对设备进行定期检查和维修保养。

2)楼层周期性计划卫生项目

下面以某酒店为例,介绍楼层计划卫生项目及时间安排,见表 7-9。

表7-9　　楼层计划卫生项目及时间安排表

每天	3天	5天
1. 清洁地毯、墙纸污迹 2. 清洁冰箱,清洁灯罩 3.(空房)放水	1. 地漏喷药(长住客每周一次) 2. 用玻璃清洁剂清洁阳台、房间窗玻璃和卫生间镜子 3. 用鸡毛掸清洁壁画	1. 清洁卫生间抽风机机罩 2. 清洁(水洗)吸尘机真空器保护罩 3. 清洗卫生间虹吸水箱、磨洗地面
10天	**15天**	**20天**
1. 空房马桶水箱虹吸 2. 清洁走廊出风口 3. 清洁卫生间抽风主机网	1. 清洁热水器、洗杯机 2. 冰箱除霜 3. 酒精球清洁电话机 4. 清洁空调出风口、百叶窗	1. 清洁房间回风过滤网 2. 用擦铜水擦铜家具、烟灰缸、房间指示牌
25天	**30天**	**一季度**
1. 清洁制冰机 2. 清洁阳台地板和阳台内侧喷塑面 3. 墙纸、遮光帘吸尘	1. 翻床垫 2. 抹拭消防水龙带和喷水枪及胶管 3. 清洁被套(12月至次年3月,每15天洗一次,4月至11月一季度洗一次)	1. 干洗地毯、沙发、床头板 2. 干(湿)洗毛毯 3. 吸尘机加油(由保养班负责完成)
半年	**一年**	
1. 清洁窗纱、灯罩、床罩△ 2. 清洁保护垫△	1. 清洁遮光布△ 2. 红木家具打蜡(由保养班负责完成) 3. 湿洗地毯(由保养班负责完成)	

注:有△项目由财产主管具体计划,组织财管班完成,注意与楼层主管在实际工作中协调。

【同步思考7-4】

除了日常的清洁整理工作外,为什么还要做计划卫生?

答:(1)保证客房的清洁卫生质量。客房服务员每天清扫、整理10~12间客房,工作量大,不可能每天对每个房间的每个部位、每个角落都进行彻底的清扫,因此需要定期对清洁卫生死角或容易忽视的部位进行彻底的清扫整理。

(2)维持客房设施设备的良好状态。有些区域和有些家具、设备不需要每天都清洁整理,但又必须定期或不定期地进行彻底的大清洁,如地毯、电冰箱等,通过定期的清洁保养,可以维持其良好状态,保证客房部的正常运行。

(3)在遇到接待大型代表团等重大任务时,有必要进行大清洁,保证以干净舒适的环境来迎接大批客人。

7.3.2 客房计划卫生的管理

客房计划卫生涉及范围广，一般又以高空作业居多，因此客房部必须加强对客房计划卫生的管理。

1）做好客房计划卫生的安排和检查记录

客房部拟定好客房计划卫生后，应做好客房计划卫生的落实和检查工作，客房计划卫生检查项目见表7－10、表7－11。

（1）将客房的周期性清洁卫生计划表贴在楼层工作间的告示栏或门背后。楼层领班还可在服务员做房报告表上写上当日计划卫生的项目，以便督促服务员完成当天的计划卫生任务。

（2）服务员每完成一个项目或房间后，填上完成的日期和本人的签名。

（3）管理人员根据“客房计划卫生项目检查记分表”予以检查，以保证质量。

（4）客房服务中心根据各楼层计划卫生的完成情况绘制柱形图，显示各楼层状况，以引起各楼层和客房部管理人员的重视。

表7－10 客房计划卫生项目检查记分表（房间）

项目	得分
门（面、框、锁眼、房号、把手、窥视镜、防火通道图）无积灰和污迹	6
门吸无积灰	2
鞋篓、小酒篮无灰尘	6
过道顶板无灰尘	4
通风口无灰尘	6
冰箱（柜）内外无积灰和杂物	4
组合柜抽屉内外无积灰和杂物	6
电视机及转盘无积灰	4
窗玻璃、窗帘无灰尘、污迹	4
垃圾桶内外无污垢、斑迹	4
茶具、茶叶缸底部无污垢、斑迹	6
家具缝、沙发缝内清洁，无杂物	8
地毯边缘（含家具四周）无积灰	12
墙纸、地毯无斑迹	4
床底无灰尘、杂物	8
窗帘整齐、不脱钩，床脚无积灰	4
壁橱顶无积灰	2

表 7-11　　客房计划卫生项目检查记分表(卫生间)

项目	得分
门(面、框、锁眼、把手)无积灰和污迹	6
皂碟无污迹	8
金属器(晾衣绳、龙头、开关)无污迹和水渍	12
马桶内外无污迹	12
水箱内部无泥沙,外部无斑迹	8
镜框除锈、上油	6
浴帘无污迹,边缘无破损	8
天花板无黄迹	6
取暖灯无斑迹	8
装饰板无斑迹	14
人体秤秤套无灰迹、斑迹	6
垃圾桶内外无污垢、斑迹	6

2)注意安全

客房的计划卫生中,有许多工作是需要高空作业的项目,如通风口、玻璃窗、天花板的清洁等。因此,清洁天花板、墙角、通风口、窗帘盒或其他高处物体,要用脚手架或凳子;站在窗台上擦外层玻璃要系好安全带,处处注意安全,防止事故发生。

3)准备好清洁工具和清洁剂

要做好客房的计划卫生,就要重视清洁工具和清洁剂的准备工作。如果这一环节的工作没做好,不仅会浪费清洁剂和降低工作效率,而且往往达不到预期的清洁、保养效果,甚至带来不必要的麻烦。例如,给木质地板上蜡,本应用油性蜡,如误用水性地面蜡,不仅不美观,而且会给木质地板造成损坏。因此,根据计划卫生的内容,选择适合的清洁工具和清洁剂是做好计划卫生的重要环节。

【知识链接7-3】

客房的逐级检查制度

检查客房又称查房。客房的逐级检查制度主要是指对客房清洁卫生质量的检查实行领班、主管及部门经理三级责任制,也包括服务员的自查和上级的抽查。

(1)服务员自查。服务员自查的方式是边抹尘边检查,重点检查客房设施设备是否完好、正常,客房用品是否按规定的标准、数量摆放。此外,每整理完一间客房,在准备关门前,还应对客房的清洁卫生状况、物品的摆放和设备家具是否需维修等作自我检查。服务员自查应规定在客房清扫程序中。通过服务员自查,可以增强员工的责任心,还可以提高客房的合格率、减轻领班查房的工作量。

(2)领班查房。领班查房是继服务员自查之后的第一道关,往往也是最后一道关。

通常，一个早班领班要带6~10名服务员，负责60~80间客房的区域，要对每名服务员所负责的所有客房都进行检查并保证质量合格。由于领班的工作量较大，有些酒店只要求其对走客房、空房及贵宾房进行普查，而对住客房实施抽查。通过领班查房，可以拾遗补漏，控制客房卫生质量，确保每间客房都属于合格产品，还可以起到现场监督、指导服务员的作用。

(3)主管抽查。楼层主管是客房清洁卫生任务的主要指挥者，查房制度应保证主管抽查客房的最低数量，通常是领班查房数的10%以上。此外，主管还必须仔细检查所有的贵宾房和抽查住客房。主管检查的方式是抽查，由于这种检查事先并未通知，所以检查的结果往往比较真实，可以为管理工作的调整和改进、员工培训的实施和人事调动等提供比较有价值的信息。

(4)经理查房。对于客房部经理来说，通过查房可以加强与基层员工的联系并可以更多地了解客人的意见，这对于改善管理和服务非常有益。客房部经理在每年还应至少进行两次对客房家具设备状况的检查。例如，在美国旧金山的凯悦摄政酒店，总经理彼得·戈德曼每周要会同客房部经理、房务总监和总工程师抽查20间客房，这一工作每次至少要花两个小时。这样，发现问题可及时得到解决，而且还有利于制订或改进有关清洁保养、更新改造的工作计划。因为客房部经理的查房要求比较高，所以被象征性地称为“白手套”式检查，这种检查一般都是定期进行的。

【知识链接7-4】

客房检查操作规范及标准

1. 种类：检查房间包括由主管进行的日常检查及由部门经理进行的例行检查。

2. 方法：进房后，按顺时针方向环绕房间检查一周。

3. OK房间检查标准：100项(见下文)。

4. 要求：眼看到的地方无污渍，手能及的地方无灰尘，耳听不到异声，鼻闻不到异味。

▲房门部分：

1. 门铃是否有异声，“请勿打扰”指示灯是否正常；

2. 门牌号是否松动，铜面是否擦亮，字迹是否清晰；

3. 门锁开启是否正常，保险舌有无失灵；

4. 门活页是否正常；

5. 防盗链是否松动；

6. 门磁吸是否松脱；

7. 门上油漆有无脱色或破损；

8. 挂在门后的“请打扫房间”牌是否在位；

9. 门框上有无积尘。

▲空调部分：

10. 空调是否有噪音；

11. 隔尘网是否有积尘；

12. 百叶门是否有积尘；

13. 新风滤网是否关闭,有无积尘。

▲衣橱部分:

14. 西服架2个,普通衣架4个,裤架2个,裙架2个;

15. 衣柜灯是否正常;

16. 浴衣是否清洁,是否按要求摆放;

17. 鞋拔子是否干净并摆放在正确位置;

18. 衣刷是否干净,有无沾毛,补充是否齐全;

19. 酒水有无损耗、过期,瓶盖是否被开封;

20. 小食品有无过期或被开封;

21. 酒杯内的调酒棒、纸巾是否齐备,吸管是否补齐;

22. 行李架上面是否有灰尘,柜门开关是否正常。

▲梳妆台部分:

23. 梳妆台边有无破损,橱门、抽屉拉动是否顺畅,里面有无杂物或客人的遗留物品;

24. 礼品袋、洗衣袋、洗衣单、针线包是否按要求摆放整齐;

25. 活页夹有无破损或"服务指南"、印刷品(信封、信纸、明信卡)有无褶皱或破损(如有应及时更换);

26. 圆珠笔能否使用;

27. 梳妆镜面是否清洁明亮,镜顶有无积尘;

28. 梳妆凳是否稳固;

29. 台灯灯罩是否有污迹,台灯开关是否正常,灯泡上有无积尘;

30. 电视机插头是否插在规定的位置,开关是否正常,电视机屏幕是否有污迹,电视机画面是否清晰,频道是否按要求调好,音量是否调至适当的位置,遥控器操作是否正常;

31. 冰箱插座是否插在规定的位置,启动是否正常,检查冰箱外壳是否完好,速冻格有无结霜(如有应及时除霜,以免影响制冷效果);

32. 垃圾桶有无污迹或被烟头烫过的痕迹;

33. 梳妆台周围有无异物。

▲窗台部分:

34. 窗户框有无积尘,窗台有无积尘,窗台墙壁是否洁净。

▲窗帘部分:

35. 窗纱、窗帘挂钩是否按规定排列,拉动是否顺畅,有无脱钩现象(如有应及时补齐);遮光布是否漏光,窗帘、窗纱是否干净,窗帘、窗纱覆盖住的地毯是否有杂物或污渍。

▲茶几部分:

36. 圈椅是否稳固无破损;

37. 圈椅坐垫下是否有杂物;

38. 圈椅面是否有污迹;

39. 电开水器开关是否正常,外壳是否清洁无水迹;

40. 电开水器专用电线是否按规定包装、放置；

41. 茶杯有无裂痕，杯内有无茶迹；

42. 茶叶是否按要求摆放整齐，有无变质；

43. VIP水果篮内水果是否新鲜、无变质和损坏，水果刀(叉)、餐巾纸是否清洁，茶叶罐表面是否破损，茶叶罐内茶叶有无变质；

44. 落地灯灯罩是否干净无污渍。

▲床部分：

45. 床罩是否平整、清洁、无污渍和异味；

46. 床铺是否平整、无褶皱；

47. 床上有无头发等杂物；

48. 床头板是否稳固，有无积尘；

49. 灯罩是否干净、无污渍；

50. 音响按钮、勿打扰显示灯、电视按钮、台灯按钮、走廊灯按钮、落地灯按钮、壁灯按钮开关是否正常；

51. 床头柜控制板有无松动；

52. 电话线有无按规定绕好放置，电话机有无灰尘、污迹及发出异味，拿起电话能否听到正常运行的电流声；

53. 便笺、小铅笔、“请勿在床上吸烟”牌、电话卡是否按规定摆放。

▲壁画部分：

54. 壁画是否牢固，表面是否脱漆，是否有灰尘，四框是否有灰尘。

▲天花板部分：

55. 天花板四周边线部分是否平滑、无裂纹，是否有霉点、污迹，是否发出异味；

56. 天花板是否平滑、无裂纹；

57. 烟感器有无松动或破损，花洒喷头是否漏水。

▲地毯部分：

58. 地毯是否平整，无松动、无褶皱、无破损；

59. 地毯上有无污迹；

60. 床底地毯上是否有杂物；

61. 地毯边角线是否有积尘。

▲墙纸部分：

62. 墙纸上是否有霉点或污迹；

63. 墙纸有无脱落或破损；

64. 墙角有无破损。

▲空调调节器部分：

65. 是否将调节开关调至合适温度；

66. 调节器是否干净、无污渍。

▲卫生间部分：

67. 浴室门是否破损变形，门锁转动是否灵活，门后挂衣钩是否松脱；

68. 抽风机开启和运行是否正常，有无发出噪音；

69. 镜灯是否牢固，开启是否正常；

70. 天花板上是否有霉点或蜘蛛网；

71. 面盆水龙头开关是否松动，下水提钮是否失灵，水龙头表面是否光亮，水龙头下是否有污垢，面盆表面是否有水迹或污垢，面盆溢水口是否有污垢；

72. 不锈钢金属件是否牢固干净；

73. 面盆两侧墙壁有无牙膏等污迹；

74. 云石台台面是否变形及有污迹；

75. 云石台下方的地面上有无积尘；

76. 垃圾桶内外有无杂物、污迹；

77. 卷纸架是否牢固，无灰尘、光亮，卷纸有无按规定折好；

78. 面巾架是否牢固，无灰尘、光亮。

79. 浴液、洗发液是否漏液或被使用过；

80. 浴帽、牙刷、木梳是否被使用过，包装有无破损；

81. 口杯消毒套是否套好，有无污迹，口杯有无裂痕；

82. 两条面巾是否一致折向内侧，长短统一，表面松软，无脱线现象；

83. 两块方巾是否对折叠好成方形，上面方巾一角折起，表面松软，无脱线现象；

84. 卫生间电话挂机是否有积尘，电话线是否按规定摆放，拿起电话挂机能否听见正常运行的电流声；

85. 马桶水箱盖面是否有积尘，向上放置的女宾袋是否卷曲有灰尘；

86. 马桶水箱内壁是否有水垢，水箱内机件操作是否正常，开关是否灵活；

87. 马桶盖板与马桶交界处是否松动，有无污垢；

88. 马桶内壁有无长流水造成的水痕，外壁是否有污渍，底座装饰是否松脱，马桶后面及附近墙壁有无污迹；

89. 地漏是否积有杂物，有无异味；

90. 浴缸的淋浴喷头是否清净光亮，转动是否灵活，出水口有无按规定调整好；

91. 浴巾有无按规定折叠好，摆放是否整齐；

92. 浴巾架是否松动，有无积尘，是否光亮；

93. 浴巾是否自然下垂，底部有无污迹及霉点；

94. 浴帘挂钩有无缺少；

95. 浴缸上方的皂架是否洁净，无污迹；

96. 浴缸水龙头开关是否松动，是否光亮，淋浴提钮是否洁净光亮，活动是否正常；

97. 浴缸下水提钮是否洁净光亮，活动是否正常；

98. 浴缸内壁有无污迹或油渍，底部是否有积尘或头发，浴缸四边及外围是否有污迹或头发；

99. 防滑垫是否柔软,有无污迹及霉点,地巾是否平整、洁白、无污渍、无脱线;

100. 卫生间地面是否清洁、无污迹,无杂物。

7.4 公共区域的清洁保养

公共区域是指公众共有共享的活动区域。酒店的公共区域分为室外与室内。室外公共区域又称为外围,主要包括外墙、花园、前后门广场及停车场等。室内公共区域又分为前台和后台。前台区域是指专供客人活动而设计的场所,如大厅、休息室、康乐中心、餐厅、舞厅和客用洗手间等;后台区域即为酒店员工划出的工作和生活区域,如员工更衣室、员工餐厅、员工活动室、员工宿舍等。客房部一般都下设 PA 部(Public Area,公共区域部)负责酒店公共区域的清洁、保养和服务工作。

7.4.1 公共区域清洁卫生的范围

1)大堂

大堂是酒店的门面,大堂和客用洗手间的清洁是 PA 部工作中的重中之重,包括大堂地面的清洁,扶梯、电梯的清洁,大堂内铜器上光,大理石地面和墙面的保养,大堂玻璃的清洁,垃圾桶的清理等。

2)客用洗手间

客用洗手间的清洁程度直接反映酒店的卫生质量,客用洗手间一般派专人跟踪清洁,做到一客一整理,及时整理客用纸巾,擦拭云台和玻璃镜面的水渍等。

3)餐厅、宴会厅

酒店内的餐厅、宴会厅、酒吧以及一些营业部门的公共场所每天营业结束后需要做全面的清洁,特别是地毯需要做定期的清洗保养,这些区域的清洁卫生是否符合标准直接影响到客人对酒店的印象。

4)办公场所及员工活动场所

行政办公室及员工活动区域如员工通道、员工电梯、员工更衣室、员工餐厅、员工活动室、员工宿舍等场所的清洁也属于 PA 部的工作范围。

5)绿化布置

绿化布置包括酒店室内外公共区域、高级客房、办公区域的绿色植物的摆放、更换、定期施肥、浇水、修剪等,以及酒店室外庭园、花坛、绿地等处的绿化养护工作。部分大型酒店专门设绿化组负责花木的养护,PA 部配合做好绿化地带的清洁卫生工作。

6)酒店外围

酒店外围包括停车场、酒店外墙及外围通道等。酒店外墙需要定期清洗,可以自行清洗,也可委托专门的清洁公司进行清洗。

【同步思考 7-5】

公共区域清洁卫生的特点是什么?

答:(1)管辖范围大,对酒店形象影响大;(2)工作繁杂琐碎,不易控制;(3)劳动条件艰苦,人员变动大。

7.4.2 公共区域清洁保养质量标准

公共区域清洁保养质量标准见表7－12。

表7－12　公共区域清洁保养质量标准

区域	卫生标准
1. 大堂	(1)天花板、墙面及地面应保持干净,要求无漏水、无水印、无油漆脱落和墙表起翘现象,不能有污渍、灰尘和蜘蛛网,地面保持光亮,定期对墙面和地面打蜡保养。雨雪天气安排人员及时擦拭地面水迹,确保地面无水迹、无污迹。 (2)烟灰筒(缸)内烟头不得超过三个。 (3)各种铜件和电镀件要光亮无尘,定期擦拭上光。 (4)门窗玻璃要随时擦拭,保持光亮,无污迹。 (5)绿色植物及仿真植物摆放定位,无尘,无损。 (6)沙发、座椅及所有装饰物摆放整齐,无污,无损。 (7)钢琴和琴台要每天擦拭,无浮土,琴身和琴台定期打蜡保养,保持光亮。 (8)地毯干净,无污迹和杂物,每天吸尘,随时进行污迹的处理。 (9)灯具要每天擦拭,做到光洁明亮,无灰尘。
2. 客用卫生间	(1)恭桶和便池每日进行清洗消毒,恭桶内外无水垢,无污渍,客人使用后及时洗擦。 (2)洗手池、云石台台面无水迹,客人使用后及时擦净,云石台台面不堆放杂物,物品摆放整齐;镜面光亮,无污点,无水迹。 (3)各种电镀五金件光亮,随时擦拭,无水迹,无污迹。 (4)地面和墙壁保持光亮,无杂物和水迹,定期打蜡抛光。 (5)卫生纸、擦手纸、洗手液按要求及时添补。 (6)门、隔板干净,无污迹。 (7)灯具、出风口定期擦拭,不能有尘。 (8)垃圾及时清倒,杂物不能过多,保持清洁。 (9)各类设备随时检查,发现故障及时报修。 (10)鲜花套盆干净无污迹,经常擦拭花叶,无尘土,常浇水,无枯叶。 (11)卫生间内空气保持清新,无异味。
3. 餐厅、会议室	(1)地面、地毯保持干净,无渣物,每餐后必须用吸尘器吸地或用地推将地面推净,地毯定期清洗。 (2)地砖定期清洗、大理石地面定期打蜡保养、木地板定期打蜡保养,保持洁净光亮。 (3)玻璃光亮,无污迹和手印。 (4)柜台、吧台、墙壁无尘,无污迹。 (5)各类灯具及铜、电镀制品光亮,无污迹,定期抛光保养。 (6)家具、餐椅每日擦拭,无浮土。 (7)各类植物无尘,无损,经常擦拭花叶。 (8)出风口定期进行清洗,无尘。 (9)各种设备用品保持完好。

续表

区域	卫生标准
4. 客用电梯	(1)客用电梯要随时保持清洁。 (2)电镀电梯门每日用不锈钢保护剂擦拭,保持门面光亮,无污迹。 (3)电梯内地毯每日吸尘,无渣物,定期更换或清洗。 (4)电梯内石材地面干净无渣物,无污迹,定期打蜡上光,保养。 (5)电梯内墙面、顶部无尘,无污迹,随时检查,擦净。 (6)电梯内广告无尘,无污,随时保持干净。 (7)观景电梯的玻璃无污迹、手印,保持光亮。 (8)电梯按钮每日擦拭消毒,如有故障及时报修。 (9)电灯随时检查,如有损坏及时报修、更换。 (10)若电梯内用的是“星期地毯”,应在每日零时准时更换。
5. 其他区域	(1)酒店外公共区域主要是指庭院、花园、停车场、建筑物等,其清洁保养标准主要是保持干净整洁,做到无垃圾、无灰尘、无污迹、无异味。 (2)酒店内其他区域清洁保养标准可参照客房或前厅的有关要求。

【知识链接7-5】

大堂的清洁计划

1)大堂日间的清洁工作

(1)推尘。大堂若是硬质地面,在客人活动频繁的白天,必须不停地进行推尘工作,使地面保持光亮如镜。雨雪天时,应在大堂入口处铺上蹭鞋垫(踏垫)和小地毯,放上存伞架。

(2)清理烟灰缸和沙缸。按清洁卫生质量标准要求,公共区域的烟灰缸应及时替换,烟头不得多于三只。替换时,必须用托盘盛放干净的烟灰缸,先用干净的烟灰缸放到脏烟灰缸的上面,一起拿掉,放到托盘里,然后将干净的烟灰缸换上。若此时有客人正在使用烟灰缸,则应把干净的烟灰缸放回原处,以方便客人。若发现沙缸内有烟头、纸屑等杂物亦应及时清理掉。

(3)整理座位。大堂休息处的沙发、茶几、台灯等,由于客人使用频繁,必须随时整理归位;地面、沙发、茶几上若有果皮、纸屑,应及时清理,对坐在沙发扶手或靠背上的客人应劝其坐在沙发座上,不允许在沙发上睡觉。

(4)除尘。负责大堂清洁的服务员必须不断地巡视大堂各处,抹去浮尘,包括大厅内各种指示牌、公用电话机、总服务台、台面灯座、电梯厅、花盆(捡去烟头、火柴梗等)和大堂玻璃门等处的浮尘。

(5)其他工作。大堂休息处若铺有地毯,服务员应定时吸尘;定时用酒精清洁公用电话;应清洁大堂公共洗手间;经常用抹布擦拭大堂区域绿色植物枝叶上的浮灰;清理过道地面等等。

上述工作,一般在日间进行,且服务员应根据客流情况进行。一般要求一至两小时循环一次,进行上述工作时应尽量不影响客人和其他员工。

2)大堂晚间的清洁工作

大堂进一步的清洁保养工作,一般在晚间进行,因为那时人流量减少,影响较小,夜间大堂服务员的工作内容主要有:吸尘,清扫地面,用拖把拖洗大门外的地面,洗刷地毯,家具除尘,倒净并擦净烟灰缸和污物桶,擦净墙面、木器、金属面、门及把手等处的指印或污点,用擦铜水或不锈钢清洁剂擦净擦亮所有铜器、不锈钢器具,洗净擦亮所有的玻璃门和镜面。

3)前台公共区域每周一次的清洁工作

大堂、电梯厅等公共区域每周一次的清洁保养工作包括:

(1)清洁电话间与电话亭。

(2)木器家具的上蜡抛光。

(3)清洁窗台。

(4)对百叶窗进行吸尘。

(5)用装有长吸管的吸尘器对天花板通风口除尘。

(6)用装有清洁缝隙设备的吸尘器对踢脚板进行吸尘。

(7)大厅地面清洗并打磨抛光。

(8)擦拭应急灯等设施。

(9)清理各处死角的卫生。

(10)公共洗手间的彻底清洗。

4)前台公共区域每月一次的清洁工作

(1)对软面家具和窗帘进行吸尘,如灰尘堆积得很快,则应根据需要及时吸尘。

(2)对灯座及各种装饰性摆设进行清洁、打蜡,减少灰尘堆积。

(3)干洗休息处地毯。

(4)窗户每月轮洗一次,平时若有脏迹应及时清洁。

(5)对门的侧柱及门锁进行除尘。

(6)公共区域尤其是大厅的墙面进行清洗。

(7)走廊灯、吊灯和吸顶灯的清洁。

(8)金属、石料或木制家具的清洁、打蜡。

5)前台公共区域每季(或视需要)进行的清洁工作

(1)座椅的坐垫、靠背与扶手的清洗。

(2)帷帘与软墙体的清洗。

(3)湿洗地毯等。

知识题

7.1 试述酒店清洁剂的种类。

7.2 试述走客房的清扫程序。

7.3 客房的清扫方法有哪些?

7.4 公共区域主要包括哪些区域?

实务题

7.1 作为一名客房服务员,如果你在工作中不小心损坏了客人的物品,应如何妥善处理?

7.2 作为一名客房领班,查房时如何对客房服务员进行现场指导?

案例题

一天中午,住在 2972 房间的客人从外面回到酒店,进到客房内,发现客房的卫生还没有打扫。客人有些不满意地找到了 9 楼的服务员说:“我都出去半天了,怎么还没有给我的房间打扫卫生?”服务员对客人说:“您出去的时候没有将‘请即打扫’的牌子挂在门外。”客人说:“看来倒是我的责任了,那么现在就打扫卫生吧,过一会儿我还要休息。”于是,服务员马上为 2972 房间打扫卫生。

第二天早晨,客人从房间出去时,把“请即打扫”的牌子挂在了门外的把手上。中午客人回来后,客房卫生仍然没有打扫。这位客人又找到那名服务员说:“昨天中午我回来的时候房间还没有打扫,你说是因为我出去的时候没有把‘请即打扫’的牌子挂上,今天我出去时把牌子挂上了,可是我现在回来了,房间还是没有打扫。这又是什么原因呢?”这名服务员又用其他的理由解释,说什么:一名服务员一天要清扫十几间房,得一间一间地清扫,由于比较忙,没注意到挂了“请即打扫”的牌子……客人问:“你工作忙,跟我有什么关系,挂‘请即打扫’的牌子还有什么意义?”服务员还要向客人解释。客人转身向电梯走去,找到大堂副理投诉。

事后,这名服务员受到了客房部的处理。

问题:这名服务员为什么会遭到客人投诉?此案例给酒店什么启示?

实训题

实训项目一:中式铺床。

实训目的:通过训练能够熟练进行客房清洁服务工作中的中式铺床。

实训步骤:(1)拉床;(2)铺单;(3)套被套;(4)套枕套;(5)推床。

实训成果:在校内模拟客房实训室进行,要求在三分钟内完成,对每位同学的实训效果进行现场考核。

实训项目二:走客房卫生间的清洁。

实训目的:通过训练能够熟练地进行客房清洁服务工作中的卫生间清洁。

实训步骤:(1)进卫生间;(2)撤卫生间用品;(3)喷清洁剂;(4)清洁卫生间墙壁;

(5)清洁面盆;(6)清洁浴缸;(7)清洁恭桶;(8)抹干;(9)冲洗地漏;(10)消毒;(11)抹尘;(12)补充卫生间物品;(13)吸尘;(14)检查卫生间;(15)退出。

实训成果:对每位同学实训效果进行现场考核。

实训项目三:走客房的清洁。

实训目的:通过训练能够熟练进行走客房的清洁。

实训步骤:(1)进房;(2)撤出脏布草和杂物;(3)做床;(4)抹尘;(5)清洁卫生间;(6)补充物品;(7)吸尘;(8)检查;(9)离房登记。

实训成果:对每位同学的实训效果进行现场考核。

第8章 对客服务管理

学习目标

知识目标:了解楼层服务台模式和客房服务中心模式;熟悉楼层服务的基本要求;了解宾客的需求心理。

能力目标:掌握迎客服务流程、送客服务流程及客房常规服务项目;正确认识宾客投诉;掌握投诉处理的程序和技巧。

素质目标:培养服务人员对客服务全面的业务素质及相关的职业道德素养。

【引例】

八罐牛奶红茶

一位住在北京友谊宾馆敬宾楼4楼的海南客人给酒店的客房服务中心打电话:"我是405房。我这里来了3位客人,请你们送八罐冰冻牛奶红茶。"客人是在"服务指南"中知道客房服务中心电话的。3分钟后,405房间的门铃响起,一名男服务员拿着一个大托盘,上面放着八罐冰冻牛奶红茶。他轻轻放到沙发间的茶几上,便退出房间。又过了约4分钟,405房响起电话铃声。客人拎起话筒,电话里传来清脆悦耳的声音:"我是客房服务中心。刚才接到先生的来电,要送冰冻牛奶红茶。我想知道冰冻牛奶红茶是否已经送到。"对方似乎是位中年女性。当她被告知客人的要求已经得到满足后,又说:"酒店的客房服务中心24小时为客人服务,随时恭候客人吩咐。先生如果还需要我们效劳,只要拨个电话便可。"挂上电话之前服务中心那位中年女性没有忘记祝愿客人和来访的朋友晚安。

友谊宾馆为了更好地为客人服务,试行楼层不设服务台,建立客房服务中心,变固定式服务为流动式服务。同时,在楼层做清洁卫生的服务员,还要关注客人的需求,一旦接到客房服务中心传来的指令,应先于常规满足客人的需求。此外,客房服务中心的电话号码还印在"服务指南"中最醒目之处,客人可以不出房门便得到一切期望得到的帮助。这位海南客人就是如此获得便捷服务的。友谊宾馆的客房服务中心不是摆设,它是实实在在解决问题的,它等于一个指挥所,又是客人与酒店联系的一个窗口,传递信息、分配任务、下达命令。客房服务中心还是一个监督机构。据友谊宾馆介绍,友谊宾馆的客房服务中心是酒店与国际接轨的产物,是以"站在客人的立场上提供服务"为基点,逐步实行和完善流动式服务的新的服务机构。为使这项改革得以顺利进行,酒店事先做了大量工作,如培训员工的服务习惯、服务意识和服务规范,制定一些新的制度,对有关人员实行专业训练等等。自从增设客房服务中心以来,客人的投诉明显减少了。

资料来源:旅交汇网站, http://www.17u.net/.

8.1　对客服务的模式

客房对客服务是酒店对客服务工作的重要组成部分,服务工作讲究效率和效果。客房对客服务工作能否做到高效、优质,取决于多方面的因素,其中,对客服务模式是一个极为重要的因素。目前,国内酒店客房对客服务的模式主要有三种:一是设立楼层服务台;二是设立客房服务中心;三是同时设立楼层服务台和客房服务中心。

8.1.1 楼层服务台模式

楼层服务台是在客房楼层的适当位置(如电梯厅出入口等处)设置的专门服务台,服务台后面设有供客房服务员使用的工作间,服务台配备专职的服务员 24 小时值台服务,负责本楼层的各项对客服务工作。现在,不仅一些普通酒店仍然保留这种模式,而且一些高档酒店也在创新地采用这种模式,使之成为吸引客人的亮点。例如,一些酒店设立行政楼层、商务楼层,在这些楼层设立多功能服务台,为客人提供多种类、全方位的服务,包括办理客人的进店、离店、结账手续,为客人提供商务服务和贴身管家服务等。

楼层服务台往往成为本楼层的对客服务中心、客房管理的安全中心,并成为客房部与酒店其他各部门的联络中心。这种服务模式的优点是:服务员能够及时、直接地了解客人的需求,为客人提供规范性与针对性相结合的面对面的服务,使服务工作快捷、高效,富有人情味,有利于加强客房楼层的安全管理。这种服务模式的不足之处是:由于楼层服务台需要专人照看,劳动力成本较高,对专职值台服务员素质要求也很高。另外楼层设置专门的服务台会给客人一种被“监视”的感觉。

8.1.2 客房服务中心模式

目前,国内很多酒店,尤其是高档酒店不设客房楼层服务台,而是设立客房服务中心,客人住宿期间的服务要求由客房服务中心统一协调。客房服务中心配备专职联络员,负责客房对客服务工作的联络协调。客人需要服务时,可通过客房内的内线电话通知客房服务中心,联络员进行详细记录,并迅速将客人的需求通知有关楼层的服务员,服务员则根据有关要求和标准完成对客服务工作。必要时,联络员可以跟踪、了解、观察服务员服务工作的效率和质量如何。客房服务中心大多 24 小时运行。如果夜间客房楼层没有服务员,可以安排专职夜班服务员,负责夜间的对客服务工作,从而保证全天 24 小时的对客服务。

采用客房服务中心模式,使客房服务中心成为酒店客房管理的“神经中枢”。客房服务中心具体履行信息处理、失物管理、物资管理、设备报修、物品借用及客史档案管理等职能。这种模式的优点是:可减少客房服务人员的编制,降低劳动力成本支出,有利于客房对客服务工作进行集中统一调控,强化客房管理。相对于楼层服务台模式,采用客房服务中心模式统一协调指挥,能给客人营造一个自由、宽松的住宿环境。这种模式的不足之处是:采用这种模式,使得面对面的服务相对减少,随机性服务差,服务缺乏亲切感和针对性。

酒店要设立客房服务中心,必须具备一定的硬件条件和软件条件:

(1)客房楼层要有很好的安全保障。一方面,客房楼层须与其他区域分开;另一方面,楼层出入口等关键部位应有安全监控设备。

(2)客房内的设备用品配置要方便客人进行自我服务,一般问题客人可以自行解决,如烧开水等。

(3)"服务指南"上要把各种服务设施和服务项目详细说明,以便客人联系和安排。

(4)客房服务中心要有先进的通信联络设备,一般至少应具备同时接听两个以上电话的能力,最好具有小型交换机的功能,以保证信息的畅通。在对内联络方面,要求有快速灵便的传呼系统,因而,建立一个独立的寻呼系统是许多现代化大中型酒店所采用的有效方法。

8.1.3 客房服务中心+楼层服务台模式

既设立客房服务中心,又设立楼层服务台,这种模式可以吸取前两种服务模式的优点,克服前两种服务模式的部分缺点。具体的做法有两种:

(1)在客人活动的高峰时间安排专职的楼层值台员负责对客服务。客人外出或夜间休息时,对客服务工作相对较少,可以不安排专职楼层值台员,否则会出现人力资源浪费的现象。客人需要服务时,可通过客房服务中心安排。

(2)在部分楼层设立服务台,安排专职值台员负责对客服务工作。这些楼层主要用于接待内宾或需要特别关照的客人,其他楼层的对客服务工作由客房服务中心统一调控。

由于客房对客服务的模式与酒店经营管理的指导思想及酒店的设施设备、人力、客源结构等多方面的条件有直接的关系,因而酒店在选择确定客房对客服务模式时,不能盲目行动、简单照搬,必须根据自身条件,综合分析各种利弊,作出正确选择。

8.2 对客服务的程序规范

8.2.1 楼层服务的基本要求

客房的接待服务是酒店服务的主体,客人入住酒店后,绝大部分的接待服务工作是在楼层完成的。楼层接待服务,不仅要用整洁、舒适、安全和具有魅力的客房迎接客人,而且还要随时提供主动、热情、耐心、周到的服务,使客人高兴而来,满意而归。

(1)主动。主动即服务员在服务过程中,要主动为客人提供方便,及时满足客人的要求。主动服务需要服务员细心,善于察言观色,善于掌握客人的需求心理,不等客人开口便主动为其服务。主动服务能令客人感到服务员对他的细心和体贴,能得到意外的惊喜和满足,从而产生宾至如归之感。具体来说,服务员在服务工作中要做到"十主动":主动问好、打招呼;主动迎送提行李;主动引路;主动开门;主动送香巾、茶水;主动介绍情况;主动照顾老弱病残;主动擦皮鞋;主动征求意见;主动按电梯。

(2)热情。所谓热情服务,就是客到热情欢迎,客住热情服务,客走热情欢送。服务员热情、亲切的服务态度,能消除客人到外地的陌生感和不适感,增强对服务员的信赖,同时还能为客房楼层的工作得到客人的支持和谅解打下基础。热情服务要做到"四到",即微笑到、敬语到、茶到、香巾到。

(3)耐心。耐心即服务员对客人的主动、热情服务能持之以恒,不搞突击,不因个人私事影响工作情绪和对客服务态度。

(4)周到。周到服务即为客人考虑周全,面面俱到,无所疏漏。周到服务要求服务员熟悉各类客人的基本需求和特殊需求,掌握住客心理,尽量为客人创造宁静的住宿环境,满足他们的各类需求。

8.2.2 宾客需求的几种心理

1)求干净的心理

宾客对自己所租用的房间的卫生状况是极为关心的,因为酒店的客房为成千上万的人所使用,在此当中各种人都有,甚至可能有的客人患有传染病。客人希望酒店客房的用具是清洁卫生的,特别是容易传染疾病的用具如茶杯、马桶等,他们都希望能严格消毒,保证干净。

2)求方便的心理

宾客因各种原因远离家乡,来到一个陌生的地方,环境、气候、生活习惯的改变令他们有生疏感和不适感,他们希望酒店的客房能让他们感到舒适、惬意,从而产生"家外之家"的轻松感。

3)求舒适的心理

宾客在酒店客房住下后,都希望生活上十分方便,要求酒店设备齐全,服务项目完善。需要洗衣只要填张单并将衣物放进洗衣袋即可;有什么问题只需向服务台打个电话就行;需要什么打个电话就能送到房间,一切都像在家中一样舒适。

4)求安全的心理

宾客住进客房,希望能保障自己的财产以及人身的安全,不希望自己的钱财丢失、被盗;不希望自己在酒店的一些秘密被泄露出去;不希望发生火灾等意外事故。万一出现火灾则希望服务员能及时采取措施保障其人身安全。客人还希望在自己喝醉酒、生病或出现危险情况时,服务员能及时采取措施,保障自己的人身安全。

5)求尊重的心理

宾客希望自己是受酒店和服务员欢迎的人,希望见到服务员热情的笑脸,希望自己被尊重,希望服务员能尊重自己的人格,尊重自己对房间的使用权,尊重自己的意愿,尊重自己的朋友、客人,尊重自己的生活习俗和信仰等。

8.2.3 对客服务流程

楼层接待工作主要是由楼层工作人员完成的,一般分为四个环节,即迎客准备工作、客人入住时的迎接工作、住客的服务工作、客人退房时的服务工作。

1)迎客准备工作

宾客到达前的准备工作,是接待服务过程的第一环节,准备工作充分,才能为整个楼层接待工作的顺利进行奠定良好的基础。

(1)楼层服务台接到前台开房(预订房)通知单后,当班人员要做到“七知”、“四了解”。“七知”即知道客人到店的时间,知道客人国籍和身份、知道客人人数,知道团体的名称,知道客人生活标准,知道收费办法,知道客人的接待单位;“四了解”即了解客人的意见和要求,了解客人的风俗习惯和生活特点,了解客人的活动日程,了解客人退房、离店的时间。

(2)清理好房间,为客人准备好各种生活用品。对贵宾房还应按接待规格,准备相应的鲜花、水果及总经理名片等。

(3)检查房内设备和用品。设备用品如有故障或破损应及时报修和调换,以保证客人居住期间设备工作正常,用品完整无缺。还要注意调试室温、冰箱内温度,保证水龙头出水清澈。

2)客人入住时的迎接工作

普通客人入住时,客房楼层服务员通常只在楼层迎接,无须专门恭候;如果客人由行李员或其他人员陪同进入楼层,客房楼层服务员遇到客人时,面带微笑,热情问候和欢迎即可;如果客人独自进入楼层,服务员除了问候和欢迎外,还应主动帮助客人提行李,引领客人进房。在引领客人进房时,要注意以下几点:

(1)问清房号,请客人出示房卡。

(2)询问客人是否可以帮其提行李。行走时,应走在客人的侧前方,距客人 1.5 米左右。

(3)适当交谈。

(4)严格按照进房程序进房。

(5)如果发现客房有不妥之处,应请客人稍等,并立即报告总台。

服务员将客人领进客房后,先将行李妥善放置好。如果客人是第一次入住本酒店,应适当地向客人介绍客房内的设备、用品的位置和使用方法,提醒客人有关注意事项。服务员不宜在房内久留,以免影响客人休息,引起客人反感。服务员离开客房时,应询问客人有什么吩咐,并祝愿客人在店期间过得愉快。

如果是贵宾入住,当贵宾在有关人员的陪同下到达楼层时,客房部的经理或主管、领班、楼层服务员应在电梯口迎接,并随时做好必要的服务工作,如送茶、送毛巾等。

3)住客的服务工作

为使客人住得满意,必须保证客房的舒适、洁净和提供多种客房服务,令客人有宾至如归之感。同时,在日常接待中提供方便和一流的标准服务,这些服务主要包括洗衣服务、送餐服务、夜床服务、加床服务、小酒吧服务、留言来访服务、电子保险箱服务和借用物品服务等。

【同步思考 8-1】

客房清扫员或其他客房服务人员在楼层遇到客人要求帮助其开门时应如何处理?

答:(1)请客人出示欢迎卡,核对日期、房号、姓名,无误后,可以为客人开门,并及时做好记录;(2)如客人无欢迎卡,则请总台核对身份;(3)总台核对身份无误后,通知房务中心为客人开门,并做好记录;(3)如果是十分熟悉的客人,可以为其开门,但要做好记录。

4)客人退房时的服务工作

客人退房时的服务主要包括退房前的准备、离开时的送别、离开后的检查三个环节。

(1)退房前的准备。服务员要根据"当日进房、走客通知单",了解当天有哪些客人将要退房离店。在客人退房前,要做好以下几项工作:①认真仔细地检查客人委托的代办事项是否都已办妥。②客人的有关费用是否结清,账单是否都已转送总台收款处。③询问客人还需要什么帮助和服务。④关注客人的动态。

(2)离开时的送别。当客人要离开时,服务员应热情地将客人送至电梯口,为客人按电梯按钮,将客人送进电梯,以敬语向客人告别,祝客人旅途愉快并欢迎客人再次光临。

(3)离开后的检查。当客人离开房间后,服务员要立即进房检查,查看是否有设备物品的缺少或损坏,是否有客人的遗留物品,是否带走了小酒吧的酒水饮料和食品等。如有上述情况,应立即通知总台。

如果楼层不设立服务台,没有专职值台员,一般客人退房离店时,服务员难以看到,也不会专门送别,而是由总台通知。在这种情况下,服务员的主要任务就是接到通知后立即查房,并及时将检查结果报告总台。

8.2.4 客房常规服务项目

1)洗衣服务

(1)收取客衣。①客人交洗的衣物或客房服务员和清扫员从房间收洗的衣物,都必须有客人填写的"洗衣单"并签字;②如客人未作交代,放在洗衣袋内未填写"洗衣单"的,不能交到洗衣房洗涤,需征求客人意见后再作处理;③交洗的客衣应进行仔细检查,有无破损、衣袋内有无客人遗留物品;④按客人填写的"洗衣单",核对客人姓名、房号、日期、衣物名称、件数是否相符;⑤了解是哪种洗衣类型;⑥按酒店规定时间交洗衣房;⑦如洗快件,应尽快通知洗衣房;⑧有特殊要求的客衣,应在"洗衣单"上注明;⑨填写"收洗客衣记录",尽快将"洗衣单"传至总台入账。

(2)送还客衣。①洗衣房送回客衣时,应按"洗衣单"逐件进行清点(不能折叠的衣物需用衣架挂放);②检查洗涤质量:衣物有无破损、缩水、褪色等;③送客衣进房间,请客人检查验收,清点完毕后向客人道别;④如客人不在房间,应按程序进门,把衣物摆放在床上或挂于衣橱内(将衣橱门打开)。

注意:当客人投诉洗衣服务时,应报告上级,查找原因,妥善处理。

【同步案例 8-1】

为一位律师客人提供洗衣服务

一日,某酒店管家部经理接到一个来自房客的电话投诉,该客房的律师住客以极其清晰的逻辑思维,有条理地将发生在其身上的事情讲得清清楚楚,并对酒店的服务运作中的不足之处陈述了自己的看法。

清早八点多,服务员从律师的房间收取一件需干洗的女式长裤。大约十一点钟,布草房在作例行检查中,发现裤脚有两处轻微破损,由于当时住客不在房间且无任何联络方式,布草房员工只好将裤子暂缓送洗,以便客人回房后与其确认。可直到当晚二十三时,住客仍未返店。为不耽误住客的第二日行程,管家部便决定将裤子送洗,并随后在房间给住客摆放了关于洗衣问题的留言。但不知是方式不对还是别的原因,律师房客至其翌日离店时还没有发现留言的存在。同时,管家部亦没就事件作进一步的落实跟进。

第二日下午,客人收拾行李准备退房时,发现刚送回的洗衣有破损,便立即致电管家部寻个究竟。员工在接到电话后礼貌地向客人作出详细的解释,同时亦强调了当时已将衣物破损的细节填写于"洗衣单"上。客人对此不予认同,后经管家部经理诚恳耐心的解释和致歉后,住客最终以不能确定是酒店洗衣不当而造成衣物破损而放弃索赔并接受道歉。

本案例反映了酒店以下三个方面工作存在纰漏:

一是员工没有主动征求客人意见的意识,员工应该当面检查送洗衣服务。因为此举除保证对住客的尊重外,亦是对客人及酒店利益的双向保障。

二是员工发现客人衣物破损,未及时与客人当面陈述此事实,而擅自将此衣物送洗。当然这也无形中将本该是客方的责任转移到了酒店方,使问题复杂化。破损的衣物在被送还时,酒店方只字未提之前一系列问题,直到客人自己发现时才被告知。此行为令客人主观认为整个过程中酒店有欺瞒住客的行径。似乎酒店未主动联系客人是为掩饰问题,有想瞒天过海之嫌。故令客人错误地断定此衣物的破损非自己所为而是酒店之过。在消费权益上,无论其所持有物品好与坏,都应在第一时间通知到客人。对于一家五星级标准的酒店来讲,即使不能及时与客人取得联系,酒店亦应于送回裤子的同时知会客人,以此获得客人的理解认同。

三是破损现象由员工注释于"洗衣单"上,且"洗衣单"本应是客人亲自填写,酒店理应无权附加任何未经客人认可的内容来作为解释的依据,这是一个通行的国际惯例,至少客人所持有之单据应是如此。如酒店有任何注释则应填写内部单据而非填写已有客人签字的客用单据。客人在此事件发生之后联想为酒店以其名义改动了单据,掩盖失误。

事件虽已妥善处理,但它所反映出的现象则值得深思。在今天不断讲求个性化服务的酒店行业里,它所服务的"上帝"已在潜移默化中更多强调消费权益和主观的合理了。

资料来源:http://jpkc.sdyu.edu.cn/jpkc/2009/yj/kffw/xtal/anli6.html,有改动。

2)客房小酒吧服务

为了方便住店客人在客房饮用酒水、饮料和食用小食品,高档酒店都在客房内设有小普箱和小酒吧(mini-bar),按规定的品种及数量配备烈酒、啤酒、汽水、果汁及佐酒的小食品等,并配有配套的酒杯、饮料杯、纸杯、杯垫等。一般在小酒吧的显眼处放有饮料账单,账单上列出所供应的饮料食品的品种、数量、价格及小酒吧的管理说明。小酒吧的管理一般由客房服务员负责,每天定时清点和检查,将客人的耗用量填在核查单上,小酒吧饮料单多为无炭复写纸,一式三联,填好后的饮料单需客人签字确认,由服务员核对后交客房服务中心转前台收银处入客账，客房服务中心做好耗用量登记，客房服务员及时按规定的品种和数量补齐补足。若是住客房消费酒水，需经客人签字确认后，再行补充。若是团队入住，客房服务员根据前台通知是否锁小酒吧、撤酒水。

3）加床服务

一般由前台接待处通知客房服务中心，告知某房间需要提供加床。服务员接到通知后，客房部随即提供该项服务，通常是在客人未住进客房时完成。客房服务中心及时在房间报表上记录加床的房号，通知服务员检查备用床是否有损坏，并擦拭干净，推入房间后铺好床，同时要注意增加房内相关客房用品的数量，如毛巾、浴巾、洗发液、沐浴液、杯具、牙具等。若客人在入住之后因人数增加需要加床，则请客人在前台办理入住登记手续。客人退房或临时取消加床，床铺要尽快收好归位，备用枕头、棉被等检查无问题后，折叠整齐放回原位。

4）托婴服务

客人住店期间，因不方便带婴儿外出，会要求客房部看护婴儿。一般在高星级酒店设有此项服务，酒店按照婴儿托管时间的长短收取一定的费用，但由于要求此项服务的客人较少，一般不设专门的人员负责托婴，而是交由有责任心、有爱心的客房服务员兼职承担。这些服务员须接受专业的护婴培训，有照看婴儿的经验并略懂英语。托婴服务的流程如下：

（1）请客人填写"婴儿看护申请表"，"婴儿看护申请表"中的内容主要包括客人及婴儿的相关资料，特别是客人的要求和婴儿的特点。

（2）根据具体情况安排合适人员提供看护服务。

（3）托婴服务过程中，特别要注意严格遵守客人和酒店的要求，在规定区域内照看婴儿，不能带离指定的地方，不得随便给婴儿吃东西，不得将尖利物品及其他危险物品充当玩具，不得托付他人看管，以确保婴儿安全。

（4）托婴服务结束时，看护人员主动向客人汇报看护过程及婴儿情况，交接完毕后通知客房服务中心，由客房服务中心处理相关费用，并将相关费用转到前台收银处入客账。

5）擦鞋服务

（1）房间内备有鞋篮，客人将要擦的鞋放在鞋篮内或电话通知，或者放在房间的明显处，客房服务员接到电话或在房间看到后都应及时收取；

（2）将鞋篮编号，并将客人的房号写在纸条上放入鞋篮或用粉笔在鞋底注明房号，防止弄混；

（3）将鞋放置于工作间或客房服务中心，按规程擦鞋，应注意避免混色及将鞋油弄在鞋底；

（4）一般应在半小时后、两小时之内，将擦好的鞋送入客人房内；

（5）对于提出特别时间要求的客人，应及时将鞋送回；

（6）送还时如果客人不在房间，应将擦好的皮鞋放于行李柜侧。

6)物品租借服务

(1)电话响三声之内按标准接听;

(2)仔细询问客人租借用品的名称、要求以及租借时间等;

(3)到客房服务中心领取租借用品;

(4)将用品迅速或在客人约定的时间送至客人房间,向客人说明注意事项,并请客人在“租借用品登记单”上签字;

(5)在交接记录上详细记录,以便下一班服务员继续服务;

(6)当客人离店时,应特别检查客人有无租借用品及租借用品有无归还等;

(7)当客人归还租借用品时,服务员应做详细记录,并及时将租借用品归还客房服务中心。

注意事项:

①酒店物品只有入住酒店的宾客才能租借;

②租借物品时需要客人出示有效证件,如住店客人委托他人办理登记手续,代办人要出示自己的有效证件,同时还要出示委托人的有效证件或住房卡;

③贵重物品按规定收取一定数额的押金;

④如租借物品因客人使用不当而造成损坏,客人应按有关规定赔偿。

7)来访服务

来访服务间接影响客人(包括访客)对酒店服务质量的评价,而且会影响客人对酒店的忠诚度,客人会根据来访服务的好坏,决定是否成为酒店的“回头客”。客房服务员对此项服务应引起足够的重视。

访客来访,先要在楼层服务台办理来访登记手续。在接待来访客人时,要特别注意以下几点:

(1)未经住客同意,不可将来访者引进客房,同时不得随便将住客的姓名、房号告诉来访者。

(2)根据来访人数,可提供茶水和座椅服务,使访客和住客都满意。

(3)如果客人不在房间,应请访客留言或到酒店大堂等候,不可让访客在楼层逗留,更不可以让访客在房间等候。

(4)来访期间,服务员应勤巡视楼层,检查有无异常情况,并注意访客是否在没有住客陪同下带走贵重物品。

(5)探访时间超过酒店规定的时间,要请访客离开住客房间;如访客要留宿,请其到前台办理入住登记手续。

(6)要做好访客进离店的时间记录。

【同步案例 8-2】

访客要求告知住客的房间号码

一天,两位北京本市的客人来到酒店前台,询问香港客人黎某是否在此下榻,并希望尽快见到他。前台接待员小孙立即进行查询,的确有一位叫黎某的香港客人已入住酒店,小孙接通黎先生房间的电话,但长时间没人应答。小孙礼貌地告诉来访的客人,黎先生已到店,但此刻不在房间。小孙请两位客人到大堂休息处等候,或在前台留言,等黎先生回来后再另行安排时间会面。两位客人对接待员小孙的答复并不满意,一再声称他们是黎先生的多年旧友,请小孙告诉他们黎先生的房间号。小孙礼貌而耐心地向他们解释,为了保证住店客人的安全,在没有得到住店客人同意的情况下,不便将其房间号告诉他人。同时,再次建议来访的客人在前台给黎先生留言,或随时与酒店前台保持联络,以便黎先生回来后及时与之取得联系。两位客人表示理解,给黎先生留言后离开酒店。黎先生回来后小孙立即将来访者的留言转交给他,并说明为了安全起见,前台没有将他的房间号告诉来访者,请黎先生谅解,黎先生当即表示理解并向小孙致以谢意。

评析:

来访客人查询住店客人的房间号,是前台接待员会经常遇到的事情,由于事关住店客人的安全,因此,为确保酒店和住店客人的安全,酒店服务员有责任、有义务为客人做好房间号的保密工作。

(1)本案例中接待员小孙能够按照酒店的规定做好访客的接待工作,既会给访客留下酒店管理严格的深刻印象,又会让住店宾客觉得安全和放心。

(2)接待员小孙在坚持原则的同时,始终面带微笑,礼貌待客,耐心地向访客解释酒店规定,并提出合理的建议,使客人感受到了服务工作的热情和真情,从而赢得了访客的理解,也得到了住客的支持。

(3)特别要注意的是,访客要求告诉住店宾客房间号时,服务员在没有得到住店宾客允许的情况下,绝不能将住店宾客的房间号告诉来访的客人。同时,在接待访客时,一定要注意方式方法,态度不要生硬,以免因此引起投诉。

8)客人遗留物品的处理

(1)在客房范围内,无论何地拾到客人的物品,都必须尽快交到服务中心;

(2)如果服务员在检查走客房时发现了客人遗留的物品,应及时跟总台联系,将物品交还客人;如客人已经离开,则应及时上交楼层领班。

(3)服务中心服务员在收到客人遗留物品时,都应记录在“客人遗留物品登记表”上,写明日期、房间号、拾到地点、物品名称、拾物人姓名和班组。

(4)将客人遗留物品进行分类。①贵重物品:珠宝、信用卡、支票、现金、相机、手表、商务资料、身份证、回乡证、护照等;②非贵重物品:眼镜、日常用品等。

(5)所有遗留物品都必须保存在失物储藏柜里:①贵重物品与非贵重物品分开存放,贵重物品应专人管理;②贵重物品存放时间为一年半,非贵重物品保留时间为半年,开启的食物、饮料及药品保留时间为三天;③超过保留期的物品,由客房部经理会同有关部门统一处理。

(6)如果客人来认领遗失物品,须重复遗失物品的内容、遗失地点,核准后如数交还客人，并请客人在收条上签字。如认领贵重物品还须留下客人身份证复印件。

9）特殊客人服务

（1）贵宾服务。贵宾是指在酒店客人中，有较高身份地位或因各种原因对酒店有较大影响力的客人。在接待贵宾时，应给予其酒店较高的礼遇，客房部应从迎客准备、迎接客人、住客服务及客人离店几个环节做好贵宾服务。

迎客准备。客房部在接到贵宾接待通知书后，了解客人国籍、抵店时间、人数、性别、身份、接待单位等；选派经验丰富的服务员按照接待规格将房间进行彻底的清扫、布置，检查房间设施设备是否完好，各种客用物品是否齐全、摆放是否整齐得当；客人到达前还要检查房间温度是否得当，并提前开好空调；按照接待规格配备其他物品，如欢迎信、总经理名片、水果、鲜花等。房间准备完毕要由相应的管理人员进行严格检查、确认。

迎接客人。贵宾在酒店有关人员陪同下抵达楼层时，客房部管理员、客房服务员应在电梯口迎接问候，引领客人进房，并介绍客房情况，尽快送上热毛巾、迎客茶。为不打扰客人休息，应尽快离房。

住客服务。安排资深服务员跟进贵宾房的服务。一般情况是客人离房一次，服务员跟房一次，使客房恢复到客人初次进房时的状态，但不得移动客人自行放置的物品；客人洗熨的衣服要专人负责；送给客人的传真、信件等物品要用托盘送上。

客人离店。客人离店时，客房部管理人员、客房服务员要在场送行，并致离别祝愿；应及时检查房间有无遗留物品，清点酒水消耗情况，报给前台收银处。

【同步思考 8-2】

贵宾接待应注意哪些方面？

答：贵宾接待应注意以下事项：

①对清扫布置完毕的房间，要按接待规格标准实施层层严格检查，符合标准后封闭客房。

②房内摆放的水果、点心、饮料等要严格检查，确保卫生和食品安全。同时要配有水果刀、牙签、洗手盅和香巾等用具。

③选派有能力和经验的业务能手，一班到底，为客人提供优质、高效的服务。

④客房部要配合保安部做好安全和保密工作。特别是对国宾的接待，这是外事活动中最为严肃而重大的政治任务，应始终将安全、保密放在第一位。不得随便泄露贵宾住店机密，不得随便进出贵宾房间，即便是整理房间也应经有关人员同意后方可进行，不得让陌生人停留在贵宾所住的楼层。

⑤楼层接待人员在向贵宾问好时不能直接称呼客人的姓名。

⑥客人离店时，根据贵宾级别，由总经理或部门经理做一次征求意见及告别见面活动，注意活动时间不宜过长。

⑦视情况组织员工欢送并及时做好客史档案。

【知识链接8－1】

VIP接待规格

VIP接待规格见表8－1。

表8－1　VIP接待规格

等级规格	迎送规格	房内用品配备规格	餐饮规格	安全保卫规格
A等	总经理率酒店管理人员及部分员工在大厅门口列队迎送客人。	1.房内摆放盆花、插花和瓶花； 2.赠送酒店纪念品、工艺品； 3.每天放一篮四色水果和四种小糕饼及水果刀叉等物品； 4.房内放总经理亲笔签名的欢迎信及名片； 5.每天放两种以上报纸。	1.客人抵店第一餐由总经理引领进餐厅； 2.使用专门贵宾餐厅； 3.每餐开出专用菜单； 4.高级服务员专人服务； 5.厨房设专人烹制菜点。	1.事先保留车位； 2.酒店四周有警卫巡视； 3.为客人设专用电梯； 4.楼梯、公共区域设固定安保岗位。
B等	总经理、大堂副理在大厅门口迎送客人。	1.房内摆放插花和瓶花； 2.每天摆放一篮两色水果、两种糕点及水果刀叉等物品； 3.摆放总经理欢迎信及名片； 4.每天摆放两种报纸； 5.赠送酒店特别纪念品。	1.客人抵店第一餐由总经理或副总经理引领； 2.使用专门贵宾餐厅； 3.中级服务员专人服务； 4.每餐开出专用菜单。	1.事先保留车位； 2.视情况设专用电梯； 3.视情况设安全岗。
C等	视情况总经理或副总经理、大堂副理在大厅门口迎送客人。	1.房内摆放鲜花和瓶花； 2.每天放一篮两色水果及水果刀叉等物品； 3.摆放总经理欢迎信及名片； 4.每天摆放一两种报纸； 5.做夜床时赠送一支鲜花或一块巧克力。	1.客人抵店第一餐由总经理或大堂副理引领进餐厅； 2.有专门的餐厅或餐厅留座； 3.每餐开出专用菜单或根据总经理要求而定。	1.事先保留车位； 2.视情况设专用电梯； 3.视情况设安全岗。

(2)醉酒客人的服务。①发现醉酒客人要注意其醉酒的程度及行为。②重度醉酒应及时报告上级主管及保卫部门。③轻度醉酒应劝客人回房休息。④提供相应服务，将纸巾、热水瓶、茶杯、垃圾桶等放在床边，方便客人取用。⑤特别留意该房动静。⑥将房间的火柴、打火机撤出，以防意外。⑦做好交接班记录。

注意事项：①如客人醉酒后在楼层或公共区域大吵大闹，损坏物品，干扰和影响其他客人，应马上请保安人员前来强行制服。②如需搀扶客人回房休息，客房服务员千万不可一人独自搀扶，可请同事或保安人员帮助。③客人回房休息，客房服务员不可随便为其宽衣，以免发生误会。

(3)生病客人的服务。①发现客人生病要表示关怀及乐意帮助。②礼貌询问客人病情。③提醒客人有店内医生的服务，如果酒店没有店内医生，应征询客人意见，是否去医院，但需向客人说明车费和医疗费用客人自理。④了解客人的生病原因。⑤为客人提供必要的生活用品，如纸巾、茶杯、热水瓶等。⑥询问客人有无需要代办事项。⑦随时留意该房动静。⑧将情况告知领班或主管，并在交接班的记录本上做好记录。

注意事项：①若客人因旅途劳累、水土不服等原因突然得急病或病危，应注意不要轻易移动客人，或擅自拿药给客人吃，应该立即报告客房部经理，并立即打电话同附近医院（急救中心）联系，并由酒店医务人员护送病人到医院治疗。②病危客人如需送医院，最好避开客用电梯，选择员工电梯，走酒店后门去医院，以免影响其他客人。③迅速通知客人接待单位、旅行社及客人家属。住院治疗期间每天做好护理记录，有关管理人员应亲自慰问患病客人。④如果客人经抢救无效死亡，由医院向死者家属报告抢救详细过程，并出具"死亡诊断证明书"，一式多份，由主治医生签字盖章。对该客人住过的房间进行严格的消毒处理。

（4）"DND"房的服务。①在清扫卫生或为客人服务时，如发现门把上挂有"DND"牌子或房门侧面的墙上亮有"请勿打扰"的指示灯时，不要敲门进房。②对挂有"DND"牌子的房间要经常观察，既要为客人提供安静的休息环境，又不因客人外出时忘记摘下牌子而影响房间清扫服务工作。③若12点以后，此房仍挂有"DND"牌子，应请示领班。④由领班或服务中心用电话与客人联系，征求客人意见。⑤如果客人接电话，首先要问好，并报明身份，询问客人是否可以进房打扫房间或需要什么帮助，最后向客人表示歉意。⑥如果房内无人接听电话，可以按门铃或敲门，并报明身份，如客人开门，要主动表示歉意并说明来意。⑦打电话、按门铃或敲门后，房内均无反应，应向部门经理汇报，经同意后，用钥匙开启房门，以防发生意外。

8.3 宾客投诉处理

8.3.1 正确认识宾客投诉

投诉意为不满、抱怨。宾客投诉是指宾客在使用酒店设施设备以及享受酒店服务过程中或消费之后对酒店的产品、服务等不满意而向有关人员诉说、抱怨。客人可能直接找酒店相关人员，如大堂副理、部门经理或其他管理人员及服务员投诉，也可能向旅游代理商甚至消费者委员会、旅游局等管理部门投诉。客人投诉不仅仅意味着客人的某些需要未能得到满足，实际上也是客人对酒店、对酒店员工服务工作质量和管理工作质量的一种劣等评价。任何酒店、任何员工都不希望有宾客投诉自己的工作，但任何酒店都不可避免地会遇到客人的投诉。投诉是一把双刃剑，必须对宾客投诉的利弊有正确的认识。

宾客投诉可以帮助酒店管理者发现酒店服务与管理中存在的问题与不足，是提高基层管理质量的推动力。宾客无论通过何种渠道进行投诉，只要有投诉产生，就意味着酒店在诸多方面有让客人不满意的地方，无论在管理上还是在服务上，还存在这样或那样的问题，通过投诉，酒店可以及时发现自己发现不了的工作漏洞，并引起酒店有关人士的注意和重视，及时堵塞漏洞，对症下药，改善经营管理，也有利于员工吸取经验教训，提高服务技能。事实上，宾客投诉的解决过程也是经营管理能力提高的良好途径。宾客直接向酒店投诉,为酒店提供了改善宾客关系、挽回自身声誉的机会。

宾客在酒店消费过程中不满、抱怨、遗憾、生气、动怒时,可能投诉,也可能不愿去投诉。不愿投诉的客人可能是不习惯以投诉方式表达自己的意见,认为投诉没有用,或是怕麻烦,认为投诉将浪费自己的时间,使自己的损失更大。这些客人尽管没有去投诉,但他们会在酒店通过其他途径来进行宣泄:或自我告诫,以后不再到该酒店消费;或向亲朋好友诉说令人不快的消费经历。这一切不仅意味着酒店将永远失去这位客人,也使酒店连向客人道歉的机会也没有了,而且还会失去一些潜在的客人。而宾客直接向酒店投诉,事实上就给了酒店对服务过程进行补救的机会,挽回酒店声誉,改善宾客关系,重建客人对酒店的信心。

因此,总体来说,酒店是欢迎宾客投诉的,作为服务人员,不能害怕和抗拒投诉,而要把宾客投诉看成是改善服务、提高技能的良好机会。

8.3.2 宾客投诉的原因

宾客投诉的原因可能来自两个方面:一是酒店方面的原因,主要表现为消费环境、消费场所、设施设备未能满足客人的要求;员工业务水平低,工作不称职、不负责任,岗位责任混乱,经常出现工作过失;部门间缺乏沟通和协作精神,管理人员督导不力;对客人尊重程度不够;服务指南、宣传手册的内容陈旧、说明不详实等。二是客人方面的原因,主要表现为对酒店的期望要求较高,一旦现实与期望相差太远时,会产生失望感;对酒店宣传内容的理解与酒店有分歧;个别客人对酒店工作过于挑剔等。具体来说,宾客投诉的原因主要有以下几大类:

1)对酒店服务员服务态度的投诉

对酒店服务员服务态度优劣的甄别评定,虽然不同消费经验、不同个性、不同心境的宾客对服务态度的敏感度不同,但评价标准不会有太大差异。尊重需要较强烈的客人往往以服务态度欠佳作为投诉内容,具体表现为:

(1)服务员待客不主动,给客人以被冷落、怠慢的感受。

(2)服务员待客不热情,表情生硬、呆滞甚至冷淡,言语不亲切。

(3)服务员缺乏修养,动作、语言粗俗,无礼,挖苦、嘲笑、辱骂客人。

(4)服务员在大庭广众中态度咄咄逼人,使客人感到难堪。

(5)服务员无根据地乱怀疑客人行为不轨。

2)对酒店服务效率的投诉

如果说上述对服务态度的投诉是针对具体服务员的,那么,以下内容的投诉则往往是针对具体的事件而言的。例如,前台入住登记手续烦琐,客人等候时间太长;邮件迟迟未送达,耽误客人大事;退房结账速度太慢等。在这方面进行投诉的客人有的是急性子,有的是要事在身,有的确实是因酒店服务效率低而蒙受经济损失,有的因心境不佳而借题发挥。

3)对酒店设施设备的投诉

因酒店设施设备使用不正常、不配套、服务项目不完善而让客人感觉不便也是客人投诉的主要原因,如客房空调控制、排水系统失灵,会议室未能配备所需的设备等。

4）对服务方法欠妥的投诉

服务方法欠妥，会对客人造成伤害，或使客人蒙受损失。例如，夜间大堂地面打蜡时不设护栏或标志，以致客人摔倒；客人延期住宿总台催交房费时客人理解为服务员暗指他意在逃账；因与客人意外碰撞而烫伤客人等。

5）对酒店违约行为的投诉

当客人发现酒店曾经作出的承诺未能兑现，或货不对板时，会产生被欺骗、被愚弄、不公平的愤怒心情。例如，酒店未实践给予优惠的承诺，某项酒店接受的委托代办服务未能按要求完成等。

6）对商品质量的投诉

酒店出售的商品主要表现为客房和食品。客房有异味，寝具、食具、食品不洁，食品未熟、变质，怀疑酒水为假冒伪劣品等，均可能引起投诉。

7）其他（酒店方面的原因）

服务员行为不检、违反有关规定（如向客人索要小费），损坏、遗失客人物品；服务员不熟悉业务，一问三不知；客人对价格有争议；对周围环境、治安保卫工作不满意；对管理人员的投诉处理有异议等。

8.3.3 处理宾客投诉的原则

1）真心诚意地帮助客人解决问题

客人投诉，说明酒店的管理及服务工作尚有漏洞，说明客人的某些需求没有受到重视。服务员应理解客人的心情，同情客人的处境，努力识别及满足客人的真正需求，满怀诚意地帮助客人解决问题。

2）绝不与客人争辩

遇到宾客投诉时，应选择适当的地点接受投诉，尽量避免在公共场合接受投诉；应该认真听取客人的讲述，对客人的遭遇表示歉意，还应感谢客人对酒店的关心。当客人情绪激动时，服务员应保持冷静，注意礼貌，绝不与客人争辩。

3）不损害酒店利益

接受客人的投诉时不可当着客人的面批评酒店其他部门或人员，甚至越权允诺而实际上又做不到的给客人物质方面的补偿。宾客的投诉可通过对客人的关心、体谅、照顾和提供优质的服务来解决。

8.3.4 宾客投诉的处理

1）认真倾听客人投诉并做好记录

对客人的投诉一定要认真听取，使客人感到他的问题受到了重视。倾听时应注视客人，不时点头示意表示理解明白，并表示歉意。为了使客人能逐渐消气息怒，还应对事件作好笔录，包括客人投诉的内容、客人的姓名、房间号及投诉时间等，以示对客人的尊重。笔录也是酒店处理客人投诉的原始依据。

2）设法使客人消气

接待客人投诉时，首先要保持冷静、理智，同时要设法消除客人的怒气。例如，请客人坐下来慢慢谈，同时为客人送上一杯茶水。这时要特别注意以下几点：

(1)先让客人把话说完,不可随便打断客人的讲述或是胡乱解释、辩解。

(2)客人讲话时(甚至是大声吵嚷时),要表现出足够的耐心,绝不能随客人的情绪波动而波动,不得失态。

(3)讲话时要注意语音、语调、语气及音量的大小。

(4)接待客人投诉时,要慎用“微笑”,以免使客人产生幸灾乐祸的错觉。

(5)处理投诉要掌握一定的技巧。例如,客人常常会提出“请你们经理来”的要求,这时要冷静地处理好每一个环节,不能一味地回绝客人,要先看问题是否能在自己这里解决,若客人一再坚持,而现场又不具备与经理单独通话的条件,且不方便请客人离开,那么与上级通话时最好说“请问张经理在吗? 有一位客人找他”,而不是“找您”,这样可以留给经理较宽的回旋余地。

3)对客人的遭遇表示同情和歉意

在听完客人的投诉后,应设身处地考虑分析问题,对客人的感受要表示抱歉、同情和理解,用适当的语言给客人以安慰,如“谢谢您告诉我这件事”、“对于发生这类事件,我感到很遗憾”、“我完全理解您的心情”等,这样会使客人感觉受到尊重,感受到酒店对此事的重视,也会使客人感到你和他站在一起,从而减少对抗情绪。同时,在与客人交谈的过程中,要注意用姓名来称呼客人。

4)对客人反映的问题应立即着手处理

客人投诉的最终目的是解决问题。因此,对于客人的投诉应立即着手处理,采取补救措施。这时应为客人提供可行性的选择方案,与客人协商,征得客人的同意,并确定问题解决所需要的时间。应将要采取的措施内容或行动计划有礼貌地通知客人,这样才会有机会使客人的抱怨变为满意,并使客人产生感激的心情。我们可采用问讯语的方式征求客人对即将采取改正措施的认可和同意。例如,“王先生,我们这样处理,您看是否合适?”“李小姐,假如我这样去做,你喜欢吗?”等。

5)对客人的批评指教要充满感激之情

我们经常会看到有许多服务行业有这样一句广告词:“如果满意,请告诉您的朋友;如果不满意,请您告诉我。”如果客人遇到不满意的服务,他不告诉酒店服务人员,也不提出投诉,但他把自己的不满告诉他的同事和朋友,这样就会极大地影响酒店的未来客源市场,影响酒店的声誉。为此,当酒店遇到客人的批评、抱怨甚至投诉的时候,不仅要欢迎,而且要表示感谢。感谢客人给酒店重新改正的机会。例如,当客人进行投诉时,服务员可以这样回答:“谢谢您,刘先生,您及时让我们知道服务中的差错,太感谢您了!”

6)要认真落实解决客人投诉的具体措施

处理客人投诉并获得良好效果,其中重要的一环便是落实、监督、检查自己采取的纠正措施。其一,要使改进措施顺利进行;其二,要使服务设施及服务水准均处于最佳工作状态;其三,要了解客人对处理结果的满意度。许多对酒店怀有感激之情的客人,往往是那些因投诉问题得到妥善处理而感到满意的客人,而为客人提供了解决方案却并未得到落实将会导致投诉再度升级。

7）与客人进行信息反馈

在解决方案得到落实之后，要与客人再次进行沟通，询问客人对投诉的处理结果是否满意，因为有时候酒店方面认为客人反映的问题已经解决了，但事实上并不能让客人满意。要注意必须在承诺给客人解决问题所需要的时间之内解决问题，并反馈意见，这样会使客人感觉到酒店对其投诉的重视，投诉处理的效率和意见的及时反馈又会给客人留下良好的印象。同时，应再次感谢客人把问题反馈给酒店，使酒店能够发现问题，并有机会改正错误。

8）整理归档

最后，要将事件经过及处理结果整理成文字材料，存档备查。

8.4 客房对客服务管理

酒店客房对客服务管理工作的目标是不断完善客房产品，提高服务质量，并使客人满意，同时尽可能地减少和避免客人投诉。因此，应把客房服务管理的各个要素建立在规范的流程之上，不断去完善服务流程中的每一步骤，关注流程中的每一个细节，才能实现服务质量的管理目标。

1）强化服务人员的服务质量意识

客房服务员是客房对客服务的直接执行者，其服务意识的培养和服务技能的提高是保证服务质量、达到服务“零缺陷”的前提条件之一。因此，在服务管理中要把对服务人员的培训列入管理工作的重要内容。一方面，要加强服务人员对服务质量的认识，使服务人员意识到服务质量是酒店的生存之本；另一方面，酒店应将服务质量标准化、服务方法规范化、服务过程程序化，并对服务人员进行质量标准知识教育和质量技能的培训，使服务人员在理解的基础上全面掌握、熟知这些标准，在具体工作中自觉地遵照执行并灵活运用。

2）建立严密的服务质量管理规章

在客房建立起完善的日检、周检、月检质量管理检查体系。由客房部经理负责，对客房区域内各项工作质量进行逐级检查、督促、监控，及时将检查结果记录在“酒店质量检查表”上，列出不合格项目，分析原因，采取措施整改，并跟踪检查。与此同时，加强服务质量的岗位责任制，使客房服务质量落实到岗位和个人，形成事事有人管、人人有专责、办事有标准、工作有检查的良性循环。

3）坚持标准化服务与个性化服务的结合

酒店提供的服务产品是人对人的服务，而且客房服务又具有较强的随机性和复杂性。客房服务不能仅仅停留在提供规范化、标准化的共性服务产品上面，而应根据客人超越共性的个性化需求，提供以规范化、标准化为基础的精细化的个性服务，这就需要员工在工作中有高度的自主性和灵活性。因此，客房部要为员工提供一个宽松的服务环境，建立一套激励机制，调动和发挥员工的积极性，充分挖掘员工的潜能。

4）坚持以预防为主的服务管理原则

酒店产品的特点之一是生产与消费的同步性。作为酒店产品的重要组成部分，要提高客房服务质量必须坚持以预防为主的原则,未雨绸缪,防患于未然。著名的“质量否定公式”:100 - 1 = 0 说明,客房服务是由多个不同内容的具体服务所构成的,在服务过程中,只要一个环节出了问题,就会影响客人对酒店整体服务的认知,而这种认知要经过相当长一段时间并真正感受到酒店的优质服务后才可能改观。

5)做好客房各服务环节的质量控制

客房服务工作是全过程的,它不仅包括客人住店期间所进行的服务工作,还包括服务前的准备工作和服务后的善后工作。围绕客人的入、住、离这三个阶段的服务是一个不可分割的、完整的过程。为了能达到 100% 的顾客满意,为顾客提供无差错服务,必须对事前、事中、事后三个环节的服务质量进行严格的控制管理。

事前管理就是做好客人入住前的准备工作,加强事前的过程设计,解决好影响过程的人、设施、方法、环境等方面的问题,消除质量事故发生的隐患。事中管理就是客人住店期间,以接待服务规范和服务标准为基础,加强对客服务过程的质量控制。因为服务质量形成于过程中,而服务过程中的情况又是千变万化的,发生了质量事故应立即采取纠正措施并加以改善。事后管理就是做好客人的离店工作,征求客人意见,并对服务质量进行科学的评价,提出改进意见。

6)建立服务质量信息反馈系统

客房部应通过各种渠道尽可能地搜集有关客房服务质量的信息,定期写出分析报告,找出服务上的不足,制定改进措施,促使服务质量不断提高。客房服务质量信息主要来自于客人,因此酒店要为客人提供信息反馈渠道,倾听客人的不同意见和建议,如客人意见卡、客人投诉处理、拜访客人、客人离店后的反馈信件等。另外,还可通过员工、同行业人士以及酒店内部的相关资料等途径获取相关信息。

7)制定有效的服务工作激励制度

建立良好的服务工作激励机制,在效率优先、兼顾公平的前提下,本着劳动、资本、技术、管理等生产要素按贡献参与分配的原则,将员工收入与业绩挂钩,合理拉开收入差距,实现薪酬的激励效果;通过满足员工的自尊、自我发展和自我价值实现的需要,建立员工实现自身价值的成长平台和成长通道,在较高层次上调动员工的工作积极性,形成时间长、力度大的长效激励机制。只有这样才能使酒店客房的服务和管理层次不断得到提升。

知识题

8.1 对客服务模式有哪些?分别有什么优缺点?

8.2 客房常规服务的项目有哪些?

8.3 如何做好物品租借服务?

8.4 如何做好贵宾服务?

8.5 试述宾客投诉处理的基本程序。

实务题

8.1 如果挂“请勿打扰”牌子，但房间内无人接听电话，应如何处理？

8.2 客人称钥匙遗忘在房内，要求客房服务员为其开门，应如何处理？

8.3 发现客人离店时有物品遗留在房内，应如何处理？

案例题

8.1　**好心办了坏事**

有一位先生来找453房间的客人。服务员告诉这位先生说：“453房间的客人出去了，现在不在房间。”来者说：“住在这个房间的人是我的朋友，我是来看他的，能不能帮我把门打开？”因为酒店有这方面的规定：服务人员不得为本房间以外的其他人开门，除非是房间的主人有留言，而且为来人开门时要核对证件、姓名。因为453房间的客人出去时没有留言，所以服务员没有为来访者开门，并且告诉来访者：“房间的主人没有留言，很抱歉不能为您开门。”来访者说：“没问题的，我们真的是朋友。”服务员耐心地说：“要不您下次先与您的朋友联系好了再来。如果您不着急，也可以到大堂的沙发上休息一会儿，等一等。”来访者又说：“我知道你们是为了住店客人的财产安全，这是应该的。可我进房间不是要往外拿东西，我是要往房间里放东西，这也不行吗？要不你们陪我一起把东西放进去。”服务员说：“没有客人的留言，房间门是不能开的。要不这样，您把东西放在我们这里，等453房间的客人回来后，我为您转交。”来者一听说：“行。”就把东西留下来了。

在来访者走后不久，453房间的客人回来了。服务员主动把来访者留下的东西送到了客人的房间。服务员的话只说了一半，客人就打断了服务员的话：“谁让你把东西留下的，那个人和我是业务关系，他就是趁我不在房间的时候来的，他是来向我行贿的，知道当面送来我是不会要的。如果我要了他的东西就麻烦了。”服务员一听这话，不知道该如何是好，站在那里一句话也说不出来。客人也理解服务员是好意，就对服务员说：“东西还是放在你们那里，他还会来取走的，是我不要，他不会怪你们的。”

服务员心里很别扭：真是好心办了坏事。

问题：服务员的工作错在哪里？有何启示？

8.2　**客人离房被阻**

北方某宾馆，一位四十来岁的客人陈先生提着旅行包从512房间匆匆走出，走到楼层中间拐弯处服务台前，将房间钥匙放到服务台上，对值班服务员说：“小姐，这把钥匙交给您，我这就下楼去总台结账。”不料，服务员小余却不冷不热地告诉他：“先生，请您稍等，等查完您的房后再走。”一面即拨电话召唤同伴。李先生顿时很尴尬，心里很不高兴，只得无可奈何地说：“那就请便吧。”这时，另一位服务员小赵从工作间出来，走到陈先生跟前，将他上下打量一番，又扫视一下那只旅行包，陈先生觉得受到了侮辱，气得脸色都变了，大声嚷道：“你们太不尊重人了！”小赵也不答理他，拿了钥匙，径直往512房间走去。她打开房门,走进去不紧不慢地搜点:从床上用品到立柜内的衣架,从衣箱里的食品到盥洗室的毛巾,一一清查,还打开电控柜的电视机开关查看屏幕。然后,她离房回到服务台前,对陈先生说:"先生,您现在可以走了。"陈先生早就等得不耐烦了,听到了她放行的"关照",更觉恼火,待要发作,或想投诉,又想到要去赶火车,只得作罢,带着一肚子怨气离开宾馆。

资料来源:王大悟,刘耿大. 2010. 酒店管理 180 个案例品析[M]. 北京:中国旅游出版社.

问题:本案例中服务员错在哪里,应该如何纠正?

实 训 题

实训项目一:客房服务。

实训目的:通过实训使学生能够熟练掌握各项客房服务操作。

实训步骤:(1)洗衣服务;

(2)擦鞋服务;

(3)送餐服务;

(4)夜床服务。

实训成果:学生随机抽取一项服务项目进行操作,并形成书面实训报告。

实训项目二:投诉处理。

实训目的:通过实训使学生具备宾客投诉处理能力。

实训步骤:(1)倾听并记录;

(2)道歉并使客人消气;

(3)提出处理意见并征得客人同意;

(4)落实投诉处理措施;

(5)向宾客反馈处理结果;

(6)资料归档。

实训成果:对每位同学处理宾客投诉的能力进行考核,并形成书面实训报告。

第9章 客房设备用品管理

学习目标

知识目标:了解客房设备及用品的合理配置;熟悉客房设备的管理过程及更新改造方法。

能力目标:掌握客房用品的控制方法;掌握客房用品消耗定额的制定;能够对客房设备进行正确的使用和日常保养;能够对客房用品实施日常控制与管理。

素质目标:培养服务人员管理客房设备用品的业务素质及相关的职业道德素养。

【引例】

客房用品的 A 与 B

戴小姐和陈小姐一同出差,预订了某市一家档次最高的酒店。抵达酒店时,已经是晚上22:15,戴小姐与陈小姐在总台办理了入住登记手续,住进了1606房间。因为第二天的日程安排得非常紧,在分别洗漱之后,打电话到总台要求早上7:00提供叫醒服务,两人又聊了一会儿,看了会儿电视,就休息了。

第二天早上,总机小姐准时叫醒了两位客人。当戴小姐走进卫生间后,发现一模一样的漱口杯和牙刷都放在右面的洗脸台上,她早已忘记哪只牙刷是自己的,哪只牙刷是陈小姐的。便又走出卫生间,问正在穿衣服的陈小姐:“你来看看,哪只牙刷是你的?”陈小姐来到卫生间,看着放在一起同样的牙刷和漱口杯,也已经不清楚哪只是自己的。于是就对戴小姐说:“打个电话到客房中心,再要两副牙具吧,我也分不出来哪个是我的。”于是,她们便打电话到客房中心,客房服务员小李很快就将客人所需的牙具送到1606房间,戴小姐为服务员打开了房门,说:“我们分不清哪只牙刷是谁的了,谢谢你。”小李笑着说:“我们遇到过很多次这种情况了,酒店已经采取措施,专门定做了新牙具,新牙具的柄分为墨绿和紫红两种颜色,比较容易分清,从下周开始使用。”客人也笑着说:“这样就好了,不需要客人每天晚上讨论你的牙具放在左边还是右边,早上再确认,很担心用错了别人的牙具。”

资料来源:孔永生.2007.前厅与客房细微服务[M].北京:中国旅游出版社.

客房设备用品是客房服务的物质基础,是保证客房部正常运转必不可少的物质条件。客房部的设备用品既反映了酒店的等级和规格,直接影响到客房的服务质量及客人对酒店的满意程度。加之客房物品品种多、耗量大,加强客房设备用品的管理,是酒店节能降耗、控制经营成本的重要环节。做好客房设备用品的选择和采购、使用与保养、储存与保管工作,是客房管理的重要任务。

9.1 客房设备管理

酒店客房的设备主要包括客房设备和清洁设备两大类。客房设备种类繁多,价值相差悬殊,必须用科学的方法,做好客房设备的管理工作。

9.1.1 客房设备的合理配置

1)客房设备的分类

客房设备主要包括家具、电器、卫生设备、安全设备及一些配套设施。

(1)家具。客房家具以实用性家具为主,主要有床、床头柜、写字台、软座椅、小圆桌、沙发、行李架、衣柜等。

(2)电器。客房内的主要电器设备有照明灯具(包括门灯、顶灯、地灯、台灯、床头灯等)、电视机、空调(高级酒店一般使用中央空调)、电冰箱、电话(房内常设两部电话,一部放在床头柜上,另一部装在卫生间)、吹风机等。

(3)卫生设备。卫生设备主要有洗手盆、浴缸、坐厕、毛巾架、镜子、垃圾桶等。

(4)安全设备。为了确保宾客的生命、财产安全,客房内一般都装有烟雾感应器,门上装有窥镜和安全链;门后张贴安全指示图,标明客人现在的位置及安全通道的方向;楼层走廊安装监控器,可以观察楼层通道的情况;客房及走廊还装备自动灭火装置自动喷淋,一旦发生火灾,安全阀即自动熔化,水从灭火装置内自动喷出;安全门上装有昼夜明亮照明指示灯。凡属防火防盗的安全设施应经常检修保养,以免因损坏或失灵造成严重后果。

2)客房设备的选择

客房设备选择的基本要求是技术上先进,价格上合理,符合酒店的档次,适应客人的需要,有利于提高工作效率和服务质量,又能够经济实用,有利于酒店控制成本。

(1)实用性。客房设备选择首先要考虑其实用性。不仅要考虑满足客人的实际需要,方便客人使用,而且要考虑到能便于员工操作,以提高工作效率和服务质量。

(2)安全性。客房设备的选择和购置要考虑是否具有安全性及有应急措施。例如,家具饰物的防火要求、冷热水龙头的标志、电器设备的保护装置,甚至包括防滑、防静电、防碰撞、防噪音污染等要求,另外,商家售后服务也是设备安全的重要保证。

(3)配套性。要根据客房的不同等级和服务项目,选择不同的设备,即设备与客房等级要配套。例如,总统套房、标准间、经济间的设备就应分档次配备。要注意整体的协调性,以保持家具的一致性和外观的协调性。要注意设备的大小、造型、外观色彩、质地等必须与客房相协调,整个房间有一个统一的主色调。

(4)经济性。酒店客房设备的购置和更新要选择与酒店的档次相适应,并在同类型酒店中较为先进和具有特色,注意控制成本,同时还要考虑设备使用过程的节能和环保。电热水壶、电热淋浴器等虽然使用方便而且美观,但耗电量太大,酒店应该统筹考虑购置成本、后续使用成本和维护成本。

9.1.2 客房设备的使用和保养

1)客房家具的使用和保养

家具分为木制家具、竹制家具、金属制家具等多种,酒店客房一般使用木制家具较多。由于木制家具易变形、易腐蚀、易燃,因此除了经常清洁表面灰尘外,还要特别注意防潮、防水、防热、防蛀。木制家具的维护与保养见表9-1。

表9-1 木制家具的维护与保养

项目	做法及要点
1. 摆放	(1)家具放置一般要离墙5~10cm; (2)避免阳光直射; (3)装有暖气片的房间,家具摆放与暖气片应有一定的距离。
2. 清洁	(1)家具上有水迹、污迹要及时擦干净,用软质抹布擦拭; (2)若有难以擦除的污垢,可在抹布上蘸少许清洁剂或牙膏擦拭,也可以用家具蜡擦除。
3. 日常保养	(1)平时应避免阳光暴晒; (2)平时避免将潮湿物件放在家具上; (3)壁橱、柜台、抽屉可放些防虫香或喷洒防虫剂,以防虫蛀。
4. 定期上蜡	(1)用软干布蘸上家具蜡擦拭家具; (2)待蜡稍干后再用软干布擦拭一遍,使其形成保护膜,并保持光亮。

2)客房地毯的使用和保养

绝大部分酒店在客房卧室保留地毯,而卫生间门口和走廊采用大理石铺设。客房地毯的清洁和保养见表9-2。

表9-2 客房地毯的清洁和保养

项目	做法及要点
1. 吸尘	(1)地毯在使用期间必须每天吸尘; (2)要注意地毯上的污点,一旦发现便要对症下药立即清除,以免日久无法清除或腐烂。
2. 清洗	(1)可根据地毯的使用情况和脏污程度决定清洗保养的频率; (2)常用的方法有湿旋法、干泡清洗(酒店常用的方法)、喷吸法、干粉除污法; (3)清洗完毕,用大吹风机或者通风自然晾干。
3. 日常保养	在地毯底下放些药物以防虫蛀。

【知识链接9-1】

常见地毯污渍处理方法

(1)泥土:①让泥巴自然干燥;②用刷子轻轻擦拂;③成碎末后用吸尘器吸净。

(2)口香糖:①用塑胶袋包住冰块,将口香糖变硬;②待凝固后用钝刀片刮除或碾碎后用吸尘器吸除。

(3)血渍:①用餐巾纸擦去血渍;②倒些冷水后用干布吸干;③待干后再倒些冷水再吸干,如此反复多次;④干后用刷子刷地毯表面。

(4)油漆、颜料:①用餐巾纸把油漆吸干;②以树脂油沾湿布擦拭,再用清水清洗;③干后用刷子刷地毯表面;④焦痕用刀片将烧焦部分刮除即可,若较明显则应请外包商修补。

(5)呕吐物:①先将脏物清除,以免扩散;②用报废干布吸干水分;③用冷水清洗后吸干,可加点白醋增加挥发,反复多次,直到没有脏物痕迹与气味为止;④适当喷洒一点空气清新剂;⑤若脏物面积较大,无法立即清除,可请求外包商处理。

(6)橙汁、咖啡、酱油、茶:①用报废干布或餐巾纸吸干有色液体,尽量控制污染面积;②用清水清洗后吸干;③用苏打水配合牙刷清洗;④再用清水清洗,吸干;⑤范围较大可求助外包商。

(7)碎玻璃:①可先用黏胶带在碎片部位粘一遍;②再撒些饭粒,用扫帚清扫;③然后用吸尘器吸,务必使玻璃碎片全部清除完。

3)客房主要电器的使用和保养

(1)电视机的使用和保养。电视机的使用和保养见表9-3。

表9-3 电视机的使用和保养

项目	做法及要点
1. 摆放	(1)为防止机内热量积聚,摆放时切勿堵塞散热口; (2)应放在通风、干燥的地方,避免阳光直射或暴晒,离墙5cm以上,勿置于高温、潮湿之处。
2. 使用	(1)遥控器不能正常使用,大多是因电池电力不足,应及时更换电池; (2)遥控器如果长期不使用,应取出电池。
3. 维护	(1)电视机若长期不用,应拔下电源插头,并用布罩套好; (2)雷雨天气,最好不要开电视,并拔下电源插头; (3)电视机长期不使用,夏季应每月通电1次,时间为2小时以上;冬季3个月通电1次,时间为3小时以上,以驱除湿气。
4. 保养	(1)清洁时用柔软的干布擦净机壳外表和屏幕上的灰尘; (2)若机壳较脏,需用清洁剂,应选用中性清洁剂。

(2)空调的使用和保养。酒店常用的空调有两大类:一类是中央空调系统,一类是房间空调器。中央空调系统的维护工作由工程部负责,客房部主要做好房间空调器的使用和保养。空调器的使用和保养见表9-4。

表 9－4 空调器的使用和保养

项目	做法及要点
1. 日常保养	(1)若关闭后再重新启动空调器时，必须等3分钟以后，以免因机器内气体没有得到充分平衡，造成重新开机时负荷过大，损坏电动机； (2)机器运转有异常时，应立即停机检查，排除故障后方可重新开机。
2. 清洁	(1)空调器内部冷凝器、蒸发器等处的灰尘可用软毛刷进行清扫； (2)经常清洁空调器风口、过滤网，通常1～2周清洗一次。清洗时先取下网格、过滤网，用低于40℃的温水或肥皂水、中性洗涤剂溶液清洗，然后用清水洗净，并用软布将水吸干。

(3)电冰箱的使用和保养。酒店客房的电冰箱一般是单门冰箱，主要以冷藏为主。电冰箱的使用和保养见表9－5。

表 9－5 电冰箱的使用和保养

项目	做法及要点
1. 搬运与安装	(1)搬动电冰箱时要防止剧烈的振动，箱体要平稳直立，斜角不可小于60°，切勿将冰箱倒置； (2)电冰箱背部离墙要有10cm以上，以保证散热； (3)要有独立的电源插座和可靠的地接线。
2. 维护	(1)电冰箱长期不使用时，应拔下电源插头切断电源，取出饮料食品，并清洁干净； (2)在阴雨潮湿季节，由于湿度大，空气中的水分会凝结成水珠吸附在箱体外壳，要用柔软干布擦掉； (3)箱体内外部应经常清理，可用温水或中性清洁剂擦洗； (4)电冰箱使用要保持连续性，不可采用日开夜停的方法； (5)应尽量减少开、关门的次数和缩短开门的时间； (6)电冰箱停用后，每月应接通电源1次，时间为0.5～1小时。
3. 除霜	(1)蒸发器表面结有一定厚度(约5mm)的冰霜时，应及时除霜，否则会影响制冷效果； (2)手动式除霜：拔掉电源插头，待箱体内壁上的冰融化后，用塑料铲轻轻地将冰块去掉，再用软布蘸上温水擦净； (3)半自动式除霜：用手按下按钮，使冰箱进行除霜工作，除霜结束后，按钮自动复位； (4)自动式除霜：一般24小时1次，电冰箱的定时器会自动进行除霜工作，使蒸发器的结霜除去。

9.1.3 客房设备的管理与更新改造

1)客房设备的管理

客房设备可分为固定资产和低值易耗品，在性能上也有各种不同的用途，要按一定的分类法进行分类编号，建立账卡和设备档案卡，另外要建立设备日常管理制度以便加强管理。

(1)建立账卡。建立账卡(简称建账)就是将客房楼层各类设备详细地登记在设备账本上,在建账过程中要做到"账物相符"和"账账相符"。建账要求分类细致,通常设备有多少种,账本就应有多少页,每一页应登记的项目如表9-6所示。

表9-6 楼层设备账本

楼层	名称	编号	规格	数量	领出	结存	建账日期	经手人

(2)建立设备档案卡。楼层设备还要建立相应的档案卡(简称建卡)。建卡时要求做到"账卡相符",即档案卡登记设备的品种数量要与账本相符合,以便核对控制。设备在使用过程中发生维修、变动、损坏都应在客房设备档案卡上做好登记,设备的使用状况也要做好记录。在建客房设备档案卡时要按一定的分类法进行分类编号,使每件设备都有分类号,便于管理。"客房设备档案卡"如表9-7所示。

表9-7 客房设备档案卡

<table>
<tr><td>项 目</td><td>购买日期</td><td>供 应 商</td><td>价 格</td></tr>
<tr><td></td><td></td><td></td><td></td></tr>
<tr><td colspan="2">型　　号________
出外维修________</td><td colspan="2">编　　号________</td></tr>
<tr><td>日 期</td><td>价 格</td><td>维修项目</td><td>修理方式</td></tr>
<tr><td></td><td></td><td></td><td></td></tr>
<tr><td></td><td></td><td></td><td></td></tr>
</table>

设备的编号,酒店一般采用三节编码法。第一节表示设备种类,第二节表示使用部门,第三节表示设备编号。例如,客房的书桌可写成:C2—1—3。

其中:C——家具类,2——书桌,1——客房部,3——书桌的编号。

设备档案主要包括两部分,一部分是客房装修资料。要求将家具饰物、地毯织物、建筑装饰和卫生间材料等分类记录下来,并注明其规格特征、生产厂家及装修日期等。还包括楼层设计图、织物样品、照片资料和客房号码等装修资料。这些资料做好后,还应根据新的变化不断补充和更新。另一部分是客房历史档案。所有客房,甚至公共区域都应该设有历史档案。历史档案包括有哪些家具饰物、装修或启用日期、规格特征和历次维修保养记录等。

除了建立设备档案卡外,所有客房都应该建立"客房历史档案"(如表9-8)。客房历史档案的内容有房号、类型、配备设备、规格特征、制造商、装修或启用日期、维修保养记录等。

表 9 - 8 客房历史档案

房号______ 类型______

配备设施	规格特征	制造商	装修或启用日期	维修保养记录
床垫床架				
床头板				
梳妆台				
书桌				
床头柜				
书桌椅				
沙发				
行李柜				
台灯				
床头柜灯				
地灯				
镜子				
窗帘				
地毯				
……				

(3)工作计划表。在客房部经理办公室应设有一份工作计划表,工作计划表列明需要安排特别工作的房号或区域,如大维修或更换物件、重新装修等,待所列的工作完成后则记录到相应的档案中。

(4)建立设备日常管理制度。具体包括:

其一,做好培训工作。客房部要加强对客房楼层员工的技术培训,提高他们的操作技能,培养其良好的职业道德及责任心,自觉爱护设备,掌握楼层各类设备的用途、性能、使用及保养方法。

其二,制定保养制度。所有的设备均应制定保养制度,定期对设备进行检查维护,使其处于正常的状态。例如,定期给家具上蜡、给电话机消毒;各种设备都应注意防潮、防锈、防腐蚀、防超负荷使用;那些存在库房中的备用设备或维修、报废设备必须擦干净、摆放整齐,并有防护措施。

其三,做好相关记录。楼层客房设备不能随意搬进搬出。客房设备的搬动或更换,都必须办理相关手续。所有需要出门维修的设备,即使是从客房部拿到工程部,都必须由客房办公室做好记录,填写“客房设备维修保养卡”(见表 9 - 9),同时要在原设备摆放处打上维修标志或用备用品补充上去,直到维修的设备送回原处。

其四,制定报损、赔偿制度。如果住客不慎损坏了客房设备,应根据酒店有关赔偿制度索赔并填写"客房遗失损坏报告表"(见表9-10)。如果无法修复,应按有关程序报废。若是员工损坏设备,则根据具体情况作出相应的处理。

其五,定期盘点。客房楼层设备要定期盘点,以免日久或交接频繁出现误差。发现账物不符,要找出原因,及时处理。

表9-9　客房设备维修保养卡

维修卡 NO.	维修附卡(1) NO.	维修附卡(2)
日期______	日期______	日期______
物件名称______	物件名称______	物件名称______
取自______	收件部门(人)______	收件部门(人)______
收归______	收件日期______	收件日期______
需维修项目______	送修部门(人)______	送修部门(人)______
______	送至______	送至______
______	送修日期______	送修日期______
______	备注______	备注______
______	______	______

表9-10　客房遗失损坏报告表

房号	团体	散客	报告时间	遗失	损坏	物品名称	数量(单位)	客房报失者或员工损坏者	收银接报者	备注

2)客房设备的更新改造

为了保证酒店的规格档次和风格协调,保持并扩大对客源市场的影响力,满足宾客不断变化的需求,酒店要制定客房设备的更新改造计划,并根据市场情况对一些设备进行强制性的淘汰。客房部应与工程部一起制定固定资产定额,设备的添置、折旧、大修和更新改造的计划以及低值易耗品的摊销计划,减少盲目性。

(1)常规维护。这项工作一般每年至少进行一次,其目的是保持客房的基本标准。其内容包括:①地毯、饰物的清洗;②墙面的清洗和粉饰;③常规检查和保养;④家具的修饰;⑤窗帘、床罩的洗涤;⑥上油漆。

(2)部分更新。客房使用达5年时,即应实行更新计划。部分更新包括:①更换地毯;②更换墙纸;③沙发布、靠垫等装饰品的更新;④窗帘、帷幔的更换;⑤床罩的更换。

(3)全面改造。全面改造往往是7~10年进行一次。它要求对客房陈设、布置和格调等进行全面彻底的更换、改变及调整。其项目包括:①橱柜、桌子的更新;②弹簧床垫和床架的更新;③座椅、床头板的更新;④更换新的灯具、镜子和画框等装饰品;⑤地毯的更新;⑥墙纸或油漆的更新;⑦卫生间设备的更新,包括墙面和地面材料、灯具和水暖器件等。

客房设备的更新尤其是全面更新改造前，一定要做广泛的市场调查，了解国内外同行业情况，掌握酒店业、旅游业最新发展趋势，根据市场需求合理地调整设施配备和产品结构，根据酒店自身的经济实力，既要适合需求，又要有一定的超前性，搞出特色，以保持和增强酒店的竞争力。另外，还需要考虑改造成本，力求尽快收回投资。

对客房设备的更新改造应根据各酒店的具体情况提前做好计划。若延期进行，可能出现补[illegible]式的跑马工程和酒店规格水准的下降。

【知识[illegible]—2】

客房设备的设计应体现哪些理念

客房作为酒店出售的最重要的有形商品之一，设备是构成其使用价值的重要组成部分。科学技术的发展及宾客要求的日益提高，促使酒店客房的设备设计体现了一些新理念，这些新理念主要体现在个性化、科技化和安全性等方面。

①方便舒适。大多数酒店提出的经营理念都是为客人创造一个“家外之家”的感觉，因此，设计应以客人的需求为导向。例如，通过调查，住酒店泡浴缸的人比例很少，淋浴间取代浴缸已成趋势；在房间灯具设计方面，如取消床头灯，在床上方天花板安装射灯，光线刚好调到客人躺坐在床上看书的位置，一方面光线够集中，另一方面也减少了床头灯支架所占据的位置，减少了压抑感，扩大了客人的视线空间。

②注重安全。客房一经销售给客人，客人就拥有了使用权，除以客人的需求为导向和经济成本为考虑前提外，也要注意如何便于管理和确保安全。

房间的灯具选用不当也会对客房安全管理造成一定的威胁。部分客人喜欢将衣物放在裸露着灯泡的床头灯或落地灯上，从而形成了安全隐患，如果选用天花板吸顶灯或有灯罩围绕着使灯泡不裸露的灯具，能在一定程度上保证以上现象不会出现安全问题。

酒店客房维修保养工作比较头疼的一点是房间低位的保护，如墙角、门框和家具等位置容易被行李等物撞坏，如果将房间的低位物品镶上金属包边，只要设计美观，既起到装饰作用，又有效地保护了墙角、门框和家具等物品的完整性，方便了管理。

③标新立异。例如，广州某酒店坐落在长隆动物园旁边，酒店设计无论在公共区域还是在客房，从装饰到用品都突出以“动物为本”。标新立异，突出特色和创意，是一个比较成功的例子。当然，这些绝没有给客人不安全或造成不安的感觉，特色和创意迎合了客人求新的欲望，因此酒店生意火爆，平均开房率和房间价格均比广州五星级酒店要高。

21 世纪酒店客房的虚拟现实、生物测定、特色音乐等先进技术将赋予酒店全新的挑战，舒适、安全的标准和概念将有全新的含义，使产品和技术在未来客房形成以下可能：光线呼唤，以房间的灯光进行叫醒；虚拟现实的窗户，提供由客人自己选择的窗外风景；特色音乐，客人可选择能使自己感到最舒服的背景音乐；电子控制的床垫，可使不同的客人都得到最舒服的感觉；无钥匙门锁系统，以指纹或视网膜鉴定客人的身份；等等。

为了满足各类客人的需求，在酒店内部专门设立商务楼层、无烟楼层、女士客房、无障碍客房及根据酒店特色、当地的资源为宾客特别需求而设计布置的特色房，如专门设计的商务旅游型客房、蜜月旅游型客房、会议旅游型客房、旅游疗养型客房等。

【知识链接9-3】

客房设备配置发展趋势

1)个性化趋势

作为现代化的酒店,在客房的设备配置上应从宾客的角度出发,使客人在使用客房时感到更加方便,感受更加舒适。比如,传统的床头控制板即将被淘汰,取而代之的是"一钮控制"的方式,也就是说,客人晚上睡觉时只需一个按钮就可将室内所有需要关掉的电器、灯光关掉。又如,客房中的连体组合型家具不但使用起来不方便,而且使得酒店客房"千店一面",相应地,分体式单件家具使客房独具特色,而且住宿时间稍长的宾客还可按自己的爱好、生活习惯布置"家居",岂不惬意?

为了满足各类客人需求而配置的各类客房日益突出个性化,房间面积增大,卫生间更是如此,另外,卫生间的浴缸与淋浴分开。

2)智能化趋势

可以说智能化趋势最为淋漓尽致地体现了个性化的理念。因为在智能化的客房中,宾客可以体验如下的美妙感受:将为客人提供网上冲浪等 Internet 服务,客人所需的一切服务只要在客房中的电视、电脑按键选择即可;客人更可以坐在屏幕前与商务伙伴或家人进行可视会议或交谈;宾客可以将窗户按自己的意愿转变为美丽沙滩、辽阔大海、绿色草原的美景;还可在虚拟的客房娱乐中心参加高尔夫球等任何自己喜爱的娱乐活动;房间内的光线、声音和温度都可根据客人的个人喜好自动调节,提供由电脑控制水温的带冲洗功能的恭桶等。

3)安全性趋势

安全的重要性是不言而喻的,因此它需要更加完善的设施加以保障。比如,客房楼道中应用微型监控系统;客房门上设置无钥匙门锁系统,客房将以客人的指纹或视网膜鉴定客人的身份;客房中安装红外感应装置,服务员不用敲门,只需在工作间通过感应装置即可知道客人是否在房间,但却不会显示客人在房间中的行为。另外,床头柜和卫生间中安装紧急呼叫按钮,以备在紧急情况下酒店服务人员与保安人员能及时赶到。这些设施大大增强了客房的安全性,同时又不会过多打扰客人,使客人拥有更多的自由空间而又不必担心安全问题。

9.2 客房用品管理

客房用品又称日常客用品,主要是供客人日常使用的物品,常称为低值易耗品。这些物品品种多,数量大,使用频率高,又有很强的实用性,在客房部的费用中,客房用品的耗费占较大的比重,但伸缩性也很大。如果管理不善,就会造成浪费和流失,增加成本。因此,加强客房用品的管理,是客房管理工作中的重要一环。

9.2.1 客房用品的控制

1)客房用品的分类

客房用品的分类方法很多,但主要有两种:一种是按消耗的形式划分,另一种是按供应的形式划分。

(1)按消耗的形式划分：

①一次性消耗品，如茶叶、信笺、信封、牙刷、香皂、梳子、洗浴液等。

②多次性消耗品，如布草、卫生间“四巾”、衣架、烟灰缸、杯具等，这些用品可连续多次供客人使用。

此种分类方法有利于客房部分类制定客房用品的消耗定额，加强客房用品的预算和控制。

(2)按供应的形式划分：

①客房供应品。客房供应品即上面所说的一次性消耗品。客房供应品是客人可以带离酒店的物品，包括香皂、洗衣袋、礼品袋、鞋擦、文具、一次性拖鞋、洗浴液、洗发液、牙具、淋浴帽、梳子、卫生纸、火柴、面巾纸、茶叶、针线包、圆珠笔、明信片等。

不同酒店对客房供应品的范围作了不同的规定。有些豪华酒店的供应品还包括指甲刀、一次性剃须刀、糖果、鲜花等。

②客房备用品。这类物品是放在客房或在客房内使用的，一般不允许客人带走，但经常会被客人当做纪念品带走，包括衣架、卫生间防滑垫、棉织品、茶具、酒具、烟灰缸、服务夹等。

③宾客租借品。这类物品一般不放在房内，而是存放在客房服务中心，供客人临时需要而借用的。有不少客人，特别是女客，常会向酒店借各种用品，如吹风机(现在不少酒店已在房内配备)、熨斗、熨衣架、冰袋、急救袋、泡沫枕头等。因此，客房部应准备这类物品，以满足客人的需求，同时要有相关制度，以保证这些借用物品的归还。

客房备用品和宾客租借品都属于多次性消耗品，此种分类方法有利于客房用品的分类保管和使用。

2)客房用品的选择

由于客房用品的种类繁多，因而在选择时必须坚持四项原则。

(1)实用。客房用品是为了方便客人的住店生活而提供的，所以要做到实用，由于其消耗量大，选择时要考虑成本问题。

(2)美观。美观而大方的客房用品布置在清洁舒适的客房，是酒店档次高的重要标志。

(3)适度。客房用品应能体现酒店的档次并突出酒店的风格、特色，而不是种类越多越好。

(4)环保。客房用品涉及的品种多，使用频率高、数量大，且这些物品大多为塑料及其他化学物质的一次性用品，会对环境造成很大污染，因此还要坚持环保的原则。

总之，客房用品不仅种类多，而且也处在不断地筛选和改进中。酒店在选择时应遵循上述四条原则，并结合工作经验和具体情况来进行。有时，别出心裁的选择可以收到意想不到的效果。例如，某酒店的客房中提供了小袋的洗衣粉，这不仅为客人洗内衣等小物件解决了困难，同时还节省了香皂的发放量。

9.2.2 客房用品消耗定额的制定

制定客房用品的消耗定额，就是以一定时期内为完成客房接待任务所必须消耗的物资用品的数量标准作为基础，将客房用品消耗的数量定额加以确定，并逐月分解和落实到每个楼层，以加强计划管理，用好客房用品，达到增收节支的目的。

1）一次性消耗品的消耗定额

客房部通常按客房总数、客房类型（通常以单间房配备为基础）及年均出租率来计算一次性消耗品年均消耗定额。计算公式如下：

$X = Q \cdot H \cdot F \cdot 365$

式中，X 指单项客房用品的年平均消耗定额；Q 指单间房每天配备的物品数量；H 指酒店客房数量；F 指年平均客房出租率（开房率）。

例如，某酒店有客房 450 间，经预测年平均开房率为 75%，一次性消耗品牙具的单间配备量为 2 套/天，则牙具的年平均消耗定额为：

$X = 2 \times 450 \times 75\% \times 365 = 246\ 375$（套）

2）多次性消耗品的消耗定额

客房部通常按照一定时间内物品的更新率来确定多次性消耗品的消耗定额。计算公式如下：

$Y = q \cdot h \cdot r$

式中，Y 为单项客房备品年度消耗定额；q 为单间房配备品数量；h 为客房总数；r 为客房多次性消耗品年度更新率。

例如，某五星级酒店，拥有客房 600 间，被套的单间房配备数量为 2 套，每套 4 张，其年度更新率为 50%，则被套的年度消耗定额为：

$y = (2 \times 4) \times 600 \times 50\% = 2\ 400$（张）

9.2.3 客房用品的日常控制和管理

1）建立三级控制制度

客房部对客房用品的日常控制，一般采取三级控制的方法。

（1）第一级控制：楼层领班对服务员的控制。

①通过服务员工作表控制服务员的消耗量。楼层领班通过服务员的做房报告控制每个服务员领用的客房用品，分析和比较各个服务员每房、每客的平均耗用量。服务员按规定的数量和品种为客房配备和添补客房用品，并在服务员工作表上做好登记。领班凭服务员工作表对服务员领用客房用品的情况进行核实，防止服务员偷懒或克扣客房用品据为己有。

②检查与督导。领班通过现场指挥和督导，减少客房用品的浪费和损坏。领班督导服务员在引领客人进房时，必须按服务规程介绍房间设备用品的性能和使用方法，避免不必要的损坏。督导和检查服务员清扫房间的工作流程，杜绝员工的野蛮操作。例如，少数员工在清洁整理房间中图省事，将一些客人未使用过的客房用品当垃圾一扫而光，或者乱扯乱扔客房用品等，领班应及时对其加强爱护客房用品的教育，尽量减少浪费和人为的破坏。

（2）第二级控制：建立客房用品的领班责任制。

各种客房用品的使用主要是在楼层进行的，因此，客房用品使用的好坏和定额标准的掌握,关键在领班。建立楼层客房用品的领班责任制,是客房部对客房用品的第二级控制。

①楼层配备客房用品管理人员,做到专人负责。楼层可设一名兼职的行政领班和一名业务领班。行政领班负责楼层物资用品的领发和保管,同时协助业务领班做好对服务员清洁、接待工作的管理。小型酒店则不设行政领班,而由楼层领班兼管物资用品的保管和领发工作。

②建立楼层家产管理档案。平时如有家产增减或移动,必须由楼层主管或经理批准,并由楼层主管在家产登记卡上进行更改,以加强领班的责任心。

③领班每天汇总本楼层消耗客房用品的数量,向库房报告。

④领班每周日应根据楼层的存量和一周的客房用品消耗量开出领料单,交客房中心库房。

⑤每月月底配合客房中心库房的物品领发员盘点各类客房用品。

⑥随时锁好楼层小库房门,工作车按规定使用。

(3)第三级控制:客房部对客房用品的控制。

①客房中心库房对客房用品的控制。设立客房部中心库房的酒店,可由客房中心库房的物品领发员或客房服务中心对客房楼层的客房用品耗费的总量进行控制,负责统计各楼层每日、每周和每月的客房用品使用消耗量。结合客房出租率及上月情况,制作每月的客房用品消耗分析对照表。

②楼层主管对客房用品的控制。楼层主管或客房部经理对客房用品的控制主要通过制定有关的管理制度和加强对员工的思想教育来实现。

③防止访客的偷盗行为。这就要求酒店实行访客登记制度,尽可能少设置出口通道,对多次性消耗品,如烟灰缸、茶杯、茶叶盒等可标上酒店的标志,管理好工作车,将衣架固定起来等等。

2)客房用品的储备

楼层客房用品应有一定的储备量,制定一个合理的客房用品储备量既能满足对客服务的需要,又不会过多占用流动资金。

(1)客房配备标准。客房配备标准详细规定各种类型及等级的客房用品配备及摆放位置,并将其以书面形式固定下来,最好附有图片,以供日常发放、检查及培训之用。这是控制客房用品的基础。

(2)工作车配备标准。工作车配备标准一般以一个班次的客房用品消耗量为基准。如早班清扫员每天清扫12间客房,就以12间客房的客房用品消耗量来配备各类物品。

(3)楼层工作间储备标准。楼层工作间一般备有一周的客房用品储存量,客房用品储存量应列出明确的标准置于工作间,以供员工申领时对照。

(4)客房部库房储备标准。客房部库房通常储备一个月的客房用品。它既可供各楼层定期补充客房用品,又可满足楼层因客房用品消耗量过大而造成的临时领料。目前有一些酒店为了加强对客房用品的管理、减少人员开支,通常只设总库房(一级库),各部门不另设库房,即二级库,总库房分早、中、晚班,以备领料。

3)客房用品的发放和日常管理

(1)客房用品的发放。客房用品的发放应根据楼层工作间客房用品的配备标准和消耗情况,规定使用周期和领发时间,一般是一周发放一次,固定在某一天。这样不仅可以方便库房的工作,也可使楼层日常工作条理化,减少漏洞。在小型酒店,客房用品的领发和保管一般由楼层领班兼管,大型酒店可设专人负责。楼层领班每天汇总楼层客房用品的消耗量(如表9-11),每周汇总一周的客房用品消耗量,再根据楼层的存量开出“物品申领单”(见表9-12、表9-13),到库房领取。

表9-11　**楼层每日消耗客房用品汇总表**

统计人＿＿＿＿＿　日期＿＿＿＿＿

楼层 名称	3F	4F	5F	6F	7F	8F	9F	10F	11F	12F	13F	14F	15F	16F	总数
圆珠笔															
夹纸笔															
针线包															
擦鞋纸															
意见书															
明信片															
礼品袋															
洗衣袋															
……															

表9-12　**物品申领单(A)**

楼层(FLOOR):　日期(DATE):

客用物品 GUEST SUPPLIES							
事项 Items		要求 Request	供应 Issued	事项 Items		要求 Request	供应 Issued
1	信纸 Writing Paper			18	便笺 Memo Pad		
2	信封 Envelope			19	清洁卡 Service Card		
3	航空信封 Envelope Air Mail			20	针线包 Sewing Kit		

续表

客用物品 GUEST SUPPLIES							
	事项 Items	要求 Request	供应 Issued		事项 Items	要求 Request	供应 Issued
4	电传/电报表格 Telex/Cable Form			21	火柴 Matches		
5	介绍册/价目表 Brochure/Tariff			22	浴帽 Shower Cap		
6	明信片 Postcard			23	洗发液 Shampoo		
7	洗衣单(水洗) Laundry			24	沐浴液 Bath Foam		
8	干洗及熨衣单 Dry-Cleaning & Press List			25	护发素 Hair Conditioner		
9	房间酒水单 Mini Bar Voucher			26	香皂 Soap		
10	早餐卡 Breakfast Card			27	火柴 Matches		
11	客房餐牌 Room Service Menu			28	面纸 Tissue Paper		
12	服务指南 Service Directory			29	厕纸卷 Toilet Paper Roll		
13	请勿打扰及请即打扫卡 DND/Please Make Up Room Card			30	化妆棉球 Cosmetic Cotton Ball		
14	服务意见书 Guest Questionnaire			31	剃须刀 Razor		
15	文具夹 Stationery Folder			32	牙刷套 Tooth Brush Set		
16	行李贴 Sticker			33	拖鞋 Slipper		
17	圆珠笔 Ball Pen			34	鞋拔 Shoe Board		
…	…			…	…		

表9－13 物品申领单(B)

楼层(FLOOR): 日期(DATE):

清洁用物品 CLEANING SUPPLIES							
	事项 Items	要求 Request	供应 Issued		事项 Items	要求 Request	供应 Issued
35	调酒棒 Stirrer			52	尼龙刷 Nylon Broom		
36	餐巾纸 Cocktail Napkin			53	厕所泵 Toilet Pump		
37	购物袋 Shopping Bag			54	胶手套 Rubber Glove		
38	洗衣袋 Laundry Bag			55	喷水瓶 Bottle Sprayer		
39	卫生袋 Sanitary Bag			56	家私蜡 Furniture Polish		
40	杯袋 Glass Wrapper			57	洗洁精 Detergent		
41	浴袍袋 Bath Robe Cover			58	空气清新剂 Air－Freshener		
42	垃圾袋 Rubbish Bag			59	洁厕剂 Toilet Bowl Cleaner		
43	擦鞋袋 Shoe Shine Cloth			60	地毡水 Carpet Shampoo		
44	茶包 Tea Bag			61	玻璃水 Window Cleaner		
45	水壳 Ladle			62	擦铜水 Brasso		
46	垃圾铲 Dust Pan			63	工程维修单 Work Order		
47	地拖 Mop			64	遗失损坏表 Loss Breakage Report		

续表

清洁用物品 CLEANING SUPPLIES							
事项 Items		要求 Request	供应 Issued	事项 Items		要求 Request	供应 Issued
48	竹扫把 Bamboo(Broom)			65	布草交换表 Linen Exchange Form		
49	椰衣扫把 Broom			66	房间检查报告表 Room Check Report		
50	清洁棉 Cleaning Pad			67	早班/中班服务员工作表 AM/PM R. A. Work Sheet		
51	厕所刷 Toilet Brush			68	早班/中班督导员工作表 AM/PM Supervisor Work Sheet		
…	…			…	…		

(2)客房用品的日常管理。客房用品的日常管理是客房用品控制工作中最容易发生问题的一个环节,也是最重要的一个环节。

首先,要正确存放。客房用品有许多是印刷品及纸盒包装的,还有洗发液、沐浴液等瓶装液体,在领发时要注意小心操作。工作间的存放环境要干燥、整洁,配有存放柜。摆放时要整齐,避免受重压。瓶装液体不能倒置或横摆,以免液体外流,造成不必要的损耗。工作车同样要整洁、干净,重物在下,轻物在上,分类摆放。

其次,要控制流失。客房用品的流失主要是员工造成的。因此,加强管理、做好员工的思想工作很重要。楼层领班要通过服务员每日清扫房间的数量来控制客房用品消耗,并分析比较每个服务员每间客房的客房用品平均消耗量。另外,要加强现场检查和督导,减少客房用品的浪费和损耗。另外,酒店要给员工创造不使用客房用品的必要条件。例如,在工作间、更衣室及员工浴室配备员工用的挂衣架、手纸、香皂等,以免员工拿用客房用品。

再次,要做好统计分析。为了有效控制客房用品的消耗量,客房部应对客房用品的日常消耗量进行每日、每月、每季的统计分析。服务员每天做房后,要对客房用品耗用情况进行登记,填写客房服务员工作日报表;楼层领班每天汇总登记本楼层的客房用品耗用情况,并填写汇总表;客房部则根据每日统计资料每月对各楼层客房用品消耗情况进行汇总,并做出对比分析。

最后,推行"4R"做法。"4R"是指4个以"R"为开头的英文单词,即"Reduce"、"Reuse"、"Recycle"、"Replace",是人们对降低消耗和环境保护工作的一些具体做法的高度概括和总结。

"Reduce"的意思是减少。①尽量减少或不用对环境有污染和破坏环境的材料或用品,如塑料用品和塑料包装材料,含氯等的化学清洁剂等。②尽量减少能源和物资的消耗,如水、电、客房用品和清洁材料。

"Reuse"的意思是再利用。客房可以再利用的物品很多,人们对这些物品再利用的方法也很多。①注重回收。员工在日常工作中,一定要注重对那些虽被用过但仍有再利用价值的物品的回收。②合理利用。凡是具有再利用价值的物品,回收后要合理利用,这样既可以减少物品消耗,又可避免简单地将其作为垃圾处理而造成的环境污染。

"Recycle"的意思是循环。客房的一些物品如果在材料和设计上做些调整,可以进行循环重复使用,如洗衣袋。以前,很多酒店客房里使用的洗衣袋都是塑料袋,是一次性消耗品,用过即弃,不仅浪费,而且污染环境。现在很多酒店都用布袋作为洗衣袋,且设计和制作比较考究,经久耐用。

"Replace"的意思是使用替代品。为了减少物料消耗、降低费用、保护环境,客房内的一些物品可以用其他物品替代。例如,小包装的沐浴液、洗发液可用液压式大瓶装的替代,这样既可以减少购买包装物的费用,又可以避免过多包装物的丢弃对环境造成的污染。当然,采用这种做法时,酒店应采取相应的管理和控制措施,防止因客人带走等原因造成的浪费和损失。

【知识链接9-4】

酒店客房用品设计趋势

在目前竞争激烈的市场条件下,酒店对于客房用品的设计应该具有创新精神,勇于打破传统,敢于创新。在酒店客房用品的设计方面,应打破常规思路的束缚,从研究消费需求和研究传统产品的不足与缺陷中获取创新灵感,以人无我有、人有我新的理念与同行展开竞争,从而使酒店在竞争中立于不败之地。

(1)方便。客房用品是供客人使用的,因此,设计要以客人的需求为导向。例如,客房卫生间的马桶,假设绝大多数酒店马桶是干净且经过消毒的,但随着人们对卫生标准和防疫知识的提高以及对卫生观念的转变,有多少客人敢直接往马桶上坐,还不是尴尬地蹲着或用厕纸一张一张铺垫着再坐。为方便客人,满足客人的心理需求,设计在卫生间摆放一次性的马桶坐垫纸,只要采取环保型材料及保证干净、密封,就能很好地消除客人如厕的尴尬。

(2)环保。沐浴液、洗发液等用品用了不到一半就当垃圾扔掉的确是浪费,虽然大多酒店认为使用小瓶装的沐浴液、洗发液,再加上精美的包装,是宣传酒店的一种途径。但从成本和环保角度考虑,可以采用独立浓缩式固定装置,一方面方便客人直接在淋浴间取用洗洁用品,减少麻烦,另一方面又节约了大笔费用。这样做并不意味着酒店档次的降低,欧美大多数酒店已经这样做了。

(3)标新立异。创新是酒店发展的动力,房间用品的设计同样如此,没有吸引力就没有了竞争力。例如,传统的夜床服务在床头柜摆放巧克力已经没有新意,取而代之的是一支玫瑰花,一只可爱的小布娃娃或一个天气预报卡;房间从简单的只摆放报纸到提供集经济、娱乐、休闲等内容为一体的书刊杂志,使客人的私人空间更加充实;还有富有创意的茶叶盒、针线包和文具用品等,在设计上都应考虑标新立异,吸引客人。

(4)宣传纪念。客房用品不仅具有供客人日常生活使用的功能,同时还具有很好的广告宣传作用。酒店可以把客房用品作为一种宣传手段,客房用品的制作要突出酒店特色。例如,客房用品上印有酒店的名称、标志、地址、电话等;另外,有些设计精美的客房用品可以作为纪念品送给客人留念。

【同步案例 9-1】

绿色饭店创建的尝试

某饭店的客房里放有三张环保卡片。

其一,是一张非常具有人情味的卡片,上面写着:

"尊敬的宾客:

如果您在打点行李时忘了带洗漱用品(牙刷、牙膏、剃须刀、须后膏、梳子等),只要给客房部打个电话,我们将立刻免费给您送来。"

其二,是放在卫生间的一张卡片,上面写着:

"尊敬的宾客:

您可曾想过,每天世界各地的饭店有多少吨毛巾毫无必要地更换洗涤,因此而耗用的数量巨大的洗涤剂对我们的水资源造成多大的污染?为了我们共同的环境,请您作出决定,将毛巾投入浴缸表明您要求将其更换;否则则意味着您愿意继续使用,我们将为您挂放整齐。谢谢您对环保的支持!"

其三,是放在床头柜上的一张卡片,上面写着:

"尊敬的宾客:

通常我们每天都对客人的床单进行换洗,如果您觉得没有必要时,请于清晨将此卡放在床上,这一天您的床单将不再更换。感谢您对饭店绿色行动的支持!"

评析:

随着人类环境的日益恶化,环境保护逐渐成为人们关注的焦点,饭店行业虽然对环境的影响不十分引人注目,但实际上也面临着一系列的环境问题,包括能源问题、水资源问题、各种用品问题、废弃物处理问题,以及空气质量、噪声和化学物品带来的问题。

随着消费者观念的转变和国家环保政策法令的日益完善,这些环境问题使饭店面临着严峻的挑战,但与此同时也给饭店带来了在市场竞争中处于优势的发展机遇。

由此,许多饭店已经开始加入创建绿色饭店的活动。三张环保卡片只是这些饭店中采取的一种环保措施,目的在于引导客人进行绿色消费。通常情况下,读过这种卡片的客人会配合,至少会了解这是一种关注人类环境的高尚行为,进而接受这种做法。

在饭店中,确实存在着许多并非必需的一次性客房用品,如指甲锉、润肤露、剃须刀等。不可否认,有些客人需要这些用品,但不是每个客人都需要。饭店应兼顾客人的需要与环保的要求,放入本例中的第一张卡片后,饭店只需在客房中心或工作间备有少量用品就可以满足客人的特殊需要,而不再需要每间客房都配备齐全的客房用品。

本例中的第二张、第三张关于洗涤棉织品的卡片,则通过鼓励住宿超过一天的客人重复使用自己用过的不必洗涤的棉织品,以保护环境。这种做法的关键是征得客人同意,使之成为饭店客人的一种自觉的、高尚的行为,饭店在进行环保行动的同时,也使得客人觉得自己是一个高尚的人而感到满足。

【同步案例 9-2】

上海一年丢弃 1 814 吨客房用品

统计机构调查表明，国内酒店业所配的一次性客房用品使用率不到 50%，虽然使用率这么低，但酒店却天天换，如此累积，不仅浪费了社会资源，更造成了环境污染。这些分量加起来还不到三两的“六小件”（牙膏、牙刷、拖鞋、梳子、沐浴液、洗发液），其浪费程度却十分惊人。上海环卫部门统计，上海一年所有丢弃的宾馆“六小件”总重量达 1 814 吨！上海环卫局有关负责人介绍，每年为了处置这些被酒店丢弃的“六小件”，环卫部门就要投入近百万元。更重要的是，被丢弃的“六小件”的处理，成为环保专家们很头痛的难题。由于“六小件”中大多是以塑料为原料，因此当这些丢弃物品被填埋后，它们很难在土壤中被降解，成为了城市中的新污染源。同时，这些仅使用过一两次就被丢弃的洗浴用品，给社会造成了巨大的资源浪费。上海某五星级酒店的相关负责人介绍，该酒店假如取消“六小件”供应的话，一年将节省支出 20 万元。假如上海所有的酒店取消“六小件”的话，那么一年将节省上千万元。

知识题

9.1 简述客房设备和客房用品的种类。

9.2 电视机的使用和保养要注意什么？

9.3 如何做好客房设备的日常管理？

9.4 如何做好客房用品的日常管理？

实务题

某酒店有客房 400 间，经预测年平均开房率为 85%，浴帽的单间配备量为每天 2 套。浴帽的年平均消耗定额应为多少？

案例题

方形茶几

春节期间，唐先生与几位老朋友相约趁着放假找个地方聚聚，其中一位朋友付先生说：“到酒店去一起打打牌吧，有吃有住有玩，比较方便。”于是约好第二天一起去某酒店。

第二天上午 9:10，唐先生和几个朋友陆续走进酒店的大厅，唐先生和其中一位朋友陈先生一起去总台开房间，其他的朋友在休息处坐等。

总台接待员小孟看到唐先生，非常热情地说：“唐先生，好久没来了。”唐先生说：“是呀，年底很忙，现在总算有时间可以放松放松了，开个房间和朋友们玩玩牌。”小孟说：“我正想给您介绍呢，我们酒店的 4 层和 5 层刚刚重新装修过，主要是为当地客人设计的，相信您一定会喜欢。"唐先生说:"是吗? 那就要这种房间吧,房间号最好吉利一点。"小孟就给客人安排了518房间,并很快为唐先生办理好了入住登记手续。当唐先生和朋友们一起进了518房间,惊喜地发现客房里铺的是耐热防水的复合强化木地板,靠窗户的茶几不是传统的圆形,而是方形,也比一般茶几大了一些,还有四个小小的抽屉、每个抽屉里有两个凹进的地方,一个可以放茶杯,另一个已经放好了烟灰缸。在服务夹的上面还有一张印刷精美的卡片,提醒客人,如果需要座椅、麻将、扑克牌等,可以打电话到客房中心,3分钟之内送到房间。唐先生立刻拿起电话,请服务员送来两张座椅和扑克牌,开始了游戏。

当客人们离开酒店之时,小孟问唐先生:"喜欢我们改造的客房吗?"唐先生说:"确实不错,过两天再来玩儿。"

问题:此案例对酒店客房用品的配备有何启示?

实训题

实训项目:客房设施设备及客用品配置。

实训目的:通过实训,熟悉不同类型酒店客房的设施设备配置及客用品配备。

实训步骤:(1)分别参观商务型酒店、经济型酒店各一家;

(2)了解两家酒店客房的设施设备配置情况及客用品的配备情况。

实训成果:分别列出两家酒店客房内设施设备、客房用品的配置种类和数量。

第10章 布草房与洗衣房管理

学习目标

知识目标:了解布草房的业务范围及布局;了解布草的分类与选择;了解洗衣房的设置及布局;了解棉织品的洗涤方法。

能力目标:掌握布草的日常管理;掌握员工制服的管理;掌握客衣及员工制服的洗涤方法;能够进行布草房、洗衣房的日常管理。

素质目标:培养服务人员管理布草房与洗衣房的业务素质及相关的职业道德素养。

【引例】

床单中的睡衣

一天,布草员正在仔细清点客房服务员送来的客房撤换下来的棉织品时,一个白色的东西从一团卷着的床单中掉了出来。布草员捡起一看,是一件睡衣。布草员明白了,这是客房服务员在清扫客房卫生换床单时,没有发现床单中的睡衣,随换下的床单一起卷了起来。布草员把这件睡衣交给了客房服务员。客房服务员看到自己把客人的睡衣夹带出来了,有些着急。由于自己在操作时没有按照要求一层一层地撤,把床单抖开检查,而是将两条床单整个卷起来就拿走了,根本就没有看到床单里的睡衣。现在也不知道这件睡衣是从哪个房间撤换出来的,白天客人都不在房间,即便客人在房间,服务员也不可能拿着睡衣挨个房间去问。只能把睡衣放到客房服务中心,做交接班处理,等着客人晚上发现睡衣不见时,自己找来再说了。服务过程中的大意,造成客人为此着急和不便,客人会因此对酒店留下不好的印象。当然,对这种不按要求操作造成工作失误的服务员也必须要进行处理。

10.1 布草房管理

布草是酒店业对棉织品的一种专称。布草房通常分为制服房和棉织品房,其主要功能是负责酒店所有员工制服、棉织品洗涤后的交换业务,保证酒店布草、制服的及时供应。布草房的管理水平和服务质量,直接影响到酒店经营活动的开展。

10.1.1 布草房概述

1)布草房的业务范围

布草房负责酒店所有布草的储存和发放业务,保证酒店所需合格布草的供应。具体业务范围包括:

(1)与洗衣房协调,做好员工制服和布草的清点、送洗与验收工作。

(2)对客房、餐饮部的布草进行收集、分类与发放。

(3)负责布草的存放与保管。

(4)定期对布草进行盘点。

(5)负责员工制服的更换、保管与修补。

(6)负责制服和布草的更新与报废。

2)布草房的布局

布草房通常分为棉织品房和制服房,为便于布草的运送,棉织品房一般设在洗衣房附近,制服房则设在邻近员工更衣室之处,以方便员工交换制服。

布草房要进行合理的布局,以方便运转,提高效率。布草房主要分为收发区、储存区、加工区和内部办公区。

(1)收发区应设在邻近布草房门口的地方,有些酒店设有开放式的收发台,以便于布草的交换。收发区应备有布草分拣筐。

(2)储存区是布草房的主要功能区,配有棉织品架和制服架,设在收发区的内侧。

(3)加工区一般设在布草房的里侧,靠近窗户、自然采光较好的地方,常配有缝纫机和工作台。

(4)内部办公区通常设在收发区附近,以便控制管理。

3)布草房的组织机构

常见的布草房组织机构如图 10-1 所示。

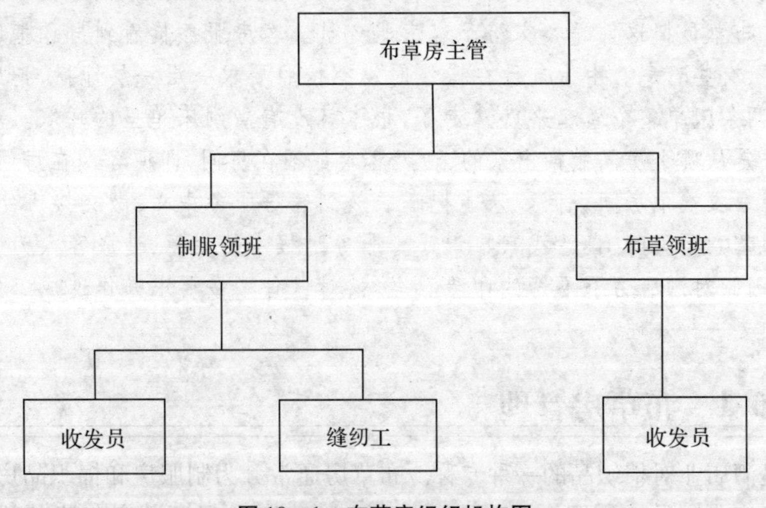

图 10-1 布草房组织机构图

10.1.2 布草的分类与选择

1)布草的分类

酒店的布草可依据其用途分为四大类:

(1)床上布草:床单、枕套等。

(2)卫生间布草:浴巾、面巾、方巾、地巾。

(3)餐桌布草:台布、餐巾等。

(4)装饰布草:窗帘、椅套、裙边等。

2)布草的选择

对于布草的选择,主要看其质量和规格。

(1)质量。布草的质量主要取决于以下因素:

其一,纤维质量。纤维的长短对布草质量有着重要的影响。如果所用的纺织纤维长,则纺织出来的纱均匀、平滑、强度高、舒适度好;如果所用的纺织纤维短,则纺织出来的纱粗糙、强度低,织成的织物厚重,易摩擦起球。

其二,纱支数。纱支数的高低与纤维也有很大关系。纤维长,纺纱细而紧,纱支数高,使用中不易起毛,耐洗、耐磨。

其三,织物密度。织物密度是指纺织品在同样面积内纱线排列的疏密程度。密度高而经纬分布均匀的织物,舒适度和强度俱佳。床单的织物密度一般为 288 × 244 根/10 平方厘米至 400 × 400 根/10 平方厘米不等;毛巾类织物是由地经纱、纬纱和毛经纱组成。地经纱和纬纱交织成地布,毛经纱与纬纱交织成毛圈,故纬线愈密则毛圈抽丝的可能性越小。地经纱不宜用纱,用的是股线,可提高耐用性。

其四,毛圈数量和长度。主要用来衡量毛巾类织物。通常毛圈多且长,则柔软性好,吸水性强,一般毛圈长度在 3mm 左右,若毛圈太长则易钩坏。

其五,缝制工艺。制作主要针对卷边和缝线的要求。各类纺织品卷边要平整,宽窄均匀,针脚线要等距离且有一定密度。所有的接缝,要求必须牢固,接缝处留足接缝边料。

(2)规格。规格包括尺寸及重量。在我国旅游行业标准《星级酒店客房客用品质量与配备要求》中对布草的规格已作出了详细的规定,一些个性特色的酒店,因硬件本身的定式,所以无法照搬。

【知识链接 10 - 1】

酒店客房床单、枕套、毛巾类织物参考尺寸及重量

酒店客房床单、枕套、毛巾类织物参考尺寸及重量见表 10 - 1。

表 10 - 1　**酒店客房床单、枕套、毛巾类织物参考尺寸及重量**

类别	参考尺寸	单位	计算方法
单人床单 (床:100 cm × 190 cm)	160 × 240	cm	在床的长、宽的基础上各加 60cm(不含缩水率)

续表

类别	参考尺寸	单位	计算方法	
双人床单 （床:150 cm×200 cm）	210×260	cm	同上	
大号床单 （床:165 cm×205 cm）	230×270	cm	同上	
特大号床单 （床:180 cm×210 cm）	270×290	cm	同上	
普通枕套 （枕:45 cm×65 cm ）	50×85	cm	在枕芯的宽基础上加5cm,长基础上加20 cm（不含缩水率）	
大号枕套 （枕:50 cm×75 cm）	55×95	cm	同上	
类别	**参考尺寸**	**单位**	**重量(克)**	**备注**
大浴巾	137×65	cm	400	1. 重量与房间档次有关。 2. 大小无绝对标准，每种规格尺寸可多达5~6种。
小浴巾	100×34	cm	125	
面巾	76×34	cm	140	
地巾	80×50	cm	325	
方巾	30.5×30.5	cm	400	

(3)客房布草的配备标准

客房布草主要包括床单、枕套、浴巾、地巾等，其数量配备可按以下公式确定：

$n=2x\cdot y\cdot f\cdot(1+m)$

式中：n 为布草配备数量；x 为客房数；y 为床位数与客房数的比率；f 为每床配备套数；m 为库存备用比率。

【同步案例 10-1】

某四星级酒店有客房 500 间，60% 的客房为双床间，40% 的客房为单床间。客房的配备标准为床单每床 4 套，枕套每床 3 套，浴巾、面巾、方巾每床 2 套，地巾每床 1.5 套。各类布草另加 20% 作为库存备用。请确定各类布草应配备的数量。

解：根据公式可以得出下列结果：

床位数与客房数的比率 =(500×60%×2+500×40%)/500=1.6

床单配备数量 =2×500×1.6×4×(1+20%)=7 680(套)

枕套配备数量 =2×500×1.6×3×(1+20%)=5 760(套)

浴巾、面巾、方巾配备数量 =2×500×1.6×2×(1+20%)=3 840(套)

地巾配备数量 =2×500×1.6×1.5×(1+20%)=2 880(套)

10.1.3 布草的日常管理

保证向前台输送合格的客用棉织品是布草房的主要工作之一,同时,加强对布草的管理与控制也是控制经营成本的重要手段之一。布草的日常管理主要由布草房负责,有的酒店将布草房设在洗衣房内部,以便减员增效。布草房的主要任务有:负责酒店所有员工制服及棉织品洗涤后的交换业务;对酒店所有布草的收发、分类和定期盘点;员工制服的保管、修补和更换;定期添补与更新布草与制服。

1)核定各种布草的需要量

各种布草的需要量,应当根据每个酒店的等级、各类客房的床位数量、餐厅种类、餐桌座位数及台布替换率等来核定。本着既要保证经营需要,又要保持最低的消耗和库存周转量的原则,确定各类布草配置的件数和套数。

2)确定布草的消耗定额

客房棉织品是客房部使用频率最高、数量最多的多次性消耗品,客房棉织品消耗定额的制定是控制客房费用的重要措施之一。其定额的确定方法,首先应根据酒店的星级或档次规格确定单房配备的数量,然后确定棉织品的损耗率,即可确定消耗定额。计算公式如下:

$$Q = B \cdot x \cdot f \cdot r$$

式中:Q 为单项棉织品年度消耗定额;B 为单间客房配备的套数;x 为客房数;f 为客房年平均出租率;r 为单项棉织品年度损耗率。

布草损耗率的确定应考虑布草的洗涤寿命及酒店的规格和等级要求。

3)定点定量存放布草

在用布草除在客房里有一套之外,在楼层布草房应存放多少,工作车上要配置多少,中心布草房要存放多少以及各种布草的摆放位置等,都应有统一的规定。有了统一的规定,员工就有章可循。平时只要核对一下数量就可知道有没有发生差错,够不够使用。这样,工作效率可以得到提高,员工的责任心也会相应地加强。

4)建立布草收发制度

客房部、餐饮部等部门要求领用布草,必须填写"申领单"。控制领用数量的原则是送洗多少脏布草就换领多少干净布草。所以,送洗的数量应填表列明,洗衣房收到并予以复核后签字认可,申领者方可去中心布草房领到相同品种和数量的干净布草。如果申领者要求超额领用,应填写"出借物申请表"并经有关人员批准。如果中心布草房发放布草有短缺,也应开出欠单,作为以后补领的依据。

(1)接收布草。①收布草时要按颜色、种类分别接收。②要逐一清点数量,并检查布草内是否有杂物。③接收特殊洗涤物品和重点洗涤品必须做好记录,并做好标记和交接记录。

(2)发放布草。①发放布草时,按本部门实点数量发放,特殊和重点洗涤物品按记录具体数目发放。②发放布草时要把好质量关,做到"四不发",即破损的布草不发,洗不干净的布草不发,烫不平的布草不发,有异味的布草不发。

(3)注意事项。①收发完毕,要求对方办理登记、签收手续。②客房布草每天直接送到楼层,并做好签收手续。餐厅布草一般采用“以一换一”的发放方法,即以脏布草换回同等数量的干净布草。

5)定期盘点和统计分析

布草房应建立盘点制度,定期盘点,对现有的布草情况进行检查统计,然后与定额标准进行比较,了解各类布草损耗情况并分析原因,以利于采取相应的措施。盘点时主管人员应在场,年终盘点须请财务部协助,在计算出需要补充的数量后,可制订出采购计划。布草盘点统计分析表见表10-2。

表10-2　　布草盘点统计分析表

部门:　　盘点日期:　　制表人:

品名	额定数	客房		楼层布草房		洗衣房		中心布草房		盘点总数	报废数	补充数	差额总数	备注
		定额	实盘	定额	实盘	定额	实盘	定额	实盘					

6)建立布草的报损与再利用制度

通常情况下,对使用年限已到、有破损和无法洗涤的布草,均采取报损处理。报损处理时须对所有布草一一过目、仔细判断,以避免出现不必要的差错。布草报损应定期、分批进行,以分散工作量及保持布草质量水准。对已作报损处理的布草仍可再利用,这方面的潜力是相当大的。例如,可将报损的床单、毛巾等改制成抹布或其他布草进行再利用。

7)对布草进行正确的贮存与保养

(1)布草的贮存。布草应该存放在一个合适的环境中,不管是楼层布草房、中心布草

房还是备用布草房都应具备下列条件:

一要通风良好,具有良好的温度和湿度。纺织品的共性特点是怕潮湿和怕长期处在高温状态下,因此,布草房的通风必须良好,相对湿度不大于50%,温度以保持在20℃以下为宜。

二要严禁烟火,并配置必要的安全消防设施,以防万一。

三要经常进行清洁工作和定期的安全检查,包括有无虫害迹象,电器线路是否安全等等。

四要对布草进行分类上架存放,并附贮量卡。布草房不应存放其他物品,特别是化学药剂、食品等。

五要对长期不用的布草用布兜罩起来,以防止积尘、变色。否则,严重的污染可能导致布草领用后难以洗涤干净。

(2)布草的保养。布草的保养必须贯穿于布草贮存与使用的始终,除了前文已提及的有关要求外,还应注意如下几点:①备用布草不宜一次购买太多,因存放时间过长,布草质量会明显下降。②备用布草应遵循"先进先出"的原则投入使用。如能在布草边角上做A、B、C之类的标记以表明投入使用的批次,则不仅有利于跟踪分析布草使用状况,而且便于布草的定期更新工作。③新布草应洗涤后再使用。这不仅是清洁卫生的需要,也有利于提高布草强度和方便使用后的第一次洗涤。④刚洗涤好的布草应在货架上搁置一段时间,以利其散热透气,这样可以延长布草的使用寿命。⑤对于毛毯、丝棉被、枕芯等纺织品,存放时不能重压,同时要定期翻晒,否则会有异味并容易霉变。⑥要消除污染或损坏布草的隐患,如将布草随便丢在地上,收送布草时动作粗鲁,布草中夹带别的东西,布草车、架等不干净或表面粗糙、有勾刺等。

10.1.4 员工制服的管理

布草房主要功能之一是负责保管和发放各级管理人员、各工种员工的制服。

1)制服的领换

(1)申领。新入职的员工,由人事部门或申领部门填写"制服申领单",注明员工所在的部门、工种,部门经理审批签字。

(2)发放。员工制服是根据各部门、各工种、各职务的要求,测量身材,统一制作的。一般是每人2~3套,员工试穿合适后,在制服上实行统一编号,并将配套的其他物件按规定统一发给员工。

(3)记录。将员工制服发放情况记录在"员工制服领取登记表"上,并建卡存档。

2)制服的日常换洗

(1)在换洗制服规定时间内,制服必须"以脏换净",接收时要认真核对制服编码,把好数量、品种关,并按类别认真做好登记,做到数目清楚。

(2)检查制服内是否有遗留物品,编号是否齐全。发现有遗留物品做好记录,上报处理。

3)制服的管理

(1)分类管理。实行分类存放、分类管理的办法。按制服的质料、使用的部门进行分类,如厨师制服因洗涤频率高,通常将它们放在布草房专用窗口最容易拿取的地方。

(2)统一修补。发现有破损、缺扣、开线等的制服,由布草房统一修补,不能修补或修补后影响员工仪表仪容的,经主管批准,从后备制服中补发。

(3)更新补充。制服需要更新时,由酒店统一制作,以保证员工着装整齐、美观。旧制服则需要统一处理。由于损坏、丢失等原因而需要补充的,由部门主管查明原因,员工本人填写“制服申领单”,经部门经理签字后,由布草房报损处理并补发新制服。

(4)完善保管。布草房对各部门员工的制服需要制定一个完善的保管制度。例如,制服要统一保管和洗涤;制服不能穿出酒店,下班后要放到员工工衣柜保管;制服的收取和发放均在布草房的专用窗口和规定时间进行等等。

10.2 洗衣房管理

洗衣房是客房部负责酒店棉织品、员工制服和客人衣物洗涤与熨烫的一个重要部门。其管理水平、洗涤质量和工作效率的高低,不仅直接影响酒店整个经营活动和成本消耗,而且还影响客人的需要及其对酒店形象的评价。

10.2.1 洗衣房概述

1)洗衣房的设置

酒店配备洗衣房,方便酒店内部各种布草、员工制服和客人衣物的洗涤及熨烫,某些大酒店的洗衣房还可以兼营店外的洗涤业务,增加酒店的经济收入。洗衣房设施设备配备要求齐全,技术含量高,设计合理,布局科学,设施设备安装和使用都有专业要求。酒店可以根据自身的规模、场地、资金及技术条件来确定是否设置洗衣房,也可以采用与店外洗衣公司签订洗涤合同的形式,由洗衣公司负责酒店的洗涤业务。

2)洗衣房的业务范围

(1)棉织品的洗涤、风干和压烫折叠;

(2)客人衣物的收发、洗涤和熨烫整形;

(3)员工制服的洗涤和熨烫整形。

3)洗衣房的布局

洗衣房应最大限度地利用空间、节约能源、提高工作效率,并尽量减少噪音及污染等负面影响。洗衣房在选择位置时要充分考虑能源供应、噪音影响、排污顺畅及方便运行等问题,其内部布局则要根据其功能和洗涤流程进行功能分区,以提高运行效率。洗衣房主要分为以下几个区:

(1)脏布草、脏衣物处理区。送进洗衣房的脏布草、脏衣物首先要进行分类,因此在靠近脏布草入口处设有分拣堆放的空间,并就近配备打码机、称重装置(如磅秤),以便衣物打码、编号、布草称重。

(2)水洗区。水洗区通常设在脏布草、脏衣物处理区的旁边。酒店水洗的洗涤量在90%以上。水洗区配有不同容量的大、中、小型洗衣机若干台,水洗后的各类布草毛巾需要进行烘干,因此在洗衣机附近要配有烘干机。

(3)熨烫折叠区。大宗布草如客房的床单、枕套、被套和餐厅的台布、餐巾等布草在水洗后还需要经过烫平、折叠,所以熨烫折叠区应靠近水洗区和烘干机,以便对洗好、烘干的布草进行熨烫、折叠处理。该区域一般配有烫平机、折叠机等设备。

(4)干洗区。干洗区通常在洗衣房内单独划区,并用隔墙封闭,同时要安装两个以上的排风扇,以使干洗区处于"负压"状态,减少四氯乙烯(干洗油)对人体的损害。所有与干洗有关的机器都放置在这一区域,如干洗机、万用夹机、光面蒸汽熨烫机、绒面蒸汽熨烫机、抽湿去渍机等。

(5)净衣区。净衣区主要用于临时存放洗过的干净衣物和布草,通常设在靠近出口处。

(6)办公区。办公区通常设在进出口处,办公区域内设有洗涤用品储存室。

4)洗衣房的机构设置

洗衣房内部分工细致,工种齐全,岗位职责明确。一般设有收发组、洗涤组、熨烫组、缝纫组等机构,具体机构则根据洗衣房的设备、规模和洗涤业务范围及其管理体制而设置。

10.2.2 棉织品的洗涤

洗衣房负责洗熨客房、餐厅的棉织品,这些棉织品均用大型湿洗机洗涤。

1)客房、餐厅的布草洗涤流程

(1)客房、餐厅的布草经过清理点数后送达洗衣房。

(2)将收回的棉织品根据种类与洗涤方式分类整理,特别要注意客房和餐厅的分类,毛巾和床单的分类。

(3)根据洗衣机的使用容量称量布草后放入洗衣机。

(4)布草洗涤并脱水。

(5)在床单、枕套压烫前,都有一个整理的过程,若发现有洗不净的床单和枕套,挑出交回再处理。毛巾在放进干衣机烘干前,发现不净的,挑出交回再处理。

(6)床单、枕套进行压烫处理;毛巾进行烘干处理。

(7)对压烫好的床单、枕套放入自动折叠机折叠或人工折叠;烘干后的毛巾进行人工折叠或机器折叠。折叠前作检查,发现问题的,送回再处理。

(8)根据不同的要求进行整理。例如,床单每10张作一包装捆绑,浴巾每10条作一包装捆绑,餐巾每10条作一包装捆绑等。

(9)领出。一般餐厅布草的换洗都是同时进行的,就是"以一脏换一净",即当客房、餐厅交来脏布草时,布草房从贮存房里,把干净的同数量的布草取出交给客房、餐厅。

客房、餐厅的布草洗涤流程如图 10－2 所示。

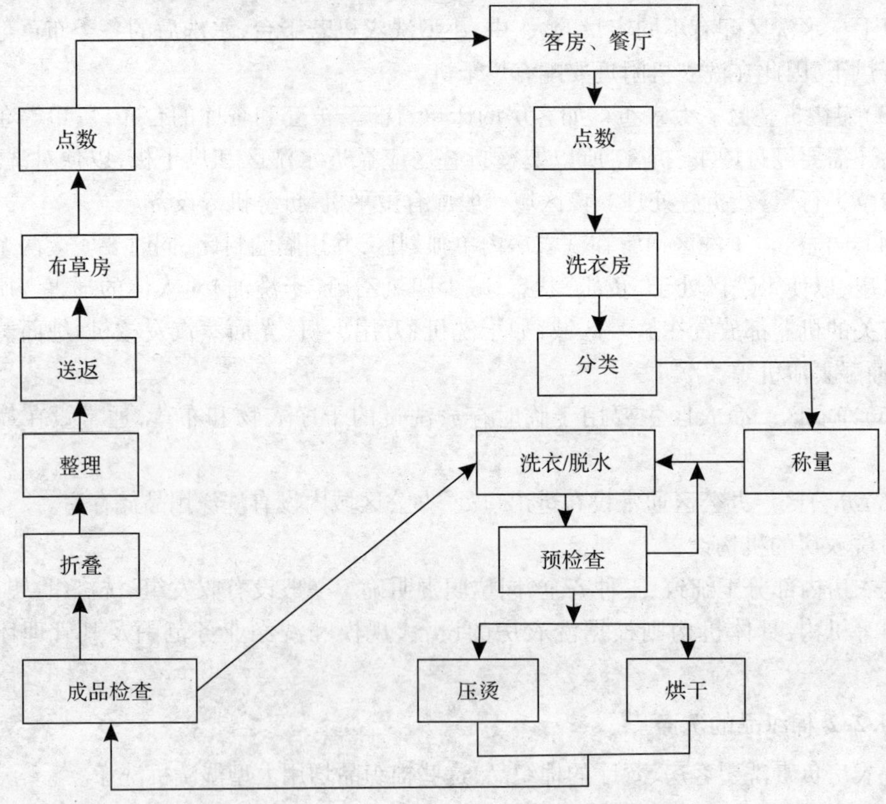

图 10－2 客房、餐厅的布草洗涤流程

2）洗涤棉织品注意事项

（1）餐厅与客房的棉织品不能放在一起洗，因为脏污特性不同，洗涤使用的洗涤剂也不一样。

（2）对色彩不同的棉织品必须分开洗涤，以免混在一起进水后互相染色。

（3）特别要留意在棉织品里有无夹杂遗留物品。

（4）分类处理后，要根据机器的承载能力放入允许重量或数量的棉织品。

（5）床单的洗涤要在甩至五六成干后直接送入整熨机整熨，其效果较完全烘干再熨要好，这样既可提高工作效率，又可节约用电。

（6）卫生间的棉织品不熨烫，所以必须完全烘干。在最后漂洗时，加一些柔顺剂会使毛巾类柔软如新，达到预期的效果。

（7）白色台布、餐巾必须使用碱水、漂白粉洗涤，然后上浆风干、烫干，使之有挺括感。有颜色的台布和餐巾必须选用化学油剂洗涤或碱粉高温水洗。

（8）各类棉织品所需烘干的时间要严格控制，并且不能超载入机。

（9）有折皱、未熨平或未干的棉织品要重新熨平烘干。

10.2.3 客衣及员工制服的洗涤

1)客衣及员工制服的洗涤流程

(1)打码分类。分清干洗、湿洗,每件衣服都做上标号,将号码钉在衣领、衣袖、裤腰处,同一份衣服做同一号码。

(2)清洁特殊斑渍。仔细检查有无特殊污渍,如有,则要用专门配置的清洗剂先行清洁。如果没有把握,不可随意除污,以免留下不可弥补的斑点。

(3)湿洗或干洗。根据服装的纤维质地和式样,选择适当的洗涤方法,通常外套、套装、天然纤维高档织物都应干洗。

(4)烘干、熨烫。无论湿洗或干洗都要熨烫平整(内衣裤、袜除外)。大面积处用熨烫机熨烫,领、袖、腰等处手工熨烫。

(5)折叠、上架。外套、制服必须用衣架悬挂,其他则折叠装包,有破损处应及时修补。

客衣及员工制服的洗涤流程如图10-3所示。

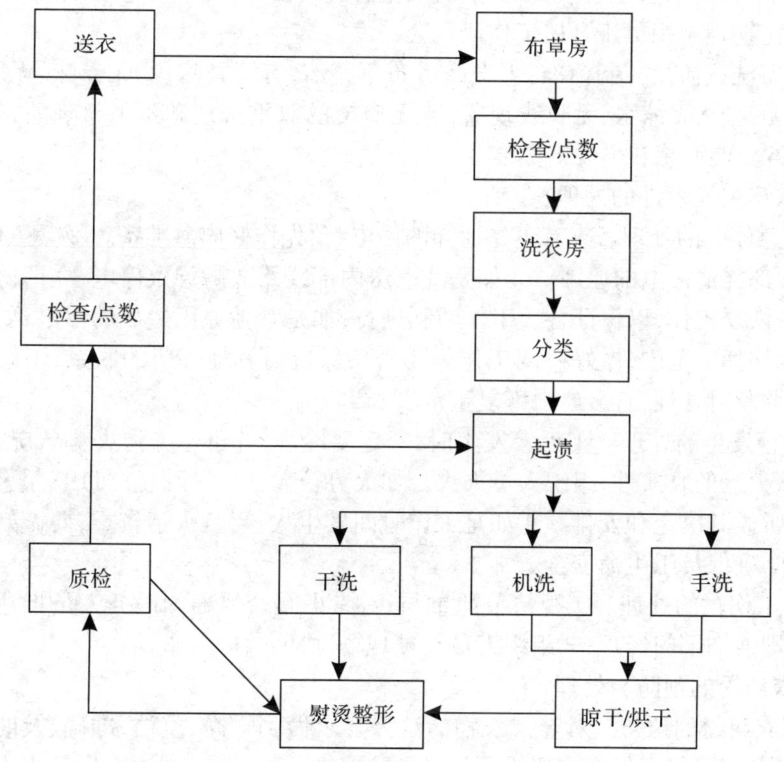

图10-3　客衣及员工制服的洗涤流程

2)客衣及员工制服的洗涤注意事项

(1)满足客人对洗涤的时间、质量要求。

(2)避免因洗涤所造成的客衣损坏、丢失现象。

(3)避免将客衣弄混。

(4)对客人提出的特别要求尽量予以满足。

(5)纠正客人错误的洗涤方法的要求。

(6)每位员工有2~3套制服替换使用,要及时清洗,及时修复。

10.2.4 洗衣房的日常管理

1)建立清洁卫生和设备维护保养制度

(1)每日上岗前做好机器的清洁保养工作;

(2)每个员工要养成工作结束物品及时归位的习惯,做到使用后物品归位,布草、客衣、员工制服按要求放置;

(3)工作结束,要养成机器的清洁和保养习惯,并同时做好交接班工作;

(4)定时、定点放药,消灭"四害"。

2)产品的质量控制

(1)建立自己检查,主管、领班抽查的质量管理制度。

(2)不定期地组织员工开展工作研讨会。

(3)制定洗烫质量控制标准:①洗涤后布草整洁,有清香味;②无异味、无脱色、无串色现象;③无变形、无缩水、无脱线现象;④无熨烫的双重折痕和不平整现象;⑤无杂物、灰尘污染;⑥无湿润感和不规则烫痕。

3)洗衣房突发事件的处理

(1)紧急停电的处理。①有事先通知的停电,预先作好应急准备。②紧急停电时,及时通知工程部弄清停电的原因。③如是洗衣房内部线路故障导致停电,立即协助工程部作好电力的恢复工作,以保证各项工作顺利进行;如是其他原因造成的停电,要及时了解停电的原因、时间、范围,做好协调工作。④密切保持与其他部门的联系,了解事态的发展,发现问题及时处理,直至电力恢复正常。

(2)火警发生的处理。①火警发生时,一定要冷静,并迅速弄清火势状况、燃烧物品等。②确认火警的真实性,组织人员灭火。如火势较大,应立即拨打"119"报警。③报告部门经理,听候其决定和安排。④如是工作时间发生火警,且火情较重,要做好工作人员的疏散工作,确保员工生命安全。

(3)员工伤亡的处理。①视情节严重与否,考虑是否要通知医务人员抵达现场进行救护;②立即通知部门经理;③组织人员封锁现场,协助救护工作。

4)客衣纠纷的预防与处理

(1)客衣纠纷的预防。对客人衣物的洗涤要求做到干净、整洁、准确、及时、不丢失、无损坏,否则,将可能引发客衣纠纷。为了预防客衣纠纷的发生,洗衣房管理人员应从以下几方面入手,加强对客衣流通及洗涤各环节的管理。

第一,收取客衣时,认真细致地检查客人待洗衣物,发现可能洗不净的严重污迹、衣服破旧可能洗坏、口袋内有物品等事先告知客人。

第二,分类处理。打号时要将客衣按干洗、水洗、熨烫和手洗等几种类型进行分类、登记,同时要严格检查,需要去扣、装袋洗涤、先去油污、机洗、手洗的客衣,应严格分开。

第三，客衣洗涤、熨烫要严格按照操作规程进行。对不同质料的衣服，采用不同的洗涤方法，选用不同的洗涤剂，确保一定的洗涤时间。这样既可保证洗净衣服，又可避免损坏衣物。

第四，将洗好的衣物按不同的楼层、客房进行分拣。

第五，工作细致，质量检查、分号装袋不发生差错。

第六，为了防止丢失衣物或出现其他差错，明确洗涤责任，客衣在流通过程中要做好交接记录，检查客衣的数量与质量。

第七，客衣在洗涤速度上可分为快洗和普通洗涤两种类型，无论是哪种类型，都要求洗衣房按时洗涤完毕，及时送还客人。

(2)客衣纠纷的处理。当客人提出投诉，引起客衣纠纷时，洗衣房主管首先要认真听取客人意见，态度要诚恳、耐心，接着迅速分析和查明具体原因，以便有针对性地处理。容易引起客衣纠纷的原因主要有客衣丢失、衣物破损、污迹未洗净、纽扣丢失、客衣染色褪色等。

对于客衣纠纷，要在查清原因、掌握事实的基础上区别不同情况进行处理。凡属客衣洗涤过程中由于酒店方面的原因引起的客衣丢失、洗坏、染色及熨烫质量差等客衣纠纷，应主动承担责任，该赔偿的赔偿，该修补的修补，该回收的回收，该回烫的回烫。若需赔偿，按照国际惯例，赔偿费最高不超过洗衣费的 10 倍，具体数额双方根据具体情况协商解决。凡属客人或客人衣物本身原因引起的洗坏、口袋物品丢失、污迹洗不掉等客衣纠纷，酒店不负赔偿责任，但应耐心解释。整个客衣纠纷处理过程中要做到友好协商，事实清楚，原因明确，处理得当，最大限度地使客人满意。

知识题

10.1 布草房的业务范围有哪些？

10.2 布草的分类有哪些？

10.3 简述客房、餐厅的布草的洗涤流程。

实务题

10.1 如何做好布草贮存和保养？

10.2 如何预防客衣纠纷？

案例题

干洗还是湿洗

江苏省某市一家酒店住着某台湾公司的一批长住客。那天，一位台湾客人的一套名贵西装弄脏了，需要清洗，刚巧碰到服务员小江进房送开水，便招呼她说："小姐，我要洗这套西装,请帮我填一张洗衣单。”小江想客人也许是累了,就爽快地答应了,随即按自己所领会的意思帮客人在洗衣单湿洗一栏中填上,然后将西装和单子送进洗衣房。接手的洗衣工恰恰是刚进洗衣房工作不久的新员工,她毫不犹豫地按单上的要求对这件名贵西装进行了湿洗,结果在口袋盖背面造成了一点破损。

台湾客人收到西装发现有破损,十分恼火,责备小江说:“这件西装价值4万日元,理应干洗,为何湿洗?”小江连忙解释说:“先生真对不起,不过,我是照您的交代填写湿洗的,没想到会……”客人更加气愤,打断她的话说:“我明明告诉你要干洗,怎么硬说我要湿洗呢?”小江感到很委屈,不由分辩说:“先生,实在抱歉,可我确实……”客人气愤之极,抢过话头,大声嚷道:“真不讲理,我要向你上司投诉!”

客房部曹经理接到台湾客人投诉——要求赔偿西装价格的一半,2万日元。他吃了一惊,立刻找小江了解事情原委,但究竟是交代干洗还是湿洗,双方各执一词,无法查证。曹经理十分为难,他感到问题的严重性,便向主持酒店工作的蒋副总经理作了汇报。蒋副总经理也感到事情十分棘手,召集酒店领导作了反复研究。考虑到这家台湾公司在酒店有一批长住客,尽管客人索取的赔款大大超出了酒店规定的赔偿标准,但为了彻底平息这场风波,稳住这批长住客,最后酒店还是接受了客人过分的要求,赔偿了2万日元,并留下了这套西装。

资料来源:王大悟,刘耿大. 2007. 酒店管理180个案例品析[M]. 北京:中国旅游出版社.

问题:这个案例对于酒店客衣的洗涤服务有何启示?

实训题

实训项目:酒店布草房和洗衣房的运行。

实训目的:通过实训,熟悉酒店布草房和洗衣房的运行与管理。

实训步骤:(1)参观两家酒店;

(2)了解布草房和洗衣房的运行情况。

实训成果:画出两家酒店布草房的运行管理流程图;列出洗衣房内的各种设备,并画出洗衣房的布局图。

第11章

客房安全管理

学习目标

知识目标:了解客房安全的概念、重要性及特点;了解客房安全管理的基本原则及任务;熟悉客房的安全设施系统。

能力目标:掌握客房安全设施操作方法;掌握防火、防盗的主要措施及应急处理措施;能够处理客人伤病事件;能够处理住客死亡事件;能够处理住客醉酒事件。

素质目标:培养服务人员客房安全管理方面的业务素质及相关的职业道德素养。

【引例】

海鲜过敏的客人

一天,一位云南的杨姓客人下榻海南某酒店,晚上赴海滩吃海鲜。回来后,杨先生便和服务员说有些头痛,要服务员送一杯开水到房间。服务员送开水时,发现当时杨先生较为正常,仅仅有些醉态的样子(其实是病态)。服务员离开房间后还是觉得不太放心,于是过了十来分钟,又给杨先生的房间打了一个电话,想确认杨先生是否安好。但杨先生房内的电话一直占线,服务员没有再打。过了一会儿,服务员又给杨先生的房间打电话,发现还是占线。这时服务员没有做简单处理,而是通知总机察看客人房间的电话是未挂还是在长时间通话中。总机经过查证后明确无误地告知服务员,杨先生房内的电话未挂好。职业的敏感让这位服务员觉得其中必有异常,于是上房敲门,未见客人应答,询问总台亦未见杨先生外出。于是服务员果断地开门进房,发现客人痛苦地在床上抽搐。服务员便立即通知部门经理和医务室医生,最后送杨先生到医院急救。经查实,杨先生得了海鲜过敏症,情况十分危急,幸亏抢救及时,杨先生才脱离了危险。

资料来源:神龙大酒店网站,http://www.gschotel.com/.

11.1 客房安全管理概述

客房安全管理是整个酒店安全工作的重要组成部分,客房安全,不仅指酒店客房以及来店客人的人身和财物不受侵害,而且指不存在其他因素导致这种侵害的发生。安全需求是客人住店期间最基本的需求之一,安全工作没做好,酒店的服务和经营就无从谈起。客房部应从客房设计、安全设施设备、客房用品的配置、客房服务的规范等方面充分考虑各种安全因素，制定和完善各项安全制度、安全保障应急方案和相关处理程序，消除安全隐患，防止和制止各类安全事故的发生，最大限度地保障客人及员工的人身和财产安全。

11.1.1 客房安全的概念

客房安全是一个全方位的概念，不仅包括客人的人身、财产安全，而且包括客人的心理安全及员工和酒店的安全。客房安全有三层含义：

(1)客房安全是指客房区域应保持良好的秩序和状态。在客房范围内，客人、员工的人身和财物以及酒店的财产安全不受侵犯。

(2)客房区域应当处于一种既没有危险也没有可能发生危险的状态。如果客房存在一些不安全因素，又没有相应的防范措施，即使暂时没有发生事故，也不是真正意义上的安全。例如，客房内的电源插头损坏、电线裸露、浴缸无防滑措施、热水龙头过于灵敏、客房的门锁没有及时修好、钥匙管理混乱、安全通道堵塞、安全门方向无指示标志、违法犯罪分子混入、地面湿滑等，所有这些因素都可能会在一定条件、一定场合、一定时间内突然引发危险，造成人身伤亡和财产损失。因此，客房安全是指不发生危险以及对潜在危险因素的排除。

(3)客房安全不仅包括事实安全，也包括心理安全。事实安全是指不发生并且不可能发生危险的安全状态；心理安全则是指宾客对酒店安全程度的一种心理感受。事实安全与心理安全的关系是：

心理安全是由事实安全引起的。宾客对酒店有着心理安全感，是酒店安全状态长期稳定的结果，而失去安全感也必定是由于酒店的某些事件引起的。一个控制有效、秩序井然的酒店，宾客是不会有心理负担的，不安全的心理感受也就无从产生；反之，对于经常发生不安全事件的酒店，宾客心理上当然不可能是踏实的。

事实安全和心理安全有着因果关系，但有时两者并不统一。在同一时间状况下，如客人感到安全的时候，却并不一定是酒店最安全的状态。事实上，刚发生过不安全事件的酒店，往往是最安全的，因为这时酒店必将从各个方面加以改进，防止不安全事件再次发生。然而客人却心有余悸，不安全的心理感受难以消除。由此可见，不安全事件发生对酒店带来的危害，不仅仅是事件本身所造成的损失，更严重的是事件发生后一段时间内给客人带来的心理影响。

11.1.2 客房安全的重要性

1)客房安全是酒店经营的前提和保证

酒店经营要满足客人消费需求，必须以保证客人安全为基础。可以想象，一家经常发生偷盗、伤亡事件的酒店，即使其设施再豪华，服务再周到，客人也是不会去光临的。可见安全虽不是客人消费的内容，但却是客人消费的前提，因此也是酒店经营的保证。

2)客房安全是客人基本的需求

酒店的客人来自四面八方，在陌生的环境中，对安全的需求较平时更为突出。客房是客人在酒店暂居的最主要场所和财物存放地点，是宾客的“家外之家”，客人对客房的安全期望值也最高。因此，客房必须是一个安全的场所。酒店有义务和责任为客人提供安全和保护，以满足客人对安全的期望。

3）客房安全是酒店安全工作的重中之重

酒店安全工作的范围很广泛，涉及酒店各个部门和角落。客房是酒店的主体，是客人住宿、生活的场所，危及客人人身、财产的事件绝大多数发生在客房。因此，客房安全是整个酒店安全工作的重点。

4）客房安全直接关系到客人的满意程度

安全是客人的基本需要，客人对客房安全期望值很高，希望能在这不是家的“家”中无忧无虑地度过一段美好时光。可以说，在任何时候，客人选择投宿场所都必然考虑安全问题。要提高客人的满意度，有一个安全的住宿环境是很重要的。如果在客房工作中缺乏必要的安全防范意识，客人要求开门不核实身份、非住店客人进入楼层不询问，那么就可能给犯罪分子以可乘之机。试想，一位客人在客房住了几天，对客房服务赞不绝口，但就在他离开的那一天，一只钱包在客房被盗，客人对酒店的好印象就会一扫而光，留下的只有遗憾和不满。由此可见，加强客房安全管理是提高客人满意度，进而提高客房出租率和酒店经济效益的重要手段。

5）客房安全直接关系到酒店的经济效益

安全工作不力所造成的损失不仅表现为直接的经济损失，如发生火灾、财物被盗，而且更主要表现为一种声誉的损失，即形象的破坏。这种损失具有一种辐射作用，往往难以用数量来衡量。例如，一家酒店刚开业不久，客房就发生两起较大的盗窃案件，使受损的客人叫苦不迭、怨声载道，而其他客人胆战心惊，酒店因此而“报上有名”，使客人望而却步，从此，酒店便门庭冷落，经济效益一落千丈。许多人对社会旅馆、私人旅店的顾虑主要是源于对其安全和卫生缺乏信任。如果酒店客房能对客人的安全有充分保障，加之其他特性都具备，必然会提高客人的满意度，从而提高客房出租率，给酒店带来良好的经济效益。

6）客房安全直接关系到员工的积极性

安全不仅指客人的安全，也包括员工的安全。如果客房安全管理工作混乱，各种防范和保护措施不力，工伤事故不断，员工的安全没有保障，就很难使员工安心，积极而有效地工作也就不太可能了。

7）客房安全管理标志客房管理水平的高低

客房部的首要功能和任务是向客人提供高质量的客房商品，清洁、美观、舒适、安全是这一商品的主要特性。如果缺乏安全要素，客房再清洁、美观、舒适，也都没有意义了。客房安全常出问题，这个客房部的管理就彻底失败了。

11.1.3 客房安全管理的特点

客房安全管理是整个酒店安全管理的重要组成部分，又具有不同于其他部门安全管理的独特性。这是因为客房一经销售即成为暂时的私人场所，任何人包括服务员不经住客允许都不得入内，这就给客房安全管理工作增加了难度。具体来说，客房安全管理有如下特点：

1) 要求高且难度大

为保障客房安全,酒店制定了许多管理规章制度。这些制度必须得到客人的理解与配合才能有效实施,如访客制度、防火制度等。如何在工作中既严格执行有关制度,绝对保障客人安全,又不引起客人反感,是需要认真研究的。比如有客人来访,楼层服务员必须有记录,并留心观察房内动静有无异常;访客到晚间规定时间仍不离开客房的,服务员要劝其离开或登记留宿。有的客人认为这是多此一举,妨碍人身自由,有抵触情绪。在这种情形下执行规章制度,服务员一定要讲究技巧,态度要坚决,讲话要委婉,不要伤害客人的自尊心。

2) 安全融于服务中

客房安全是客房商品质量的重要组成部分,客房安全工作的最终目的之一是给客人提供安全保障。客房安全也是客房部对客服务的一项重要内容,这就要求服务员在工作中消除安全隐患,保证客人人身、财物和正当权益不受侵害。而这些都要通过服务员严格执行服务规程,贯彻"宾客至上,服务第一"的宗旨,尽心尽力搞好客房服务,融安全管理于服务中来实现。服务员执行规定时要始终保持对客人的热心、耐心、关心之情,而不能像某些社会公共场所那样给客人下各种禁令,强制实行安全管理。

3) 安全管理细致入微

由于客房是客人的生活空间,停留时间长,涉及设备用品多,管理中稍有不慎,就会对客人造成伤害。设备用品质量、摆放位置、坚固程度、破损后能否及时发现并修理撤换,电器、装饰材料的安全性能是否可靠,这些都是客房管理的内容,需要服务员在工作中细心观察,及时发现、汇报并消除隐患。管理者也要经常巡视客房,检查设备设施尤其是防火防盗设施的完好程度,以确保客人安全。同时管理者也要考虑到,客人初到陌生环境生活,即使安全设施相当完备,客人仍可能产生心理不安全感。为此要训练服务员随时恰当地表现出对客人的关心,微笑服务,认真负责,坚守岗位,使客人感到住酒店放心,有宾至如归之感。对于是否设立楼层服务台有许多争议,但就安全管理来说设立楼层服务台肯定是有益的。

4) 需要其他部门密切配合

客人住的是客房,但客房安全绝不仅仅只是客房部的工作,而是需要酒店各有关部门的共同努力来实现。安全部、工程维修部应首当其冲,采购部、前厅部、餐饮部、洗衣房的人员素质和工作程序设计也都会对客房安全产生影响。因此,客房部要与上述部门保持密切联系,共同研究搞好客房安全工作。

11.1.4 客房安全管理的基本原则

1) 安全第一的原则

"宾客至上,安全第一"是酒店一切工作的基本指导思想,也是安全工作的根本出发点和终极目标。无论是保安部还是客房部员工,都要切实保障客人和员工自身的人身以及财产安全。没有安全保障,一切工作就无法顺利进行,从这个意义上讲,安全工作是第一位的。

2)预防为主的原则

预防为主,防患于未然,集中主要精力积极主动做好防范工作,防止案件和事故的发生,这是酒店安全工作的基点。预防为主,一要加强防范,堵塞各种空隙漏洞,不给任何违法犯罪分子以可乘之机,把违法犯罪活动制止在预谋阶段;二要定期进行安全检查,及时发现和消除各种不安全因素和事故苗头,把各类事故消灭在萌芽阶段。

从一定意义上讲,衡量安全工作好坏的标志,不是破案率的高低,而是事故和案件发生的数量,该防止的是否已经防止了,不该发生的是否已经发生了,因此,预防为主是一种积极的预防,既要做好各种防范工作,又要对已经发生的事情和案件进行调查取证,通过查处,堵塞漏洞,改进工作,加强防范。

3)责任到人的原则

层层落实,责任到人,各司其职。客房部安全应实施总经理领导下的客房部经理负责制。安全是一个综合性指标,实践证明,仅仅依靠一个保安部,是很难把具体部门的安全工作做好、做彻底的。只有把安全工作的各项要求分解到各个部门,由部门经理包干落实,分解到人,才能把酒店的安全工作做好。客房部的安全工作自然也应遵守这一原则。

4)外松内紧的原则

"外松内紧"是安全工作的又一项重要原则。所谓"外松",是指安全工作在形式上要自然,气氛要和缓,不能让客人感到紧张不安。所谓"内紧",是指酒店内部职能部门要有高度警觉,切实做好防范工作,随时注意不安全和各种违法犯罪的苗头和线索,保证安全。

"内紧"和"外松"是不可分离的统一体。其中,"外松"是形式,"内紧"是实质。只有"外松"而没有"内紧",就无法发现和消除不安全因素,也就无法保证安全;而只有"内紧"而没有"外松",酒店的气氛就非常紧张,甚至会把客人吓跑。

5)全员参与的原则

"全员参与"就是要依靠广大员工做好酒店的安全工作,员工是酒店的主人,最熟悉内部情况,深知酒店的不安全因素和薄弱环节。只有广泛地依靠全体员工,才能采取切实可行的措施去堵塞漏洞,消除那些不安全因素。另外,住店客人与酒店安全也有着直接的利害关系,因此,发动、依靠客人也是安全工作的一个重要方面。员工与客人共同参与,实现酒店的长治久安。

11.1.5 客房安全管理的任务

根据公安机关安全工作的有关规定和保安部对客房部安全管理工作的具体要求,结合部门工作的基本特点,可以把客房部安全管理工作的主要任务归纳如下:

1)加强安全教育,制定安全制度,落实安全责任

必须让客房部全体员工都来关心客房安全。首先要教育员工增强客房安全意识,懂得如何搞好客房安全,每个人在其中应起什么作用。尤其是楼层服务员和客房清扫员,更要对客房安全切实负起责任,克服麻痹心理,当好楼层的"保安人员"。客房安全必须以严格的制度来保证,要集员工集体智慧制定出周密细致的安全制度,包括客房防火、防

盗、钥匙管理、访客接待、员工因公出入客房、楼层安全等一系列规章制度,并制定相关的奖惩措施,使员工有章可循,有法可依。

2)检查有关安全设备设施,保证其正常运转

客房部各级管理者要在工作中注意巡视检查楼层及客房的安全装置和其他设备设施的安全性能,尤其是防火防盗设施,保证其正常运转或需要启用时能正常发挥作用,不能只听服务员汇报来了解情况。对已有的安全制度要经常检查其执行情况,不能仅写在纸上或贴在墙上。

3)检查督导服务员的安全防范工作,消除安全隐患

客房服务员是接触客房机会最多、最了解客房安全状况的人,必须充分发动服务员寻找安全隐患,提供信息,及时调整改进。服务员的工作过程也就是客房安全管理的过程。清除卫生间地面的积水,可以防止客人滑倒;发现电线老化及时报废更新,可以防止客人触电。领班也是最掌握客房安全状态者,要督促领班认真查房,纠正服务员工作不细可能带来的安全问题,使客人入住时安全更有保障。

4)保护客房财产安全

客房安全管理不仅要保证客人安全,也要保护酒店财产安全。事实上,确有个别素质低的客人入住后对客房设备设施不爱护,给酒店造成或大或小的经济损失。客房服务员要把好这一关,在客人结账查房时及时发现问题,通知总台和相关管理人员处理。

11.1.6 客房主要安全设备

1)电视监控系统

电视监控系统是一个由摄像机、控制器、监视器和录像机组成的闭路电视系统,由前端信号摄取、中间信号传输及后端信号还原三大部分构成。后端信号处理的中央控制设备位于保安部的监控中心,而用于摄取信号的监控探头分布于酒店的各个角落,包括大堂、餐厅等公共区域,以及客房的楼层过道和客用电梯内,在监控室内就可以对酒店的一些重要部位进行监控,发现可疑人物和异常情况能及时采取措施。电视监控应24小时不间断地进行,录像资料应保留一周以上。有些酒店甚至已与公安机关的监控系统联网。

2)安全报警系统

安全报警系统是由酒店在一些关键部位安装的各种类型的报警器联结而成的安全网络系统,其目的在于防盗、防火等。常用报警器主要有微波报警器、红外线报警器、超声波报警器、声控报警器等。报警器一般安装在前台收银处、消防通道、客房楼层、贵重物品存放处等一些关键部位,一旦发生盗窃、抢劫、爆炸等事件,报警信号会立刻在保安部的安全监控中心显示。

3)消防监控系统

消防监控系统一般由火灾报警器、灭火设施和防火设施组成。

(1)火灾报警器。火灾报警器主要包括烟感器、热感器、光感器和手动报警器。

(2)灭火设施。易燃物燃烧必须具备两个条件:温度和氧气。只要去掉其中一个条件,燃烧即会停止,灭火就是去掉其中一个条件:降温或隔绝氧气。最常用的灭火方法是

用水和化学灭火剂来灭火。酒店的灭火设施主要是消防给水系统(包括自动喷淋系统、消防泵和消火栓)和化学灭火器材(主要是各类灭火器)。

(3)防火设施。酒店的防火设施主要由防火墙、防护门、排烟系统等组成。高层建筑的酒店还设有防火隔离层。

4)通信联络系统

通信联络系统是指以安全监控中心为指挥枢纽,通过电话、传呼机、对讲机等器材而形成的联系网络。这个简单的网络系统使酒店的安全工作具有快速反应能力,对保障酒店的安全起着十分重要的作用。

5)钥匙管理系统

钥匙管理系统是酒店最基本的安全设施,其目的在于防止酒店钥匙的偷窃、遗失和复制,以确保安全。为了适应日益复杂的局面,越来越多的酒店采用电子磁卡钥匙系统。此系统的工作程序是:客人到达时接待员根据房号和其他信息,通过钥匙制作机制作一张磁卡,同时将房间的信息译成密码输入到客房内的钥匙安全装置。客人入住时,把磁卡钥匙插入客房的锁槽,前一张磁卡钥匙的信息就会自动报废。这种钥匙管理系统还具有防撬和记录使用的功能,每当客人或服务员出入客房时,电脑监视器将如实记录人员的进出时间,因此该系统避免了可能出现的漏洞与缺陷。

以上各类安全设施都自成系统,但在实际的运转中,它们是相互联系发挥作用的。随着安全硬件设施的建设,越来越多的酒店都建立了安全监控中心,以便统一指挥与控制,而安全监控中心就是由以上各类安全设施系统并联组成的。

【知识链接11-1】

酒店安全设施、器材及其分布情况

酒店安全设施、器材及其分布情况见表11-1。

表11-1　酒店安全设施、器材及其分布

名称	种类	配置地点	功能
电视监控系统		①前厅大堂; ②客用电梯; ③楼层过道; ④公共娱乐场所,如健身房、舞厅; ⑤贵重财物集中场所,如收银处、仓库、贵重物品保险柜	由摄像机、录像机、手动图像切换、电视屏幕等组成,并在酒店要害、敏感部位安装摄像头,监视这些场所的活动,从中发现可疑人物或不正常现象,以便及时采取措施。
安全报警装置	①微波报警器; ②被动红外线报警器; ③主动红外线报警器	①前厅收银处、财务部; ②贵重物品保险柜; ③仓库; ④客房楼层、消防通道; ⑤商场	在酒店重要部位配置安全报警装置,一旦发生盗窃、爆炸、抢劫,报警信号会立刻在保安部的安全监控中心显示。

续表

名称	种类	配置地点	功能
报警器	①手动报警器； ②手压报警器	客房每层楼的入口处或楼层服务台附近的墙面	发现火灾时，应立即打开玻璃压盖或打碎玻璃，使触点弹出报警。按下按钮，即可报警。
	③烟感器	①客房楼层； ②客房； ③会议室	①当楼层或客房内的浓烟达到一定浓度时，烟感器的红灯闪亮，表明已报警； ②火警总控制室控制板上显示报警区域和第一次报警信号； ③8 分钟内未消除信号，显示板显示第二次报警信号。
	④热感器	①客房楼层； ②客房； ③会议室	当温度上升到热感器的动作温度时，热感器的弹片自动脱落形成回路，引起报警。
灭火器	①花洒自动喷水系统	①客房楼层； ②客房； ③公共场所	当室温达到花洒喷水器的启动温度时，便引起花洒喷水器内水银球的剧烈膨胀而爆裂，被球支撑的密封喷水口开放，水便喷到溅水盘上均匀洒水，适用于 A 类火灾（木头、纸起火）。
	②二氧化碳、干化学剂灭火系统	①客房楼层； ②仓库； ③厨房； ④洗衣房； ⑤办公楼	①二氧化碳能使起火地点的空气含氧量降低到不能维持燃烧的程度，达到扑灭火灾的目的； ②干化学剂能有效扑灭油脂类易燃液体引起的火灾； ③此两类灭火器适用于 B 类火灾（易燃液体起火）和 C 类火灾（可燃气体起火）。

11.2 防火、灭火与防盗

11.2.1 防火工作

防火工作是客房部的头等大事。酒店的客房是最易引起火灾的地方，由于客房住宿的客人比较复杂而且分散，较易发生火灾。因此，酒店和客房部必须制定一套完整的预防措施和处理程序，防止火灾的发生。

1)火灾形成的原因与种类

客房部形成火灾的原因很多,主要包括:

(1)吸烟造成的火灾。例如,客人酒后吸烟,引起被褥、床单等起火;乱扔烟头、火柴,使地毯或地板起火等。

(2)电器着火。例如,客房内电线陈旧或因超负荷使用造成起火;客房内电器设备自身故障或连续工作时间过长,引起升温造成起火;客房内设备老化,造成短路起火。

(3)其他原因。例如,客房内工程维修使用明火不当造成起火;客房工作人员违反规程操作造成起火等。在众多的起火原因中,吸烟和电器事故引起的火灾,在客房中占有较大的比例。

依照国家标准,火灾分为四大类:

(1)普通物品火灾(A类)。由木材、纸张、棉布、塑胶等固体引起的火灾。

(2)易燃液体火灾(B类)。由汽油、酒精等引起的火灾。

(3)可燃气体火灾(C类)。由液化石油气、煤气、乙炔等引起的火灾。

(4)金属火灾(D类)。由钾、钠、镁、锂等物质引起的火灾。

2)火灾的预防

俗话说:"防火胜于救火。"客房部应在酒店总经理统一领导下,成立防火小组,制订完整的防火计划,防患于未然。

(1)加强职工培训,增强防火意识。客房部应组织员工学习酒店制定的防火手册,并制定防火安全条例,建立防火岗位责任制,明确各岗位员工在防火、灭火中的职责和任务。教会他们如何及时发现火情和报警;遇有火灾发生时,如何使用防火、灭火设备及平时如何对这些设备进行维护和保养;当火灾发生时,如何镇定地疏散客人,以及重要的财产如何保护和安置;如何在日常工作中正确执行操作规程,防止火灾发生,以及如何向客人宣传防火知识;还可定期举行消防演习等。

(2)建筑装饰中要安装必要的防火设施和选用具有阻燃性能的材料。客房要配备有效的消防设施用品,如防火门、安全通道、自动喷水灭火装置、烟感报警器等。同时,对家具、布件等物品应选用具有阻燃性能的材料。

(3)对住店客人加强防火宣传。在每间客房内,要放置防火宣传材料,如防火手册、防火须知等;向客人介绍客房内的消防设施,并提醒客人在室内吸烟和使用电器设备时,要注意安全防火;在房门后张贴一些防火宣传图例;一般情况下,客房还备有"旅客须知"宣传册,向他们介绍一旦发生火灾时,撤离的方法和路线。

(4)日常的防火管理工作。①配合保安部定期对重点部位进行全面检查,如紧急出口是否畅通,防火门是否有效,报警、灭火设施是否良好等。②发现客人使用电炉、电饭锅等设备,要及时提醒阻止。③发现楼面和客房有易燃、易爆物品,要及时清扫处理。④注意检查房内电器、电线和插头等有无短路、漏电、电线裸露现象,如若发现,要及时报修。⑤对酗酒过度、吸烟和烟瘾大的客人,要格外加以关注。⑥对带电、带油在客房进行维修的作业人员,要及时提醒注意防火。⑦对发生故障的清洁设备,要及时报修,以防短路或漏电而发生火灾。⑧制订发生火灾时的紧急疏散计划,包括如何引导客人疏散、保护重要财产等。

3)火灾事故的处理

(1)发现火情时的处理。①立即使用最近的报警装置,如立即打破手动报警器玻璃,发出警报。②用电话通知电话总机或消防中心,并讲清着火地点和燃烧物质。③迅速利用附近合适的消防器材控制火势,并尽力将其扑灭。④关闭所有电器开关。⑤关闭通风、排风设备。⑥如火势已不能控制,应立即离开火场。

(2)听到报警信号时的处理。①服务人员首先要能辨别火警信号和疏散指令信号。②服务员听到火警信号后,应立即查看火警是否发生在本区域。③无特殊任务的服务人员应照常工作,保持镇静、警觉,随时待命,同时做好客人的安抚工作。④除指定人员外,任何员工在任何情况下都不得与总机房联系,全部电话线必须畅通无阻,仅供发布紧急通知。

(3)听到疏散信号时的处理。①迅速打开太平门、安全梯,有步骤地组织客人疏散。②疏散时,要通知客人走最近的通道,千万不要使用电梯。③紧急疏散时,客房服务人员应帮助客人通过紧急出口离开,特别要注意照顾伤残客人的撤离。④发现门下有烟雾冒出,应先触摸此门,如很热勿开门,但房内如有住客,应立即组织营救。⑤各楼梯口、路口都要有人把守指挥,以便给客人引路。⑥在撤离时如有可能最好将重要文件资料及现金带上。⑦待客人撤离至指定地点后,客房部员工及前厅服务员一起查点客人。

(4)火灾逃生要领。离开火场时,应采取以下措施:①用手背试触房门温度,如果门板烫手表示火势很大,不可开门。②如果门板不热,但防止因门板过厚,传热不易而不热,可以用背向门板方向缓缓开门。察看门缝外是否有大火浓烟,若有,则立刻将门关上,不可开启。③打开房门后,先探视走廊左右有无迎面冲逃之人,以防互撞受伤。④逃生途中遇有浓烟,要尽可能放低身体,必要时匍匐前进,面部贴近地面。⑤逃至楼梯遇有浓烟或视线不佳,则反过身来,以上楼梯姿势下楼,脸部贴近地面,如此重心较低,不易被他人推挤而摔倒甚至踩踏。⑥绝对不能搭电梯逃离火场,以免因停电、烧损而被困在井道里。

受困在房间时,应采取下列步骤:①迅速用湿布捂住口鼻,以防浓烟呛住。②迅速用湿布塞住门缝以防浓烟涌入,并将门板洒水予以冷却。③打电话给总机或消防队,说明被困地点及房间号,请求救援。④超过三楼高度时,绝不可用跳楼方式逃生;如情况危急,可用绳索或将床单、窗帘结成绳索绑住固定物后,从窗口爬下。

11.2.2 灭火工作

1)灭火方法

常用的灭火方法有以下四种:

(1)冷却灭火法。它是将燃烧物的温度降到燃点以下,使燃烧停止。通常是用水和二氧化碳灭火器。

(2)窒息灭火法。它是采用一定方法隔绝空气或减少空气中的含氧量,使燃烧物得不到足够的氧气而停止燃烧。通常用泡沫和二氧化碳灭火器,也可用浸湿的棉被等来覆盖燃烧物。

(3)隔离灭火法。它是把正在燃烧的物质同未燃烧的物质隔离开来,使燃烧不能蔓延。

(4)抑制灭火法。它是指用有抑制作用的化学灭火剂喷射到燃烧物上,参与化学反应,与燃烧反应中产生的游离基结合,形成稳定的不燃烧分子结构而使燃烧停止。

2)常用灭火器的使用

客房区域常用的灭火设备是消防栓和化学灭火器。

(1)消防栓。消防栓灭火设备主要由消防栓、水龙带和水枪一起放置在玻璃门的消防栓箱内,发生火灾时,将箱内水龙带取出,接到消防栓出口上,将水栓开启,水即喷射出来。

(2)化学灭火器。常用灭火器的种类及使用方法见表11-2。

表11-2 常用灭火器的种类及使用方法

酸碱灭火器	适用于扑灭一般固体物质的火灾。	1. 将灭火器倒置; 2. 将水与气喷向燃烧物。
泡沫灭火器	适用于油类和一般固体物质及可燃液体火灾。	1. 将灭火器倒置; 2. 将泡沫液体喷向火源。
二氧化碳灭火器	适用于带电的低压电器火灾和贵重的仪器、设备等火灾。	1. 拔去保险锁或铅封; 2. 打开阀门或压手柄; 3. 对准燃烧物由外圈向中间喷射。
干粉灭火器	性能和适用范围与二氧化碳灭火器基本相同。	1. 拔去保险锁; 2. 按下手柄; 3. 将干粉喷向燃烧物。
卤代烷灭火器	上述灭火范围都可以使用,特别适用于精密仪器、电器设备、档案资料等火灾。	1. 拔去保险锁; 2. 打开阀门; 3. 对准燃烧物喷射。

11.2.3 防盗工作

盗窃事件在酒店时有发生,尤其是在客房。由于客房是客人居住和存放财物的重要场所,因此,它是盗窃分子作案的主要目标。所以,客房部要加强防范,以确保客人的生命与财产安全。

1)盗窃类型

(1)外盗。外盗主要是指外来不法分子混入楼层进行偷盗,有的冒充酒店的客人,有的冒充访客,混入客房偷盗。

(2)内盗。内盗主要是指酒店员工利用工作之便进行偷盗,他们对酒店的情况比较了解,且不宜被发觉,这为他们行窃提供了方便。

(3)内外勾结。内外勾结主要是指店内工作人员向社会不法分子提供情报,里应外合，进行作案。

(4)客人自盗。客人自盗主要是指住在同房间或同楼层的素质较差的客人相互偷盗财物，或客人将客房内不允许带走的物品自行带走。

2)防盗措施

要完全杜绝客人和员工的偷盗行为不是一件容易的事，但适当的预防可以避免和减少这类事件的发生。

(1)对客人的管理。防止客人的偷盗事件发生，可采取下列措施：①客房服务员要提高警觉，掌握客人出入情况，做好来访登记工作，注意观察进出客人携带物品情况。②房态报表、交接班簿应对外保密。③清洁员整理房间时，将工作车停在打开的客房门口，调整好工作车的位置，使工作车上的物品面对客房，防止被人顺手牵羊。④加强对储藏室的管理，不可让客人自己进入储藏室拿取备品或布巾用品。⑤客房中价值较高的物品如挂画、灯饰等，应该选用较大尺寸的，以使客人无法将其装入行李箱中。⑥客人入住时，要提醒客人将贵重钱物放总台保存。⑦对晚间没有回房住宿的客人，应及时做好记录并做汇报。⑧客人退房后，要清查房间物品，如有遗失，立即与总台联系。

(2)对访客的管理。①凡住客本人引带的来访客人，台班可不予询问，但要做好记录，包括访问的时间和人数。②对单独来访客人要上前询问，并查验证件，通知客人；若客人不在，应请来访客人到公共区域等候，不要带其进入客人房间等候。③若访客因事较晚不能离店时，应让其到总台办理入住登记手续；超时不肯离房又不愿办入住登记手续的，应报大堂副理或保安部处理。④要充分发挥监控系统的作用，对客房楼道、走道、出入口等进行严格监控，发现不明外来人员要及时报告。

(3)对员工的管理。①对本店员工要加强职业道德教育，提高员工的素质，增强员工遵纪守法的自觉性；②实行一定的奖惩手段堵住漏洞，不给作案者可乘之机；③一旦发现有偷窃行为，要严肃处理，毫不留情；④严禁员工在工作时间会客、串岗或擅自离岗；⑤严格履行领用和保管物品的手续；⑥在清扫客房时，不能随意将客房钥匙丢在清洁车上或插在客房门锁上；⑦不能主动将客人的情况告诉不明身份的访客；⑧设立员工专用通道，防止员工或施工人员携带酒店财物离店。

(4)对钥匙的管理。客房钥匙主要有：客用钥匙，即开启客人入住房间的钥匙；通用钥匙，即供服务员打扫房间的钥匙；楼层总钥匙，即开启该楼层所有房间的钥匙，供领班使用；客房总钥匙，即开启所有客房的钥匙，供经理使用。客房钥匙是客房安全管理的重要环节，绝不能马虎大意。钥匙丢失、随意发放、私自复制或被盗都会给客房安全带来威胁，因此，为保证客房安全，必须严格控制管理钥匙。

严格控制管理钥匙，要做到：①当客人办理入住登记手续后，可发给客人该房间的钥匙，供客人出入时使用。②客人退房时，要提醒客人归还钥匙；若忘记交还的，要派人追回。③服务员在清扫客人房间时，必须随身携带钥匙，不能把钥匙随意丢在工作车上或插在房门锁上，也不得交他人保管。④在巡视时，若发现客人房门插有钥匙，要敲门提醒客人收好；若房中无人，可将钥匙拔下，交存服务台并做好记录。⑤禁止为陌生人开启客人的房间，确因工作需要，应由服务员陪同其进入房间，并做好记录。⑥服务员在上下班时,要做好钥匙的交接工作,并严格执行收发签字制度;严禁将工作钥匙带出酒店。⑦对于把钥匙忘在房中的住客,能够确认是该房间住客的可用工作钥匙为其开门,并嘱咐下次出门别再忘记;不能确认是否是该房间住客的要礼貌查验证件,并与服务台记录核对无误,方可开门。⑧对于持住客钥匙的陌生人欲进房间,服务员应礼貌劝阻,请其到公共区等候主人回来。有的酒店规定收回所持钥匙,待住客回来再处理。⑨服务员不可随意为无关工作人员开启客房;确因工作需要进房的,也要由服务员在一旁陪伴,并记录出入时间、原因。⑩若发现钥匙有裂痕或折断,要由客房部经理签字并派员工到酒店专设的锁匙室配制。

【同步思考11-1】

客人称钥匙遗忘在房内,要求客房服务员为其开门,应如何处理?

答:(1)请客人出示欢迎卡,核对日期、房号、姓名,无误后,可以给客人开门,并及时做好记录;(2)如客人无欢迎卡,则请总台核对其身份;(3)总台核对身份无误后,通知房务中心为客人开门,并做好记录;(4)如果是十分熟悉的客人,可以给其开门,但要做好记录。

3)失窃事故的处理

客人在酒店居留期间难免丢失物品,会向酒店报告,请求帮助查找。酒店要视情节轻重妥善处理,客房部尤其要急客人所急,积极帮助查找。一旦发生失窃,客房部要及时报案,并协助有关人员,调查原因,寻找线索,尽快破案。

客人在住店期间财物丢失、被盗或被骗后,会直接报告当地公安机关(叫报案);或未向公安机关报案,只是向酒店反映丢失情况(叫报失)。无论报案还是报失,酒店有关部门的领导和工作人员,都应该积极协助客人(或公安机关)调查失窃原因,寻找线索,尽快破案。在客房内丢失物品时,客人常常先向客房部报失,因此客房部在事故处理中承担了大量工作。

(1)报失的处理。

首先,当接到客人报失后,服务员应立即报告客房部经理,由客房部经理与大堂副理及保安部取得联系,共同处理。

其次,认真听取客人的陈述,问清客人丢失物品的详细内容并做记录。应到现场帮助客人尽量回忆物品丢失的前后经过,分析是否确实丢失。常有客人因害怕丢失物品而在客房里东藏西藏,最后忘记了物品所藏的地方。

再次,在征得客人同意后,可由保安人员与服务员共同在房间帮助查找。物品找到后,应将结果记录存查。

最后,如果调查显示客人财物确属被盗或被骗,要立即向总经理汇报,并由保安人员保护好现场。经总经理同意后向公安机关报案,等待公安机关破案处理。

(2)报失后的注意事项。①客人报失后,服务员只能听取客人反映情况,不要做任何结论、猜测或讲否定的话,以免为今后的调查工作增加困难或使酒店处于被动。②服务员个人绝不可擅自进房查找,以免发生不可想象的后果。③客人报失后,进入过客房的服务员也要受到询问。服务员应采取积极协助的态度,不要有委屈不满的情绪,更不能对自己的失职行为有意隐瞒。

【同步案例 11-1】

美国客人 Smith 5 月 8 日向酒店报案,说他在客房丢了一只金戒指和 500 美元,要求酒店查找,问怎么处理?

分析提示:(1)立即报告上级,了解客人物品丢失经过,对客人姓名、国籍、来住时间、案发时间、丢失过程细节等做好询问。

(2)征得客人同意后帮助客人在房间查找,客人必须在场。

(3)若找不到,对酒店员工做调查。

(4)注意防止客人假报案。最后仍找不到,报公安部门处理。

4)拾遗物品的处理

酒店规定员工在店内拾到的物品一律上交,拾物不交者,经发现将严肃处理。酒店管理拾遗物品的归口部门是客房部,由客房服务中心或办公室负责处理。要设立拾遗物品登记保管制度,详细记录遗失物品或客人遗留物品情况,包括物品名称、拾获地点及时间、拾获人姓名等。对遗留物品要注明房号、客人姓名、离店时间等。处理客房遗留物品时要判断究竟是客人扔掉的还是遗忘的。一般认定下列物品为客人遗留物品:现金、珠宝首饰;身份证件;具有文件价值的信函和物件;留在抽屉或衣柜内的物品;仪器零件和器材等。

按照国际惯例,客人遗留物品保存期为一年,特别贵重物品可延长半年。超过保存期的,酒店可按规定自行处理。酒店对拾遗物品要妥善保管,如服务人员遇到客人有关遗失物品的询问,不能随意回答,须经客房部查核后,才能给客人以明确答复。已知遗留物品客人姓名、单位的,应及时联系交还。客人要求寄还的,由客人支付邮资。

11.3 其他事故的处理与防范

除火灾、盗窃,客房中还会发生许多意外事故。任何不安全的因素,都应该加以重视,加以防范。

11.3.1 客人伤病的处理

客人在酒店居留期间,身体可能会偶有不适或突发疾病。客房员工要能及时发现,及时汇报处理。一般疾病,要帮助客人请驻店医生,严重疾病要派人派车将病人送往医院救治。另外,在客房的卫生间还设有紧急呼救按钮或紧急电话,也有供客人浴晕时用的紧急开门器等,以备突发疾病发生时使用。

1)一般疾病

客人可能会偶感风寒或有其他小恙,服务员发现后可询问情况,帮助客人请驻店医生。在此后的几天中应多关心该客人,多送些开水,提醒客人按时服药。

2)突发疾病

突发疾病包括心脑血管病、肠胃疾病、食物中毒等。客人突发疾病时,服务员要立即请医生来,同时报告管理人员。绝对不能自己擅作主张,救治病人,那样可能导致更严重的后果。在没有驻店医生的情况下,如果患者头脑尚清醒,请服务员帮助购药服用,服务员应婉言拒绝,劝客人立即到医院或请医生到酒店治疗,以免误诊。

客人病情严重,客房部要立即与同来的家属、同伴或随员联系。若客人独自住在酒店,客房部经理应立即报告在店经理或大堂副理,请酒店派车派人送客人去医院救治;必要时还要设法与客人公司或家人联系。对于突发疾病的处理,应做详细的书面报告,说明发生的原因、处理经过及后续追踪的结果。

3)传染性疾病

如果发现客人患的是传染性疾病,必须立即向酒店总经理(夜间是大堂值班经理)汇报,并向卫生防疫部门汇报,以便及时采取有效措施,防止疾病传播。对患者使用过的用具用品要严格消毒,并在客人离店后对房间、卫生间严格消毒。对接触过患者的服务人员,要在一定时间内进行体检,防止疾病扩散。

客房部是客人往来最频繁的地方,床单的清洁尤为重要,要勤换;卫生间的设施也是客人身体经常接触的部位,每次用房客人走后,要进行消毒处理。另外,对客房的各个角落要定期喷洒杀虫剂防止病菌传播。

【同步思考 11 -2】

遇到客人不慎滑倒摔伤,你应怎么办?

答:(1)客人在酒店内滑倒摔伤后,服务员应主动帮助,联系医务室医生上门治疗;如伤势太重,则由医生决定送医院看病治疗。

(2)根据客人在入住登记时购买的人身意外伤害保险向保险公司反映情况,由保险公司业务员落实事实原因,进行医疗住院费赔偿。

(3)部门派人前往医院慰问受伤客人,并及时通知受伤客人家属。

(4)切实做好防范工作,提醒客人小心地滑,检查扶手,加强防滑设施用品配备,防患于未然。

11.3.2 住客死亡的处理

住客死亡是指客人在住店期间因病死亡、意外事件死亡、自杀、他杀或其他原因不明的死亡。除前一种属正常死亡外,其他均为非正常死亡。

住客死亡多发生在客房。楼层服务员要提高警惕,发现客人或客房有异常时要多留心,及时报告管理人员。例如,客人连日沉默不语;客房长时间挂"请勿打扰"牌;房内有异常动静;访客离去后再不见客人出来,房内久无声响等。对于怀疑有自杀倾向的客人,尤其要多留意观察,要多接近,讲些开导的话。

(1)一旦发现客人在客房内死亡,应立即报告客房部经理、总经理、保安部等有关方面,双锁房门,由保安部报告公安机关并派人保护现场,等候调查。

(2)保护好现场,不可让闲杂人等进出。若有媒体人员欲进入,亦应协助保安人员礼貌地拒绝其进入,或请公关人员协助处理后续相关事宜。

(3)如调查验尸,证实客人属正常死亡,经警方出具证明,由酒店通知死者家属并协助家属处理后事。

(4)如认定属于非正常死亡,酒店应积极协助调查。客房楼层服务员与客人接触相对较多,应密切配合调查取证,尽可能详细地提供线索,同时也要注意保密。这种事情扩散出去,不仅会使其他客人产生恐慌,影响酒店声誉,也会给侦破工作造成困难。

(5)客人遗留的财物,客房部要列明清单专人保管,待家属领取。公安机关因侦破需要带走的物品,也要有记录和经手人签字。

(6)待相关单位的检查及勘验工作完成后,应与家属协调,利用夜晚后门进出,以免惊动其他客人或员工。

(7)因病抢救无效死亡的,可由在场医生出具证明。

(8)发生事故的房间事后应进行消毒,并将该房客所使用的物品全部报请销毁。

(9)整体事件处理后,应由客房部记录,将所有经过及处理的结果报告总经理。

11.3.3 住客醉酒的处理

酒店经常发生客人饮酒过量的现象,此时客人处于不能自控状态,处理起来要格外谨慎。

(1)对醉酒轻的客人,可婉言劝导,安置其回房休息。

(2)对醉酒重不听劝导的客人,要协助保安人员将其制服,送回客房,以免其扰乱其他住客或伤害自己。

(3)对醉酒客人的房间要特别注意观察,防止客人在失去理智时破坏房间设备或因吸烟引起火灾。

(4)若服务员在楼层走廊遇见醉酒客人,不要单独扶其进房甚至为其宽衣休息,以免客人酒醒后发生不必要的误会。

(5)醉酒客人如有召唤,服务员应与值班主管一同前往,女服务员应避免独自进入客房服务,以免发生意外事件。

(6)醉酒客人如果再度饮酒或大声吵闹,服务员应婉言规劝,以避免影响其他客人。

11.3.4 侵犯骚扰事件的处理

客房服务员大多数都是女性,个别客人素质低下,侵犯骚扰事件在酒店时有发生。面对此类客人,一方面不降低酒店的服务标准和质量,对客人彬彬有礼,热情周到,在客人面前树立端庄、正派、勇敢的形象;另一方面要有自我保护意识,及时发现客人可能做出的不文明行为与违法犯罪行为,并采用一些灵活方法进行防范。如对这类客人,服务员或保安人员可进行暗中监视,随时取得联系。客房服务员也要善于保护自己。第一,酒店规定半夜时分客人如有服务要求,女服务员以不入客房为原则,特殊情况应两人同行或通知保安、维修人员配合,防止侵害或骚扰事件的发生;第二,如果服务员单独进入房间,应让房门一直敞开,如果是清洁整理房间,应将房务工作车停在打开的客房门口,成为醒目的标志,同时也给那些有不良企图的客人以暗示,使其打消恶念;第三,服务员在房间为客人服务时,应与客人保持距离,不要去坐房间里的椅子或客人的床,以免引起客人的误解;第四,如果遇到侵犯骚扰事件的发生,服务员一定要沉着冷静,要勇于同坏人作斗争,并利用一切有利条件保护自己。

【同步思考11-3】

被客人呼唤进入房间时,应如何处理?

答:(1)被客人呼唤进入房间时,服务员应先在门外敲门,并报身份:“您好,服务员。”征得客人同意后方可进入房间。

(2)进入房间时不宜把门关上;客人让座时应表谢意,但不宜坐下;对客人的吩咐要留心听清;站立姿势要端正,眼睛不可东张西望。

(3)服务完成后应立即离开,不宜在房间逗留太久;离开房间时,要面对客人轻轻将门关上。

(4)遇有投诉或言语粗俗的客人,应尽量与其他服务人员一同前往或请示上级。

11.3.5 遇到自然灾害时的处理

威胁酒店安全的自然灾害有水灾、地震、台风、龙卷风、暴风雪等。针对酒店所在地区的地理、气候特点,酒店应制订出预防可能发生的自然灾害的安全计划。客房部则应有相应具体的安全计划,其内容主要包括:

(1)客房部及其各工作岗位在发生自然灾害时的职责与具体任务。

(2)预备各种应付自然灾害的设备器材,并定期检查,保证其处于完好的使用状态。

(3)情况需要时的紧急疏散计划。

11.3.6 停电事故的处理

停电事故可能是外部供电系统引起的,也可能是酒店内部供电系统发生故障。停电事故发生的可能性比火灾及自然灾害发生的可能性要大。因此,对有100间以上客房的酒店来说,应配备紧急供电装置。该装置能在停电后立即自行启动供电,这是对付停电事故最理想的办法。在没有这种装置的酒店内,客房部应设计一个周全的安全计划来应付停电事故,其内容包括:

(1)向客人及员工说明这是停电事故,保证所有员工平静地留守在各自的工作岗位上,在客房内的客人平静地留在各自的客房里。

(2)用手电照明公共场所,帮助滞留在走廊及电梯中的客人转移到安全的地方。

(3)在停电期间,注意安全保卫,加强客房走道的巡视,防止有人趁机行窃。

11.3.7 意外事故的防范

由于设备设施老化、维修不及时或违反常规操作等原因经常导致客人或工作人员受伤,因此,对意外事故也要加以防范。

比如,茶杯、酒具、玻璃、镜子在被损后,要及时更换,以免使客人受伤;地毯要铺平整,电线不要露在明处,卫生间地面要设有防滑设施,通道、楼梯要有照明设备,以免损伤客人;设备用品安装摆放要牢固,以免砸伤客人。

因此,要求客房服务员要有责任心,增强安全意识,提前做好防范,减少乃至消除意外事故的发生。

知识题

11.1 试述客房安全的重要性。

11.2 客房安全管理有何特点?

11.3 如何做好火灾的预防?

11.4 常用的灭火方法及灭火器有哪些?

11.5 如何处理住客死亡事故?

实务题

11.1 如遇客人让你代买药品时,应如何处理?

11.2 在客房服务过程中,遇到醉酒的客人,应如何处理?

案例题

小姐,请离开

一天深夜,已近凌晨2:00,客房部五楼的服务员小张像往常一样在安静的走廊里巡检着,这时,一位漂亮的小姐扶着一位喝得醉醺醺的先生来到了某个房间的门口,看样子,这位先生又喝多了。前两天,小张也曾碰到过他喝醉的情况。今天这位先生可能喝得太多了,迷迷糊糊地摸出了入住宾馆登记卡,却怎么也找不到开门的钥匙卡了。小张主动上前查看过他的登记卡后,就替他开了门,帮着那位小姐将他扶进了房。一进房,客人就扑倒在床上呼呼大睡,人事不省了。小张看客人安顿下来,就等着同那位小姐一起离去,因为她清楚地了解这间房的房态:这间房只住了这位先生一个人。

谁知,那位小姐却磨蹭着不出门。小张立刻敏感地意识到这位小姐并不想离去,只好微笑着提醒她:“对不起,小姐,您不是住这间房吧?”小姐有点儿吃惊,随即笑着说:“我是他的朋友,留下来照顾他一会儿。”小张想:这怎么行呢,没有办理入住登记手续,又没有客人许可,不能让她单独和醉酒不醒的客人在一起。安全意识极强的小张马上向她礼貌地表示抱歉:“对不起,您这样做是不符合我们宾馆规定的,请您理解。”小姐有些无奈,便提出要拿走桌上的一个小皮包,称这是白天她放在这儿的。这也不行,客人已经熟睡不醒,没有得到客人的证明和许可,房间里的任何东西都不能被拿走,这是住店客人的权利。于是,小张对此也表示了抱歉:“对不起,小姐,您的朋友已经睡着了,还是等明天他睡醒后,您再找他还给您吧。”那位小姐开始愠怒起来,对小张也颇有微词。但是,小张仍然坚持不让她拿走皮包。因为小张知道,最大限度地保障住店客人的安全和利益在宾馆住宿时不受损害,尽量避免任何事故发生的可能性,是每一位服务员的职责。所以小张再次礼貌地向那位小姐解释,请她理解与合作,并提出,如果她执意要拿走那个包的话,可以先与上级或宾馆安全部门协商。

那位小姐最终还是没有拿走那个皮包,悻悻而去。松了一口气的小张轻轻关上客房门。这件事要做好记录,并向部门领导汇报,明天,还要将今晚所发生的事向客人做个解释,她一边这样想,一边又继续开始了她认真的巡视……

第二天客人清醒后,客房部立即与他联系。当客人得知事情的经过后,非常激动,原来房间桌上的小皮包正是这位客人的,而不是搀扶他回房的那个小姐的。由于小张高度的安全意识和严肃认真的工作态度,才避免了客人的财产损失,也维护了宾馆的形象。

资料来源:孔永生. 2007. 前厅与客房细微服务[M]. 北京:中国旅游出版社.

思考:请评析小张的做法,指出她哪些方面做得好。

实 训 题

实训项目:各类灭火器的操作使用。

实训目的:掌握各类灭火器的使用方法

实训步骤:(1)参观两家星级酒店的客房;

(2)了解酒店客房常用的安全设备;

(3)请酒店安保部门工作人员讲解或演示灭火器的使用。

实训成果:以实训报告的形式对所参观酒店的安全设备及其使用进行描述。

参考文献

曹红,方宁.2006.前厅客房服务实训教程[M].北京:旅游教育出版社.

陈修岭.2009.客房服务新编教程[M].北京:中国物资出版社.

贺湘辉,徐文苑.2005.饭店客房管理与服务[M].北京:清华大学出版社,北京交通大学出版社.

黄英,林红梅.2008.饭店客房管理实务[M].北京:清华大学出版社.

孔永生.2007.前厅与客房细微服务[M].北京:中国旅游出版社.

劳动和社会保障部,中国就业培训技术指导中心.2010.客房服务员(初级技能 中级技能 高级技能)[M].北京:中国劳动社会保障出版社.

李锦,李琳,徐建国.2010.饭店前厅与客房管理实务[M].北京:对外经济贸易大学出版社.

李莉,宋子斌.2005.前厅与客房服务实训[M].北京:中国劳动社会保障出版社.

李雯.2008.酒店前厅与客房业务管理[M].大连:大连理工大学出版社.

林璧属,丁林.2006.前厅、客房服务与管理[M].北京:清华大学出版社.

林红梅,沈蓓芬.2009.前厅客房服务与管理[M].北京:电子工业出版社.

苗雅杰,吕帅.2009.前厅服务与管理[M].北京:中国物资出版社.

王大悟,刘耿大.2007.酒店管理180个案例品析[M].北京:中国旅游出版社.

叶秀霜,沈忠红.2009.客房运行与管理[M].杭州:浙江大学出版社.

曾小力.2009.前厅服务与管理[M].广州:广东旅游出版社.

文书工作与档案管理　戈秀萍
商务秘书实务(重庆市市级精品课)　张　东
办公自动化　疏　靖
新编秘书事务管理　谭书旺

❖ 新世纪高职高专精品教材·财政金融类

金融学　方晓雄
期货投资实务　方晓雄
商业银行经营与管理(第二版)　满玉华
商业银行经营与管理习题与实训(第二版)　满玉华
国际金融(第二版)　李军燕
国际金融习题与实训(第二版)　李军燕
金融市场学(第二版)　张丽华
金融市场学习题与实训　张丽华
证券投资(第二版)　张丽华
证券投资习题与实训　张丽华
金融学基础(第二版)　李　春　曾冬白
金融学基础习题与实训(第二版)　李　春　曾冬白
保险理论与实务　郑祎华　迟美华
保险理论与实务习题与实训　郑祎华　迟美华
保险会计　孙迎春
保险会计习题与实训　孙迎春
银行柜员业务操作　丁贵英
国际结算　石月华
国际结算习题与实训　石月华　刘　晶

❖ 新世纪高职高专精品教材·财务会计类

管理会计(项目化课程教材)　张学惠
出纳岗位实务　周东黎

❖ 新世纪高职高专精品教材·公共基础课

应用文写作　徐明友
现代交际礼仪　金常德